工会工作理论与实务丛书
GONGHUIGONGZUOLILUNYUSHIWUCONGSHU

工会调查研究
理论与实务

中华全国总工会研究室◎编写

中国工人出版社

图书在版编目（CIP）数据

工会调查研究理论与实务 / 全总研究室编著. —北京：
中国工人出版社，2017.9
ISBN 978-7-5008-6820-0

Ⅰ. ①工… Ⅱ. ①全… Ⅲ. ①工会工作—调查研究—
中国—手册 Ⅳ. ①D412.6-62

中国版本图书馆CIP数据核字（2017）第238722号

工会调查研究理论与实务

出 版 人　芮宗金
责任编辑　王学良　徐晏曦
责任校对　孙逎伟
责任印制　栾征宇
出版发行　中国工人出版社
地　　址　北京市东城区鼓楼外大街45号　邮编：100120
网　　址　http://www.wp-china.com
电　　话　（010）62005043（总编室）　（010）62005039（出版物流部）
（010）82075935（工会与劳动关系分社）
发行热线　（010）62004002　（010）82081553（传真）
经　　销　各地书店
印　　刷　北京市密东印刷有限公司
开　　本　710毫米×1000毫米　1/16
印　　张　20.5
字　　数　300千字
版　　次　2017年10月第1版　2017年10月第1次印刷
定　　价　49.00元

目　录

第四章　工会调研工作文件

第五章　工会调研报告实例

附　　录

第一章

调研基础知识

第一节　调查研究的定义与作用

调查研究，包括调查和研究两个方面。调查是指通过各种途径，运用各种方式方法，深入实际，有计划、有目的地了解、考察事物的真实情况。研究是指对调查材料进行概括、分析、判断，通过去粗取精、去伪存真，由此及彼、由表及里的思维加工，以获得对事物本质和规律的认识，以指导实践活动。二者既有明显区别又有紧密联系，调查是认识事物的初级阶段，是研究的前提和基础；研究是调查的发展和深化，是对事物认识的高级阶段。缺少调查或调查做得不够深入全面，容易使研究无从下手，脱离实际；而缺少研究或研究不够深入，所形成的调查结论往往只是材料的堆砌，无法提供有效的决策依据。要通过“调查—研究—再调查—再研究”的往复过程，不断加深对事物本质和规律的认识。

从词源学看，调查研究的“调”有计算、算度之意，“查”有巡检考察之意，“研”有细细琢磨、审查之意，“究”有寻根究底之意。从马克思主义认识论看，调查研究是一种有目的、自觉进行的主观认识活动，是马克思主义的基本工作方法，也是辩证唯物主义和历史唯物主义认识论的重要组成部分。从现实看，调查研究是党的实事求是思想路线的具体体现，是掌握客观情况、保证科学决策的基本前提，也是做好一切工作的基础。

调查研究主要有感知社会、描述状况、解释原因和预测趋势的作用。感知社会是指通过感性认识活动来考察和感知社会现象，实现对社会真实情况的了解。描述状况是指对现实的社会现象和社会系统所处状态进行客观、精确描述，这种描述不仅针对单一社会现象状态，而且还针对复合社会现象状态；不仅针对微观社会状态，还针对宏观社会状态。解释原因是指对社会现象和社会系统所处状态形成原因进行科学解释。人们要对社会有深入的认识，仅是回答社会现象“是什么”和社会系统“怎么样”这类问题是不够的，还要回答“为什么是这样”“为什么会这样”的问题，这种解释已经不是停留在经验层次，而是上升到理性认识的高度。预测趋势是指人们在掌握的知识和信息基础上，运用一定的科学方法，预先推知事物的发展趋势，预见事物的未来状态。这种预测要以对现象的准确描述和正确解释为基础。由此可以看出，调查研究是正确感知和了解社会、掌握社会机理、预测社会发展趋势的基本途径和保证。

在具体实践中，要注意区分调查研究与理论研究。调查研究是社会研究的一种研究方式，其优点在于经济成本低和可以收集到大量的资料，但受人为因素影响，调查研究有时存在肤浅、相对不够灵活的不足。这就需要上升到理论研究层次。理论研究侧重于发展有关社会现象的基本知识，特别是侧重于建立或检验各种理论假设的经验研究，以增加对社会现象内在规律的认识。调查研究和理论研究是不同层面的概念，前者是指一种社会研究的方式，后者是指社会研究的本身。但两者又是相辅相成、不可分割的。理论研究可以采取调查研究的方式，调查研究是在一定的理论研究基础上开展的，可以检验和促进理论研究。

第二节 调查研究的分类

调查研究从不同的角度，可以划分为不同的类型。

一、按调查研究的主要功能划分

按主要功能划分，调查研究可分为应用性调查研究和理论性调查研究。应用性调查研究是侧重解答实际工作、社会领域中的具体问题，通过社会调查了解不断出现的新现象、新问题，并运用社会理论对这些问题作出科学的解释说明、提出解决问题的方案或建议。理论性调查研究是通过对社会现实问题的调查来发展和丰富社会理论，并提供有关社会发展一般规律的知识，主要是解答社会科学领域和各个实践领域中的理论问题。

二、按调查研究的基本目的划分

按基本目的划分，调查研究可分为探索性调研、描述性调研、解释性调研和预测性调研。探索性调研是借助查阅资料等活动，对社会现象进行初步考察，为进一步的调研提供基础和指导。描述性调研是对所面临的不同因素、不同方面现状的调查研究，其资料数据的采集和记录，着重于客观事实的静态描述。解释性调研是以说明社会现象发生的原因，探讨社会现象之间的因果联系为目的的调研方式。预测性调研是以预测社会现象或社会系统的发展变化趋势和未来可能状态为目的的调研。

三、按调查研究的时间特性划分

按时间特性划分，调查研究可分为横剖式调研和纵贯式调研。横剖式调研是在同一时间，从包含两个或更多个子群体的一个总体的随机样本中收集数据的研究设计，旨在比较来自不同子群体的数据，或说明这些子群体相互间的关系。纵贯式调研是在一段时间内对相同或者不同的样本，进行两次或者两次以上测量的研究设计，旨在发现某种发展趋势或群体特质的调研。

四、按调查研究的应用领域划分

按应用领域划分，调查研究可分为社会生活状况调研、社会问题调研、市场调研、民意调研和学术性调研等。社会生活状况调研通常是对某一时期、某一社区或某一社会群体的社会生活状况所进行的调研，着眼点主要在于了解人们日常社会生活各个方面的基本内容，以综合地反映一个时期、一个地区或一个群体中人们总体的社会生活状况。社会问题调研针对社会中所存在的各种社会问题进行系统的调查、了解，找出问题的症结，为解决社会问题提供参考意见。市场调研是为拓展商品的销路，以便更好地为企业的生产和利润服务，而围绕某类产品或某种商品的市场占有率、顾客的购买情况、商标的宣传效果等所进行的调研。它随着商品经济的发展而逐渐普及。民意调研也称舆论调研，即对社会中民众的意见、态度、意识等主观意向进行的调研。学术性调研是广泛应用于社会学、政治学、人口学、教育学、传播学等社会科学学科领域中的调查研究。

五、按调查研究的对象范围划分

按对象范围划分，调查研究可分为普通调研、典型调研、抽样调研和个案调研。普通调研即普查，也称为整体调查或全面调查，它是为了解总体情况而对较大范围的地区或部门中的每一个对象进行的调查。典型调查是从调查对象的总体中选取一个或几个有代表性的单位进行全面、深入的调查，以少量典型来概括或反映全局。抽样调查是从调查对象的总体中抽取某些单位或个人作为样本进行调查，并以样本的状况来推论总体的状况。个案调查是对一个具体地区、单位、组织、个人或事件进行全面深入的了解。

六、按调查研究的主要内容划分

按主要内容划分，调查研究可分为综合调研和专题调研。综合调研是围绕全局性、综合性的内容开展，了解事关重大决策部署和中心工作的执行情况，一般覆盖所有调研对象，不能遗漏，涉及的是一些重大的共性问题。专题调研针对特定行业或部门进行，涉及一些具体业务工作。

七、按调查研究的方法划分

按方法划分，调查研究可分为实证研究与规范调研。实证调研是研究者亲自收集观察资料，从个别到一般，采用归纳法，为验证已有理论或由观察总结新理论而开展的调查研究，通过观察获取经验，再将经验归纳为理论，排斥价值判断，解决“是什么”的问题，结论是客观的，可以通过定量来研究，用事实来检验。规范调研是关于决策、制度合理性的调查研究，采用演绎法，从某些假设出发，运用逻辑演绎得出结论，基于价值判断，解决“应该是什么”的问题，往往用来提出纯理论，结论是主观的，不可以定量只能定性，无法进行检验。

八、按调查研究的主体划分

按主体划分，调查研究可分为独立调研和联合调研。调研是调研部门的本职工作，独立调研是指一般由调研部门自我组织、独立开展的调查研究。联合调研是指在调研部门自身力量不足，或调研内容比较专业的情况下，横向与同级职能部门，或纵向与上下级部门加强合作，形成整体合力；有的则是一个单位开展调研力量还不够，还需要跨单位、跨区域甚至跨国组成联合调研组开展。随着调研工作的深入，这类跨部门、多主体联合调研形式越来越多，要求越来越高，难度越来越大。

九、按调查研究的方式划分

按方式划分，调查研究可分为直接调研和间接调研。当调研题目公开、调研线索明朗、调研主体与对象关系简单时，可采取直接调研，向调研对象表明调研意图，通过座谈会、个别交谈或直接索取材料等方式，了解调研对象情况。如果调研问题比较敏感，调研对象由于种种原因对调研有防御、回避心理，需要采取间接调研，变“正面作战”为“迂回包抄”，从侧面了解和寻找线索，打开缺口。特别是涉及一些揭露问题性调研时，更多的需要运用间接调研。

十、按调查研究的任务划分

按任务划分，可以分为硬性调研和软性调研。硬性调研是根据组织安排，针对某个具体问题深入到现场调研，要求事实清楚，材料确凿，定性准确，处理恰当等。软性调研是没有具体事件（经验、案件、事故等）作为调研对象和调研题目，不预设立场和态度，而是对决策贯彻情况、基层看法意见等进行总体了解，遇到什么问题抓什么问题，为决策部门掌握情况提供信息和参考。

第三节　调查研究的方法

调查研究的方法有很多，随着形势的变化、理论的发展和技术的改进，新的调查研究方法不断涌现。目前，常用的方法主要有以下几种。

一、实地观察法

实地观察法又叫田野调查法或现场研究法，是指调研人员亲自深入调研地点，凭借自己的感官或借助设备，在调查现场直接记录正在发生的行为或状况，得到与课题相关的各种数据。田野调查法是由英国功能学派代表人物马林诺夫斯基（Bronislaw Kaspar Malinowski）奠定的，我国社会学家费孝通在这方面取得了重要成绩。其最重要的方法之一就是参与观察，要求调查者要与被调查对象共同生活一段时间，从中观察、了解和认识他们的社会与文化。一般是研究工作开展之前，为了取得第一手资料的前置步骤。

根据观察中调研人员的角色，实地观察可分为局内观察和局外观察。局内观察时，调研人员加入到被观察群体，通过与被观察者共同活动从内部进行观察。局外观察时，调研人员完全以局外人或旁观者身份进行外部观察。一般而言，局内观察比较全面、深入，能获得大量真实的感性认识，但观察结果容易带有主观感情色彩；局外观察比较客观、公允，能增加许多理性知识，但往往只能看到一些表面的甚至偶然的现象。

根据观察的内容和要求，实地观察可分为结构性观察和非结构性观察。结构性观察也称有控制观察或系统观察，观察者事先设计好观察项目和要求，严格按照设计要求进行观察，并作详细观察记录。非结构性观察也称无控制观察或简单观察，观察者只有一个大致的观察目的和范围，到现场后根据具体情况有选择地进行观察。结构性观察能获得大量翔实的材料，并可对观察材料进行定量分析和对比研究；非结构性观察比较灵活，适应性较强。

实地观察法的最大优点是直观，操作上简便易行、适应性强、灵活性大，观察人员可多可少，观察时间可长可短，一般而言，只要到达现场就能获得一定的感性知识。因此，它是一种使用最为广泛的调查方法。全总开展的“蛇口模式”“宝安之路”“葫芦岛之路”“梨树之路”调研主要采取的是实地观察法。

二、访谈调查法

访谈调查法是指通过调研人员和受访人面对面交谈，根据受访者的答复搜集客观的、不带偏见的事实材料，以准确地说明样本所要代表的总体的一种调查方式。

根据调研人员对访谈的控制程度划分，访谈调查可分为结构式访谈、半结构式访谈和无结构式（开放式）访谈。结构式访谈也称标准式访谈，它要求有一定的步骤，由调研人员按事先设计好的访谈提纲依次向被访者提问并要求被访者按规定标准进行回答。半结构式访谈是指按照一个粗线条式的访谈提纲而进行的非正式的访谈，调研人员可以根据访谈时的实际情况灵活地作出必要调整，对提问的方式和顺序、访谈对象回答的方式、访谈记录的方式和访谈的时间、地点等没有具体要求，由访谈者根据情况灵活处理。非结构式访谈也称自由式访谈，调研人员事先不制定完整的调查问卷和详细的访谈提纲，也不规定标准的访谈程序，而是由调研人员围绕某一个主题与被访者交谈。这种访谈较有弹性，能根据访谈员的需要灵活地转换话题，变换提问方式和顺序，追问重要线索。

根据人员接触情况划分，访谈调查可分为面对面访谈、电话访谈和网络访谈。面对面访谈也称直接访谈，指通过访谈双方进行面对面的直接沟通来获取信息资料。在这种访谈中，调研人员可以看到被访者的表情、神态和动作，有助于了解更深层次的问题。电话访谈也称间接访谈，指调研人员通过打电话向被访者收集有关资料。电话访谈可以减少人员来往的时间和费用，提高访谈的效率。网络访谈是调研人员与被访者利用互联网进行交流的调查方法，通常采用邮件、即时通信工具等方式进行，与电话访谈相比具有节约人力、财力和时间的优势，在传输迅速的同时，也便于资料的电子储存和分析。

2012 年全总开展的“面对面、心贴心、实打实服务职工在基层”活动主要采取的是访谈调查法。

三、问卷调查法

问卷调查法指用书面形式间接搜集材料的一种调查手段，调研人员通过向被调查者发出问卷，请其填写与课题相关的数据以及对相关问题的意见和建议来间接获得调研信息。

根据问卷填答者的不同，问卷调查可分为自填式问卷调查和代填式问卷调查。自填式问卷调查，按照问卷传递方式的不同，可分为报刊问卷调查、邮政问卷调查和送发问卷调查。报刊问卷调查，就是随报刊传递分发问卷，请报刊读者对问卷作出书面回答，然后按规定的时间将问卷寄回调研人员。邮政问卷调查，指调研人员通过邮寄方式向选定的调查对象寄发问卷，请被调查者按照规定的时间和要求填答问卷，然后将问卷寄还给调研人员。送发问卷调查，就是调研人员派员将问卷发送给调查对象，待被调查者填答完毕再由相关工作人员回收调查问卷。代填式问卷调查，按照与被调查者联系方式的不同，可分为访问问卷调查和电话问卷调查。访问问卷调查，指调研人员按照问卷向被调查者当面提出问题，根据被调查者口头回答填写问卷。电话问卷调查，指调研人员通过电话与被调查者进行联系，根据被调查者的回答代填问卷。

根据问卷载体的不同，问卷调查可分为纸质问卷调查和网络问卷调查。纸质问卷调查是最传统的问卷调查方式，分析与统计数据需要耗费一定的人力和时间，问卷印刷成本也比较高。网络问卷调查，指调研人员依靠网络信息技术进行问卷的发放和回收，这种方式的优点是无地域限制、成本低廉，缺点是答卷质量无法保证。

每五年一次的全国职工队伍状况调查采取的主要是问卷调查法。

四、专家调查法

专家调查法也称为德尔菲法（Delphi Method），是在 20 世纪 40 年代由 O. 赫尔姆和 N. 达尔克首创，经过 T. J. 戈登和兰德公司进一步发展而成的。德尔菲（Delphi）曾是古代世界精神文明的中心，1987 年被列入

“世界遗产目录”，由阿波罗太阳神庙、雅典女神庙、剧场、体育训练场和运动场组成，其中最有名的是阿波罗太阳神，传说中阿波罗具有预见未来的能力，使德尔菲成了“神谕”的起源。因此，这种预测方法被命名为德尔菲法。1946 年，兰德公司首次用这种方法来进行预测，后来该方法被迅速广泛采用。它是一种直观的调研方法，以专家作为索取信息的对象，依靠专家的知识和经验，由专家通过调查研究对调研课题作出判断、评估和预测的一种方法。

该方法主要是由调研人员拟定调查表，按照既定程序，以函件等方式分别向专家组成员进行征询；而专家组成员又以匿名的方式回函提交意见。在调查过程中，专家组成员之间不互相讨论，不发生横向联系，只能与调研人员发生联系，经过多次反复征询和反馈，专家组成员的意见逐步趋于集中，最后获得具有很高准确率的集体判断结果。专家调查法被广泛用于评价政策、协调计划、预测经济和技术、组织决策等活动中。这种方法比较简单、节省费用，能把有理论知识和实践经验的各方面专家对同一问题的意见集中起来。

这种调查方法的优点是可以避免群体决策的一些可能缺点，声音最大或地位最高的人没有机会控制群体意志，因为每个人的观点都会被收集。它适用于研究资料少、未知因素多、主要靠主观判断和粗略估计来确定的问题，是较多地用于长期预测和动态预测的一种重要的调查方法。2012 年以来，每两年一次的中华全国总工会劳动关系研究中心、中国工运研究所与平安养老保险公司等单位开展的中国企业员工福利保障指数调研项目，采取的就是德尔菲法，通过邀请组织行为学、人力资源管理、社会保障专业领域专家和资深企业人力资源管理人士组成专家团队，制定中国企业员工福利保障指标体系。

五、抽样调查法

抽样调查法指从研究对象的全部单位中抽取一部分单位进行考察和分析，并根据这部分单位的数量特征对全部调查研究对象作出估计和推断的一种调查方法。抽样调查虽然是非全面调查，但它的目的在于取得反映总体情况的信息资料，因而也可起到全面调查的作用。

根据抽选样本的方法，抽样调查可以分为概率抽样和非概率抽样两类。概率抽样也称作随机抽样，是按照概率论和数理统计的原理从调查研究的总体中，根据随机原则来抽选样本，排除主观因素的影响，并通过对样本的研究来对总体的某些特征作出估计推断，对可能出现的误差可以从概率意义上加以控制。习惯上，抽样调查主要指概率抽样调查。非概率抽样也称作非随机抽样，这种抽样方法不遵循随机原则，它是从方便出发或根据主观的选择来抽取样本，通常无法估计和控制抽样误差，无法用样本的定量资料采用统计方法来推断总体，但非概率抽样简单易行，比较适用于探测性研究。

六、典型调查法

典型调查法是根据调查目的和要求，在对调查对象进行初步分析的基础上，有意识地选取少数具有代表性的典型单位进行深入细致的调查研究，进而找出同类事物具有普遍意义的经验和值得借鉴的教训。典型调查一般为定性调查，适用于调查总体同质性比较大的情形，主要依靠调查者深入基层进行调查，对调查对象直接剖析，取得第一手资料，从而透过典型个体现象发现社会问题的本质和发展规律。典型的选择依赖调研人员的主观判断，调研人员对调查单位的了解情况、思想水平和判断能力对选择典型的代表性起着决定作用，因此要求调研人员有较丰富的经验，在划分类别、选择典型上有较大的把握。

七、统计调查法

统计调查法是根据调查目的和要求，运用科学的调查方法，有计划、有组织地搜集数据信息资料进行调查研究的方法。

根据调查对象包括的范围不同，可分为全面统计调查和抽样统计调查。全面统计调查是对被调查对象中所有的单位进行调查，其主要目的是要取得总体的全面、系统、完整的总量资料，如普查。抽样统计调查是对被调查对象中一部分单位进行调查，如非全面统计报表等。

根据统计时间是否连续，可分为经常性统计调查和一次性统计调查。经常性调查，是随着调查对象在时间上的发展变化，而随时对变化的情况进行连续不断的统计。其主要目的是获得事物全部发展过程及其结果的统计资料。一次性调查是不连续统计的调查，它是对事物每隔一段时期后在一定时点上的状态进行统计。其主要目的是获得事物在某一时点上的情况的资料。

根据统计调查的组织方式不同，可分为统计报表和专门调查。统计报表制度是按照国家统一规定的调查要求，自下而上提供统计资料的一种报表制度。专门调查是为了某一特定目的而专门组织的统计调查。

八、文献调查法

文献调查法是指通过寻找文献搜集有关课题信息的调查方法，是一种间接的非介入式调查方法。文献调查法有其自身固有的优点，一是文献调查能够获得比口头调查更准确、更可靠的信息，避免了调查中经常发生的调查者与被调查者互动过程中可能产生的种种反应性误差；二是超越了时间、空间限制，通过对古今中外文献进行调查可以研究极其广泛的社会情况；三是可以用比较少的人力、经费和时间，获得比其他调查方法更多的信息，是一种高效率的调查方法。

九、网络调查法

随着互联网、大数据、云计算等新技术的高速发展，调查研究的方法发生了重要转变。

一是调研手段从依靠人工到基于互联网的转变。传统的调查研究主要依靠人工，通过人工调研的方式，调查人员能够直观地掌握第一手资料和情况，但其缺点是调研样本采集困难、调研费用昂贵、调研周期过长等。基于互联网的调查是在线收集数据信息的一种新型调研方式，较之人工调研，基于互联网的调查在信息收集的广泛性、调研信息的及时性和共享性、调研的便捷性和经济性、调研结果的准确性等方面具有显著优势。2014 年上半年，全国工会系统开展以加强基层工会建设、发挥基层工会作用为主题的集中调研活动，在中工网上开展以“我心目中的基层工会”为题的网络问卷调查，这是全总首次运用网络开展调研。2017 年全总开展的第八次全国职工队伍状况调查，依托中工网等相关网站，微信、微博等各种新媒体平台，面向全社会开放，发布和回收问卷，这是全国职工队伍状况调查首次采取网络调查法。

二是数据基础从有限样本到云数据、全覆盖的转变。随着大数据时代的到来，在互联网和信息技术革命强大推动力的驱使下，调查工作的数据基础面临新的变革。传统的调研工作往往采用样本采集分析的方式，这种方式虽然可以利用少量的信息调查对象的整体情况，但比较粗糙，分析的信度不够高。云数据和全覆盖数据具有体积巨大、类型繁多、速率极高、效度较准的特点。面对这些特点，调研人员分析、调查的是与被调查对象相关的所有数据，而不是依靠分析少量数据来反映整体情况。

三是研究方法从因果关系到关联关系等多种分析模式的转变。在传统的调查研究中，因果分析、逻辑推理是最重要的研究方法，通过这种方法得出的结论往往需要通过实践进行验证和修补，有的甚至最终会被证伪、推翻。大数据时代的调查研究不再拘泥于对因果关系的探究，而向关联、非关联等相关因素呈现分析模式的调研转变。随着数据搜集、存储、处理能力日益提高，充分利用互联网、云计算等手段，对海量的数据进行统计性的搜索、比较、分析、归纳，可以发现原本似乎毫不相干的事物之间存在着较高的关联度，这是传统的因果分析、逻辑推理调研难以做到的。

第四节　问卷调查与数据分析

在调查研究特别是问卷调查中，对被调查对象的测量、抽样是必不可少的环节，调查前的问卷设计和调查后的资料统计也是调查的重中之重。因此，有必要了解调查中涉及的测量、抽样、问卷设计与统计等。

一、测量与操作化

社会研究的资料以及社会研究成果的质量，都与测量的质量紧密相连。因此，开展调查研究必须高度重视测量的工作。测量就是根据一定的法则，将某种物体或现象所具有的属性或特征用数字或符号表示出来的过程。测量的主要作用就是确定一个特定分析单位的特定属性的类别或水平。

由于社会研究中所涉及的现象具有各种不同的性质和特征，因此测量就有不同的层次和标准，主要分为四种：定类测量、定序测量、定距测量和定比测量。定类测量实质上是一种分类体系，因此所分的类别既要具有穷尽性，又要具有互斥性，比如，将性别分为“男性”和“女性”两类，将职业分为“工人”“农民”“干部”“专业技术人员”“商人”“其他”6类等。定序测量是按某种特征或标准将对象区分为强度、程度或等级不同的序列，比如，测量人们的文化程度，可以将其分为文盲、半文盲、小学、初中、高中、大专、大学及以上等。定距测量是在区分类别、等级基础上，确定相互之间的间隔距离和数量差别，如对象甲1966年出生，对象乙1944年出生，那么两者年龄差距就是数字差距22。定比测量即所得数据既能加减，又能乘除，如人们的出生率、离婚率、人口密度等都是定比测量。

操作化既是社会研究中常用的概念，也是定量研究中最困难、最关键的步骤之一。操作化就是将抽象的概念转化为可观察的具体指标的过程。比如，将抽象概念“智力水平”转化为“将学生的语文、数学、英语3门课程的成绩按 3、2、1 的权重分别加权，然后相加并计算出平均值”。对概念进行操作化处理，主要包括两个方面：一是澄清与界定概念，二是发展测量指标。比如，对“夫妻权力”的测量，首先将这一概念界定为“夫妻在家庭中的决策权”，对其操作化时，不同研究者所用指标不同。1960年，美国社会学者布拉德和沃尔夫选择了丈夫的职业选择、买什么样的房子等 8 个指标。

当研究者需要测量人们的态度、看法、意见、性格等主观性较强的内容时，常常需要使用以量表形式出现的复合测量，比较常用的有总加量表和李克特量表。

总加量表由一组反映人们对事物的态度或看法的陈述构成，回答者分别发表意见，表示同意或不同意，并进行计分。然后将回答者对全部陈述的得分加起来，就得到了他的态度得分。如贝利生育量表：

	同意	不同意
1. 结婚的主要原因之一是要孩子。	1	0
2. 只生一个孩子是错误的。	1	0
3. 生育孩子是一个妇女所能具有的最深刻的经历之一。	1	0
4. 两种性别的孩子至少都有一个比仅有一种性别的孩子好。	1	0

李克特量表是总加量表的一种特定形式，回答者对陈述的回答不是简单地分为同意或不同意，而是分为“非常同意”“同意”“不知道”“不同意”“非常不同意”5 类，然后对每条陈述进行赋值计分，如 1 = 非常同意，2 = 同意，3 = 不知道，4 = 不同意，5 = 非常不同意。如：

	非常同意	同意	不知道	不同意	很不同意
1. 婚事应该尽量办得简单一些。					
2. 结婚是人生一件大事，婚礼应该办得隆重。					
3. 就是有钱，婚事也不该大操大办。					

测量的信度和效度是对测量结果的一种考量。信度是指测量结果的一致性或稳定性，即测量工具能否稳定地测量所测的事物或变量。如果反复

测量几次都得到相同的结果，则可以说测量的信度很高。大部分信度指标都以相关系数（r）来表示。效度是指测量工具或手段能够准确测出所要测量变量的程度，当一项测量所测的正是它所希望测量的事物时，可以说这一测量具有效度。比如，对中小学生智商测量时，如果采用英文智商测验量表，我们的测量就不具有效度，因为所测量的并不只是智商，还有英文水平了。应该注意的是，信度和效度都是一种相对量，而不是一种绝对量。总体来说，越是在准确性和一致性上程度高的方法和指标，就越是高质量的测量方法和指标。

二、抽样

抽样是指从组成某个总体的所有元素集合中，按一定方式选择或抽取部分元素的过程。抽样的目的之一就是通过这些样本值去估计和推断各种总体值。抽样作为人们从部分认识整体这一过程的关键环节，基本作用是提供一种实现“由部分认识总体”的途径和手段。抽样主要解决的是对象的选取问题，即如何从总体中选出一部分作为总体的代表的问题。

各种抽样都可以归为概率抽样与非概率抽样两大类。概率抽样是依据概率论的基本原理，按照随机原则进行的抽样，因此能够避免抽样过程中的人为误差，保证样本的代表性；非概率抽样主要依据研究者的主观意愿、判断或者是否方便等因素来抽取对象，它不考虑抽样中的等概率原则，因而往往产生较大的误差，难以保证样本的代表性。概率抽样包括简单随机抽样、系统抽样、分层抽样、整群抽样、多段抽样等；非概率抽样包括偶遇抽样、判断抽样和定额抽样等。

简单随机抽样又称为纯随机抽样，是按照等概率原则直接从含有 N 个元素的总体中随机抽取 n 个元素组成样本（$N > n$），操作方法即把总体的每一个单位都编号，将这些号码写在一张张小纸条上，然后放入一容器中搅拌均匀，从中任意抽取直到抽够预定的样本数目。对于总体元素很多的情形，则采用随机数表（乱数表）来抽样。

系统抽样又称为等距抽样或间隔抽样，是把总体的单位进行编号排序后，再计算出某种间隔，然后按这一间隔抽取个体的号码来组成样本。值得注意的是，系统抽样的一个重要的前提条件是总体中个体的排列，相对于研究的变量来说，应是随机的，不存在某种与研究变量相关的规则分布；否则，系统抽样的结果将会产生极大的偏差。

分层抽样又称为类型抽样，是先将总体中的所有单位按某种特征或标志（如性别、年龄、职业或地域等）划分成若干类型或层次，然后再在各个类型或层次中采取简单随机抽样或系统抽样的办法抽取一个子样本，最后将这些子样本合起来构成总体的样本。例如，在一个企业抽取职工样本时，我们可以先把职工总体分为工人、干部和技术人员 3 类，然后采取简单随机抽样或系统抽样的办法，分别从这 3 类职工中抽取 3 个子样本，最后将这 3 个子样本合起来构成全体职工的样本。

整群抽样是从总体中随机抽取一些小的群体，然后由所抽出的若干小群体内的所有元素构成样本。整群抽样中对小群体的抽取可采取简单随机抽样、系统抽样或分层抽样的办法。整群抽样具有简便易行、节省费用的优点，但是也同时具有样本的分布面不广、样本对总体的代表性相对较差等缺点。

多段抽样又称为多级抽样或分段抽样，是按照抽样元素的隶属关系或层次关系，把抽样过程分为几个阶段进行。当总体的规模特别大，或者总体分布的范围特别广时，一般采取多段抽样的方法抽取样本。具体做法就是先从总体中随机抽取若干大群（组），然后再从这几个大群（组）内抽取几个小群（组），这样一层层抽下来，直到抽到最基本的抽样元素为止。如调查某市青年工人的状况，首先以企业为单位抽样，从全市所有企业抽样框中随机抽取一部分企业，然后以车间为抽样单位从全部车间中抽取若干车间，最后再在抽中的车间内抽取青年工人。这种方法适用于总体范围特别大、对象层次特别多的社会研究，但由于每级抽样都会产生误差，所以这种抽样方法误差较大，这是主要不足。

抽样的一般程序包括：一是界定总体，就是在具体抽样前，首先对从中抽取样本的总体范围和界限做明确界定。如果不清楚明确界定总体的范围与界限，那么，即使采用严格的抽样方法，也可能抽出对总体严重缺乏代表性的样本来。二是制定抽样框，就是依据已经明确界定的总体范围，收集总体中全部抽样单位的名单，并通过对名单进行统一编号来建立起供抽样使用的抽样框。需要注意的是，当抽样是分几个阶段、在不同的抽样层次上进行时，则要分别建立起几个不同的抽样框。三是决定抽样方案，需要在具体实施抽样之前，依据研究的目的要求、依据各种抽样方法的特点，以及其他有关因素来决定具体采用哪种抽样方法。四是实际抽取样本，严格按照所选定的抽样方法，从抽样框中抽取一个个的抽样单位，构成样本。五是评估样本质量，就是对样本的质量、代表性、偏差等进行初步的检验和衡量，防止由于样本的偏差过大而导致的失误。主要方法是，将可得到的反映总体中某些重要特征及其分布的资料，与样本中的同类指标的资料进行对比，若两者差别很小，那么一定程度上可以认为样本的质量较高。

三、问卷设计

问卷是调查研究中用来收集资料的主要工具，在形式上是一份精心设计的问题表格，用途是用来测量人们的行为、态度和社会特征。

（一）问卷的结构

调查问卷往往包含封面信、指导语、问题、答案、编码等部分。

封面信是一封致被调查者的短信，介绍和说明调查的目的、调查单位或调查者的身份、调查的大概内容、调查对象的选取方法和对结果保密的措施等。封面信的语言要简明、中肯，篇幅宜短不宜长，一二百字最好。如：

> 职工朋友：
>
> 为了及时了解全国广大职工群众的基本情况，为党和政府制定政策提供参考，更好地改进工会工作，维护职工合法权益，中华全国总工会决定在全国进行一次职工队伍状况调查。您是我们这次调查中通过严格的抽样方法选取的被调查者，诚请您配合我们做好这次调查。
>
> 这次调查不用署名，不会对您和您的单位带来影响，请您如实回答问卷上的问题。我们将严格遵守国家统计法律、法规的规定，保证您的个人资料不被非法利用。
>
> 衷心感谢您的合作！
>
> 中华全国总工会
>
> 2017 年 4 月

指导语或填写说明用来指导被调查者填答问卷的各种解释和说明。如：

> 填写说明：
>
> 1. 请用圆珠笔、钢笔或签字笔填写问卷。
>
> 2. 请将与您的情况相符的选项号码填写在右边相对应的□中，不要在左边提问区的相应位置打钩。
>
> 3. 遇到有填写数字的题时，请将准确数字填写在□内。
>
> 4. 除问题中特别注明外，各题均填写调查时的情况。
>
> 5. 如在每个问题的选项后面没有注明跳答指向，均按题号顺序接答下一题。

问题及答案，是问卷的主体，也是问卷设计的主要内容。从形式上看，问题可分为开放式与封闭式两大类。开放式问题就是只提出问题，不提供具体答案，由回答者根据自己的情况自由填答问题。封闭式问题在提出问题的同时，还给出若干答案。如：

A01. 您的性别	①男	②女
A02. 您的出生年月	19□□年□月	
A03. 您的户籍情况 （本地指本市/县）	①本地非农业户口 ③本地农业户口	②外地非农业户口 ④外地农业户口
A04. 您的民族	①汉族	②少数民族
A05. 您的受教育程度	①小学及以下 ②初中 ③高中 ④中专（中技）	⑤大专（高职） ⑥大学本科 ⑦研究生及以上

编码及其他资料。在封闭式问题为主的问卷中，为了将被调查者的回答转换成数字，输入计算机进行处理和定量分析，需要对回答结果进行编码，即赋予每一个问题及答案一个数字作为它的代码。编码可以是预编码，即在问卷设计的同时就设计好，也可以是后编码，即等调查完成后再进行。如：

编码									

（二）问卷设计的步骤

一是探索性工作。即先摸摸底，熟悉和了解一些基本情况，以便对各种问题的提法和可能的问答有一个初步的认识。常见方式是设计者围绕所要调查的问题，自然地、随便地与各种对象交谈，并留心观察他们的特征、行为和态度。

二是设计问卷初稿。首先，根据研究假设和所需资料内容，在纸上画出整个问卷的各部分及前后顺序的框图；其次，具体地设计出每一部分的问题及答案，并安排好相互间的顺序；再次，根据回答者阅读和填写问卷是否方便等，对所有问题进行检查、调整和补充；最后，将调整后的结果打印成问卷初稿。

三是试用。这一步在问卷设计过程中至关重要，对于大型调查来说更是不可或缺。具体做法是将问卷初稿打印若干份，然后采取非随机抽样的方法选取一个小样本，用这些问卷初稿进行调查，最后认真检查和分析试调查的结果，从中发现问题和缺陷并进行修改。

四是修改定稿并印刷。只有经过试用和修改，并对校样反复检查后，才能把问卷送去印刷，并用于正式调查。

（三）问题及答案的设计

问题的形式有填空式、是否式、单项选择式、多项选择式和表格式。答案的设计除了要与所提的问题协调一致外，特别要注意做到答案的穷尽性和互斥性。穷尽性指的是答案包括了所有的情况，互斥性指的是答案互相之间不能交叉重叠或相互包含。比如，对于“您的职业是什么?”问题的答案中有“商业人员”和“销售员”“专业人员”的话，就不是互斥的。

语言是问卷设计的基本材料。问题措辞的基本原则是简短、明确、通俗、易懂。在问卷设计中，对问题的语言表达和提问方式有一些常用的规则。一是问题的语言要尽量简单，不要使用一些复杂、抽象的概念及专业术语。二是问题的陈述要尽可能简短，最好不要用长句子，使回答者能很快看完，很容易看懂。三是问题要避免带有双重或多重含义，如问题“您的父母退休了吗?”就是一个带有双重含义的问题。四是问题不能带有倾向性，不能对回答者产生某种暗示或诱导。比如问题“你抽烟吗”? 和问题“你不抽烟，是吗?”就有所不同。五是不要用否定形式提问，比如人们习惯于“您是否赞成物价改革?”而不习惯于“您是否赞成物价不改革?”六是不要问回答者不知道的问题，比如说如果提出“您对我国的社会保障制度是否满意?”的问题，大部分普通人并不清楚社会保障制度是怎样的。七是不要直接询问敏感性问题，对这些问题最好采取某种间接询问的形式，并且语言要特别委婉。

问题的数量以多少为宜? 这要根据调查的内容、样本性质、分析方法、人力、财力、时间等因素决定，没有固定的标准。但一般来说，问题不宜太多，问卷不宜太长，通常以回答者在20分钟以内完成为宜，最多不要超过30分钟。此外，对于在公共场所进行的调查，以及通过电话进行的调查，问卷中的问题要更少一些，回答问卷的时间最好控制在5分钟以内，最长不要超过10分钟。

问卷中问题的前后顺序及相互间的联系通常有以下规则：一是把简单易答的问题放在前面，把复杂难答的问题放在后面。二是把被调查者熟悉的问题放在前面，把他们生疏的问题放在后面。三是把能引起被调查者兴趣的问题放在前面，把容易引起他们紧张或产生顾虑的问题放在后面。四是一般先问行为方面的问题，再问态度、意见、看法方面的问题。五是个人背景资料一般放在开头。六是若有开放式问题，应放在问卷的最后面。

四、统计资料分析

当调查人员完成数据收集后，接下来的任务就是对资料进行统计分析。

（一）资料的整理与录入

1. 资料审核

资料审核是资料处理的第一步工作。它是指调研人员对所收集的原始资料（主要指问卷）进行初步的审阅，校正错填、误填的答案，剔除乱填、空白和严重缺答的问卷。其目的是使原始资料具有较高的准确性、完整性和真实性，从而为后续资料整理录入与统计分析工作打下较好的基础。

2. 资料转换

在资料处理阶段，调研人员需要将被调查者对问卷中问题的回答转换成供计算机识别和统计的数字。

资料转换示例

						转换数字
性别：	①男	②女√				2
年龄：	（28）周岁					28
文化程度：	①小学及以下	②初中√	③高中及中专	④大专及以上		2
婚姻状况：	①未婚√	②已婚	③离婚	④丧偶	⑤其他	1

3. 数据录入

当问卷的答案转化成数据资料后，接下来的工作就是将数据信息录入到计算机中，以便于利用专门的统计分析软件如 SPSS、SAS 等进行分析。

4. 数据清理

在数据资料录入的过程中，难免会出现一些小的差错。因而在开始进行计算机统计分析之前，应仔细进行数据清理工作，不让有错误的数据进入运算过程。主要的方法有 3 种：

（1）有效范围清理

对于问卷中的任何一个变量而言，有效的编码值往往具有某种范围，当数据中的数字超出这一范围时，就可以肯定这个数字是错误的。

（2）逻辑一致性清理

此种方法依据问卷中的问题相互之间所存在的某种内在逻辑联系，来检查前后数据之间的合理性。比如，一个问题是："你们有孩子吗?" 答案为："1. 有；2. 没有。" 如果这一问题的回答是 "2. 没有"，那么后续问题："你们的孩子今年多大了?" 这个问题的答案就应该是空缺，否则就一定是录入错误。

（3）数据质量抽查

尽管采取了上述两种方法对数据进行清理，但仍会有一些错误的数据无法查出。比如，在"文化程度"这个问题上错把"2. 初中"录入成"3. 高中"，既符合有效范围，逻辑上也不存在矛盾问题。查出这类输入错误的唯一办法，就是拿着原始问卷逐一校对。但这样的工作量过大，作为一种妥协，往往采取抽检的方式。

（二）单变量统计分析

单变量统计分析可以分为两大方面，即描述统计和推论统计。

1. 描述统计

描述统计的主要目的在于，用最简单的概括形式反映出大量数据资料所容纳的基本信息。它的基本方法包括集中趋势分析、离散趋势分析等。

（1）集中趋势分析

集中趋势分析指用一个典型值或代表值来反映一组数据的一般水平，或者反映这组数据向这个典型值集中的情况。最常见的集中趋势有算数平均数、众数和中位数 3 种。

（2）离散趋势分析

离散趋势分析指用一个特别的数值来反映一组数据相互之间的离散程度。常见的离散趋势统计量有全距、标准差、异众比率、四分位差等。

2. 单变量推论统计

推论统计就是，根据样本的情况推论总体的情况。推论统计的内容主要包括两个方面：一是区间估计；二是假设检验。

(1) 区间估计

区间估计的实质就是，在一定的可信度（置信度）下，用样本统计值的某个范围（置信区间）来估计总体的参数值。区间估计的结果通常可以采取下述方式来表述：“全省人口中，女性占 50%—52% 的可能性为 99%。”

(2) 假设检验

假设检验指对总体的某一参数作出假设，然后用样本的统计量进行验证，以决定假设是否为总体所接受。

（三）双变量统计分析

双变量统计分析目标是确定两个变量之间的相关性，测量它们之间的预测或解释的能力。双变量统计分析技术包括：相关分析和回归分析。

1. 相关分析

相关分析是研究现象之间是否存在某种依存关系，并对具体有依存关系的现象探讨其相关方向以及相关程度。相关关系是一种非确定性的关系，例如，以 X 和 Y 分别记一个人的身高和体重，或分别记每公顷施肥量与每公顷小麦产量，则 X 与 Y 显然有关系，而又没有确切到可由其中的一个去精确地决定另一个的程度，这就是相关关系。

2. 回归分析

回归分析是确定两种或两种以上变量间相互依赖的定量关系的一种统计分析方法。一般来说，回归分析是通过规定因变量和自变量来确定变量之间的因果关系，建立回归模型，并根据实测数据来求解模型的各个参数，然后评价回归模型是否能够很好地拟合实测数据。如果能够很好地拟合，则可以根据自变量作进一步预测。

（四）多变量统计分析

各种社会现象之间的关系是错综复杂的，相互联系的两种现象之间的关系常常受到其他一些因素的影响。因此，在社会研究中，调研人员除了进行双变量分析外，还常常需要进行多变量分析。多变量统计分析的方法种类较多，比如阐释模式、复相关分析、多元线性回归分析、路径分析、因子分析、聚类分析、判别分析、对数线性模型，等等，其内容非常复杂，需要在专门的统计课程中深入学习。

（五）数据分析软件介绍

随着计算机技术的突飞猛进，统计分析的效率也得到迅猛提升，这些都有赖于高效的数据处理软件。目前常用的主流数据处理包括：SPSS、Epi Info、SAS、RapidMiner（开源预测性软件）、Minitab、MathCAD、Mathematica、Maple、R 语言（开放源代码统计学软件）、PSPP（开放源代码软件）、PLUTO（基于云计算技术架构）。其中，最为广泛使用的是 SPSS。

SPSS，全称是 Statistical Product and Service Solutions，统计产品与服务解决方案软件。SPSS 是世界上最早采用图形菜单驱动界面的统计分析软件，由美国斯坦福大学的 3 位研究生 Norman H. Nie、C. Hadlai（Tex）Hull 和 Dale H. Bent 于 1968 年研究开发成功。SPSS 最突出的特点就是操作界面极为友好，输出结果美观漂亮，几乎将所有的功能都以统一、规范的界面展现出来，使用 Windows 的窗口方式展示各种管理和分析数据方法的功能，对话框展示出各种功能选择项。用户只要掌握一定的 Windows 操作技能，精通统计分析原理，就可以使用该软件为特定的科研工作服务。

五、统计学的新发展——大数据

大数据是信息时代的必然产物，是人们在日常工作、学习、生活中，使用以现代网络特别是以互联网为特征的现代信息技术和其他各种电子计量设备而产生的海量信息。大数据和传统统计学的思维与方法等有明显的不同，主要表现在以下六个方面：

（一）“问题驱动”与“数据驱动”

收集数据是开展统计分析的前提，传统的普查或抽样调查是先确定普查或调查目的，然后再根据目的相应要求和经费确定调查方法和样本量大小。而大数据强调的是全体数据，根据全面数据和实际分布来判断其中出现某类情况的可能性有多大。在大数据时代，由于有足够的数据、足够的变量，可以采用人工智能等来进行数据挖掘和知识发现，广泛开展各种探索性研究，其结论与发现是通过数据分析获得的，也就是数据驱动，用数据决策和用数据创新。

（二）“我问你答”与“我取你有”

统计报表、调查问卷是目前开展普查、调查收集数据的主要载体。这种方式是通过结构化的报表，将被调查对象的行为转化为可用的数据。这种方式的根本特征是“我问你答”，需要被调查者高度配合，包括对问题的正确理解和如实回答填报；否则数据质量难以保证。但在大数据时代，数据来源于信息技术记录下的原始数据，这些数据的参与仅仅依赖于测量方法（如企业生产记录、大量行政记录、GPS 定位测量、超市收银管理系统、ETC 电子收费系统），是一种“我取你有”的方式。取得的更及时、真实的原始数据，由专业统计人员根据统计制度计算统计指标数据，减少了统计调查和报表整理的中间环节，数据质量将会大大提高。

（三）“因果联系”与“相关分析”

传统统计学主要通过建立模型探求变量之间的因果关系，并基于模型对因变量进行预测。存在的问题往往是变量间的因果关系具有时效性，是在特殊条件和前提假定下的关系，结论的时效性与适用性较为有限。在大数据背景下，数据分析不再探求特定条件下确定性很强的因果关系，而是更加关注普遍意义的相关关系。从超大量数据中发现各种真实存在的相关关系，更加直观、更贴近个体、更容易被理解和接受，可以发现事物发展潜在的规律，具有一定的“智能性”，某种程度上超越了传统统计研究的因果关系，因此，相关分析是大数据时代的重要工作。

（四）“样本抽选”与“总体描述”

以统计推断为主要特征的现代统计学研究主要内容是不断改进样本抽样方法和参数设计，从而对总体的特征进行描述。囿于数据收集以及客观条件的限制，总是希望通过尽可能少的样本来了解总体。在这种背景下，产生了各式各样的抽样调查技术和参数估计方法。大数据时代，样本就是被记录的所有数据，从这个意义上讲，样本就是总体。通过对所有与事物相关的数据进行分析，既有利于了解总体，又有利于了解局部和细微之处。

（五）“数据烟囱”与“数据平台”

长期以来，统计工作是以部门为中心展开的，相互隔离形成了行业垂直的信息化体系，在地方上形成了条块分割的“信息孤岛”，形成一个个“数据烟囱”，数据标准不统一，数据指标不规范，数据平台重复建设。大数据特别是与之相关联的云计算，为信息整合提供了新的契机，有助于建立信息共享数据平台，整合现有的分散于各职能部门中的一手数据，从而能够揭示传统技术方式难以展现的数据关联关系，为有效处理复杂社会问题提供新的手段。

（六）“以小见大”与“以大见小”

统计学是关于数据的科学，统计是研究结构化“小数据”，其优势在于“以小见大”，通过设计抽取个体样本数据进而分析推断总体特征。大数据的优势在于“以大见小”，通过对各种来源的数据（特别是各种电子网络数据）实时进行整合、量化、关联、识别等，发现其个体特征，进而对总体进行任意细分的描述。

需要注意的是，大数据时代，统计学依然是数据分析的灵魂。首先，大数据只反映信息，不能分析解释信息，所以需要统计学进行分析解释；其次，大数据随着现象、环境、人的行为在不断变化，时刻充满了不确定性，而统计学可以研究如何从大数据中挖掘和提取信息规律，找出最优化的方案和模型，把大数据中的不确定性量化出来；最后，大数据在搜集和传输中可能受到客观或人为因素的干扰，影响客观实际的真实反映，所以同样需要统计学的方法进行处理和清洗，取其精华，去其糟粕。大数据时代为统计学提供了大舞台，统计学将为大数据插上翅膀。

第五节　调查研究的组织与实施

调查研究是一种科学的研究活动，逻辑性、条理性很强，必须遵循科学的程序和原则。其组织与实施一般包含选题、准备、调查分析和总结等关键步骤。

一、选题阶段

选好研究课题是调查研究的逻辑起点，也是整个调查研究过程中具有战略意义的首要环节。所谓选题，就是确定调查研究要探索的对象，搞清楚要调查什么、研究什么。调查研究的选题，在形式上是人的主观意志的体现，属于认识范畴，但是它的内容归根结底来源于客观存在，是客观实在的反映。调查研究的选题要具有指导性、前瞻性、可行性和时效性。指导性，就是调查研究的选题要有价值，必须紧扣现实生活和实践需要，指导如何解决经济社会发展中迫切需要解决的问题；前瞻性，就是选题要服从改革开放的大局，站在改革的前沿，研究新情况，探索新问题，开拓新的认知领域；可行性，就是要根据调查研究的主客观条件来确定选题，要同调研部门的特点和调研队伍的素质状况相适应；时效性，就是抓住时机，把握火候，摸准时代脉搏，选择能够反映时代特色、具有时代气息的调研课题。调查研究的选题，要掌握具体方法，站在宏观的高度去分析微观的情况，注意用战略眼光去研究现实的问题，从“大处着眼，小处着手”。有些特别重大的课题，可以抓住它的特点，把题目分成若干有内在联系的小题目，从不同侧面、不同层次开展调查，最后形成一个有机的整体。

二、准备阶段

要把握好以下几个关键环节：

（一）方案准备

制定调研方案是一个把调查工作条理化、具体化的过程。通常情况下，制定调研方案应考虑到调查研究的主题和指导思想、调研内容、调研方法、调研步骤、调研组织、后勤保障等。

（二）知识准备

知识的准备一般从三个方面来做：

1. 学习和掌握与调查研究的内容有关的政策文件；
2. 阅读有关研究成果和报刊资料；
3. 学习和掌握与调查研究有关的自然科学和社会科学方面的知识。

（三）组织准备

1. 调查研究人员的组织准备工作。根据调查研究的任务确定参与人数。如果一个单位难以完成，可以联合其他单位共同承担。如果参与调查研究的单位和人员较多，就必须首先确定牵头单位和负责人，然后根据人员多少和素质确定分组，并对调查的时间、步骤、方法、具体要求和注意事项以及调查研究的经费、交通工具等作出详细计划。

2. 调查对象的组织准备工作。一般的调查研究都是上级对下级的，因此调查者可以提前向被调查单位提出调查提纲要求，以便调查对象有充分准备。被调查单位一般应根据调查提纲和要求，对调查对象进行安排组织，比如，什么时间、什么人参加座谈会、什么时间现场参观等。

（四）保障准备

按照预算要求，及时把调研经费落实到位。做好物质技术准备，主要是准备好交通工具、信息手段、表格印制、调查提纲等。

三、调查分析阶段

准备充分以后，要按照调研计划安排，采取适当的方式方法，深入基层、深入群众、深入实际，进行科学的社会调查，按时、按质、按量地完成好调查任务。根据调查提纲对所得的调查材料进行整理、分类、核实，对所取得的调查材料进行分析、思考、研究，提炼材料的内部联系，从中发现事物的本质特征，找出规律性的东西，从而为调查报告的写作找到理论框架，构筑调查报告的写作思路和大纲。如果发现有遗漏的问题或者资料，必须再做调查进行补充。

对调查资料的分析主要有两种：

（一）定量资料分析

通过调查所获得的数据资料往往并不能直接为研究者提供有效的信息，这时就需要借助于统计方法和技术，对调查资料进行整理与分析。定量资料分析的程序，主要是对原始数据进行整理、录入，然后进行单变量分析、双变量分析和多变量分析。从统计方法的具体应用而言，对社会调查数据的分析可以从两个层面进行，即描述统计和推断统计。如果仅就某次调查的数据进行整理、概括，对该组数据的分布特征加以描述，或者对变量之间的关系加以探讨，则称之为描述统计。推断统计是根据样本所提供的信息，运用概率的理论对总体的分布特征和变量关系进行估计、推测。

（二）定性资料分析

定性资料是指研究者从实地研究中所得到的各种以文字、符号表示的观察记录、访谈笔记，以及其他类似的记录材料。定性资料分析的过程是一个对资料进行分类、描述、综合、归纳的过程。其基本逻辑是归纳法，即从具体的、个别的、经验的事例中概括、抽象到概念和理论；主要工作任务可以概括为对信息的组织、归类和对信息内涵的提取。在定性资料分析过程中，研究者所采取的典型的方法就是对在实地研究中观察、访谈所得到的资料进行重新研读，并按照基本的社会学范畴或方法对它们进行分类。

四、总结阶段

通过广泛深入的调查研究，在形成基本观点、基本框架之后，要组织调研人员认真做好调研报告的撰写工作，使调查研究的成果通过调研报告表现出来。撰写调研报告的过程，是进一步系统研究、分析总结的过程。

撰写调研报告通常有四个步骤：

（一）确立主题

调研报告的主题就是报告所要表达的中心问题，它是整个报告的灵魂。明确而适当的主题的确立，是整个报告撰写过程顺利开展的前提。

（二）拟定提纲

主题明确后，要先构思好报告的整体框架，并将这种框架转变为具体的撰写提纲。撰写提纲的主要作用是理清思路，明确报告内容，安排好报告的总体结构，为实际撰写打下基础。拟定报告提纲的方法是对研究的结果进行分解，并将分解后的每一部分进一步具体化。

（三）选择材料

报告所用的材料通常包括两种形式，一种是从研究中得到的各种数据、表格、事例等客观材料，另一种是在这些客观材料的基础上通过分析、综合、概括所形成的观点、认识、建议等主观材料。要坚持精练、典型、全面的原则，以撰写提纲的范围和要求为依据，对所用的材料进行选择。

（四）撰写报告

围绕所确立主题，在已有结构、材料基础上，用适当的文字组织起来，使报告在整体思想、体系结构、内容形式、行文风格等方面前后一致、浑然一体。报告全文写完后，认真地修改好每一个细小的环节，使得报告不断丰富和完善。

第二章

工会调研工作概述

第一节　工会调研工作的重要性

工会调研工作是一项重要的基础性工作，是工会贯彻落实各项工作要求的重要途径，是工会改革创新的具体内容，是提高工会干部能力素质的关键环节。工会作为党领导的职工自愿结合的工人阶级群众组织，工作的重点在基层，工作的对象是广大职工。只有经常性地、深入地开展调查研究，全面及时准确地掌握实际情况，努力探索解决问题、推动工作的正确思路和有效办法，才能更好地发挥工会作为党联系职工群众的桥梁纽带作用，从而在党和国家工作大局中展现作为、彰显价值。工会工作取得的发展和进步，离不开调研工作作用的发挥。

一、开展工会调研工作是贯彻落实习近平总书记关于调查研究重要论述的应有之义

党的十八大以来，习近平总书记围绕调查研究发表了一系列重要讲话，作出了许多重要批示，身体力行地在多地多部门多单位进行了大量调查研究。习近平总书记指出，调查研究是谋事之基、成事之道，没有调查，就没有发言权，更没有决策权；开展调查研究的目的是把事情的真相和全貌调查清楚，把问题的本质和规律把握准确，把解决问题的思路和对策研究透彻；要坚持实事求是的原则，树立求真务实的作风，经常、广泛、深入开展调查研究，深入实际、深入基层、深入群众，努力把真实情况掌握得更多一些、把客观规律认识得更透一些；要坚持和完善先调研后决策的重要决策调研论证制度，把调查研究贯穿于决策的全过程，真正成为决策的必经程序，提高决策的科学化水平。这些重要论述继承和发展了党的调查研究思想，具有鲜明的时代特色，蕴含浓厚的问题意识，内涵丰富、思想深刻，形成了系统的调查研究观，是习近平新时代中国特色社会主义思想的重要组成部分，为我们做好调查研究工作提供了基本遵循和行动指南。

二、开展工会调研工作是服从服务于党和国家工作大局的内在要求

当前，中国特色社会主义进入新时代。我们党带领全国人民，不忘初心，牢记使命，高举中国特色社会主义伟大旗帜，决胜全面建成小康社会，夺取新时代中国特色社会主义伟大胜利，为实现中华民族伟大复兴的中国梦不懈奋斗。这赋予了工人阶级和工会组织新的使命，也对工会调研工作提出了更高要求。经济发展的新常态、劳动关系领域的新特点、职工队伍状况的新变化、现代信息技术的新态势、世界经济发展的新情况，对工会调研工作提出了新的课题。在2017年1月16日全总十六届五次执委会议上，中共中央政治局委员、中华全国总工会主席李建国强调，要大兴调查研究之风，围绕工会工作新问题、工人运动新情况、工人阶级新变化，深入基层和职工群众开展调查研究，做到对基层工会状况、职工队伍情况了然于胸。只有深入研究现代科技革命背景下产业演化、经济关系和劳动关系变化、新型工业化城镇化背景下职工队伍发展等重大问题，才能把握工人运动和工会工作规律，找准工会工作的定位，更好地在大局下思考行动、履职尽责。

三、开展工会调研工作是新形势下推进工会改革创新的迫切需要

在社会主义市场经济条件下，工会的组织体制、工作领域、工作对象、工作环境与传统计划经济模式相比，都发生了历史性的变化。工会工作起点更高，任务更繁重。工会组织要科学确定工作方针、思路、内容、重点和措施办法，切实履行好各项社会职能，推进改革创新，必须在深入调查研究基础之上想问题、作决策、做工作。只有这样，才能不断回答各种新情况新问题，增强工作的预见性、系统性，克服主观性、片面性，把握工作的主动权。2015年11月9日中央全面深化改革领导小组第十八次会议审议通过的《全国总工会改革试点方案》，最后一条就是“加强和改进工会理论研究工作”，要求健全深入基层调查研究和理论研究制度，以理论创新推动工会实践创新和制度创新。2016年全国总工会印发《关于加强调查研究和理论研究的意见》，并修订《全国总工会机关党员干部直接

联系群众建立基层联系点等五项制度的实施办法》，为加强工会调研工作提供了重要保证。改革既对工会调研工作提出了要求，又创造了有利条件。

四、开展工会调研工作是提升工会干部基本能力素质的重要途径

习近平总书记指出，调查研究是一项基本功。李建国同志将调查研究作为工会干部四大能力之一。加强工会干部队伍建设，是做好工会工作的重要保证。而加强调研工作，则是增强工会干部素质能力、提高工会工作整体水平的重要途径。调研水平的高低、成果的大小，是衡量工会组织和工会干部能力素质的重要依据，也是决定一个地方一个单位工会工作发展水平的关键因素。加强调研工作，要求工会干部向实践学、向基层学，把调查得来的材料经过思索转化成政策建议，把感性认识上升到理性高度，有利于提高发现问题、分析问题和解决问题的能力；要求工会领导机关和领导干部及时了解和掌握下情、帮助基层解决问题，当好职工群众的传声筒、代言人，有利于改进工作作风、增进与职工感情，打通联系服务职工的“最后一公里”。

第二节　改革开放以来工会调研工作的发展历程

工会调研工作在一定意义上是时代的缩影。改革开放以来，各级工会积极应对机遇和挑战，充分发挥调研工作的重要作用，及时准确全面把握职工和工会的基本情况，为党委、政府和工会自身决策提供了依据和参考。

一、1978 年工会九大至 1993 年工会十二大期间

这一时期，党的十一届三中全会拉开了改革开放的序幕，经济体制由高度集中的计划经济逐步向社会主义市场经济过渡，社会主义建设事业进入新阶段。工会主要开展工会系统的拨乱反正、思想解放、组织恢复和重建、新时期工会新作为等工作。工会调研工作则更多地关注职工工作生活、工会自身建设等。

（一）开展劳动保护调研，推动工会恢复重建工作

改革开放初始阶段，十年动乱造成的企业管理混乱状态还比较严重，职工伤亡事故和职业病屡屡发生。为扭转这种状况，全国总工会开展调研，于 1979 年 1 月发出《关于贯彻执行〈中共中央关于认真做好劳动保护工作的通知〉的通知》，9 月制定《关于做好当前劳动保护工作的意见》，10 月与国家劳动总局等发出《关于调查女工劳动保护情况的联合通知》。1979 年 11—12 月，吉林省和天津市接连发生通化矿务局松树镇煤矿瓦斯爆炸、海洋石油勘探局“渤海二号”钻井船翻沉、煤气公司液化气罐爆炸等三起恶性事故，全总与吉林省总工会、天津市总工会积极参与调查处理工作。1980 年 4 月，全总与国家经委等 10 个部门联合发出《关于开展“安全月”活动的通知》，决定建立“安全月”制度。1980 年 6 月，召开全国工会第三次群众劳动保护工作会议，这是“文革”后工会为恢复劳动保护工作召开的第一次会议。

（二）开展工资福利生活调研，保障职工基本生活

“文革”后，有些企业发生亏损使职工生活遇到困难，有些企业实行承包后忽视职工福利待遇。党中央要求工会要努力保障工人的福利。为全面了解职工的生活情况，1980 年 10 月，全总发出《关于进行职工生活大检查的通知》。1983 年 6 月，向党中央报送《关于保证职工基本生活不受物价上涨影响的报告》。1986 年，全总开展调研，向党中央、国务院报送《关于企业工资制度改革的若干建议》。同年，工会参加《国营企业实行劳动合同制暂行规定》《国营企业招用工人暂行规定》《国营企业辞退违纪职工暂行规定》《国营企业职工待业保险暂行规定》等文件制定和实施的调研，与中宣部等部委联合印发《劳动制度改革宣传提纲》，12 月发出《关于工会积极推进劳动制度改革工作的意见》。1987 年，全总向党中央、国务院提出《关于实行基本生活费用与相应的价格指数挂钩的建议》，得到高度重视。1988 年，全总开展最低工资调研，形成《关于在我国建立最低工资制度的探讨》。这是我国第一篇关于建立最低工资制度的调研报告，在新华社动态清样刊登后，国务院主要领导就探索建立最低工资制度作了批示。

为落实党中央、国务院在“七五”期间解决大多数贫困地区温饱问题的指示，1985 年起，全总组织力量先后到贵州、云南、广西、宁夏、内蒙古等地贫困县开展调研。1986 年 9 月下发《关于向贫困地区支援能工巧匠若干问题的通知》。1989 年 11 月，全总开展调研，及时掌握全民所有制企业停工待工人员有关问题，发出关于妥善处理停工待工人员有关问题的紧急通知。1990 年 1 月，全总进行贫困职工生活状况的专题调查，2 月，全总就停产半停产企业职工生活问题向党中央、国务院报告，引起高度重视，国务院发出专门文件，提出解决办法。这是我国第一次提出城市扶贫问题。

（三）开展职工教育调研，加强职工素质建设

按照党中央关于加强社会主义精神文明建设的指示，在调研基础上，1981 年 2 月，全总与团中央、全国妇联等 9 个单位联合倡议，在全国开展

以讲文明、讲礼貌、讲卫生、讲秩序、讲道德和心灵美、语言美、行为美、环境美为主要内容的“五讲四美”活动。1981年2月，全总发出贯彻《中共中央、国务院〈关于加强职工教育工作的决定〉》的几点意见，4月召开全国工会系统职工教育工作会议。1983年4月，全总在上海召开职工读书活动经验交流会，在调研上海市20多万人参加的“振兴中华读书活动”和湖北等地读书活动基础上，5月向党中央报送《关于在职工中开展读书活动的报告》，向各级工会发出《关于在全国职工中开展读书活动的决定》，6月中央书记处批转全总报告，7月全总召开全国工会职工教育工作会议。自此之后，工会组织发起的以“振兴中华”为宗旨的读书成才活动在全国蓬勃展开。7月，党中央批转《国营企业职工思想政治工作纲要（试行）》。

（四）开展工会自身建设调研，启动工会改革

1983年3月，党中央作出工会要真正成为“职工之家”、工会干部成为“工人之友”的重要指示。1984年4月，全总召开全国工会组织工作会议，5月下发《关于整顿工会基层组织，开展建设“职工之家”活动的决定》，要求从1984年下半年开始，争取用3年左右时间，对全国43万个基层工会普遍进行一次整顿。

为发挥工会在中外合资、合作和外商独资企业中的作用，全总起草修改《关于中外合资、合作企业和外商独资企业工会暂行条例》。1984年底，全总在江苏、上海、广东等地开展调研，1985年1月第一次在深圳市召开经济特区、沿海开放城市中外合资企业工会工作座谈会，提出合资企业工会工作指导思想和任务要求。1985年5月，广东省颁布我国经济特区第一个工会规章——《广东省经济特区企业工会规定》，全总转发了这一文件。

为适应改革重点从农村到城市的转变，组织职工积极参与改革，1985年7月，全总十届六次主席团（扩大）会议提出在全总、全国产业工会、各级地方工会和企业事业单位的工会等4个不同层次参政议政的主张，8月全总党组上报党中央、国务院《关于工会参加党和政府的有关会议和工作机构的请示》。11月，中央办公厅、国务院办公厅联合转发了全总请示，为工会参政议政创造了条件，也对工会加强调研提出了更高要求。

根据中央领导同志关于工会要围绕经济建设这个中心，多为企业和职工以及整个社会办好事、办实事，大力兴办为职工服务的第三产业的指示精神，1985 年以来，全总就工会兴办企事业问题开展调研。1985 年 1 月，全国工会财务工作会议提出，要兴办社会需要和能为职工解决实际困难的经营性服务事业和经济实体；10 月，全总会同国家经委等 5 个单位联合发出《关于工会兴办为职工服务的第三产业的通知》，就工会兴办第三产业的性质、范围及有关政策作出明确规定。1988 年，作为探索工会改革的一部分，全总成立课题组，围绕兴办经济事业开展调研，6 月印发《关于兴办工会企事业的意见》《关于县以上工会事业单位承包责任制的若干规定》，10 月印发《工会改革的基本设想》，强调“兴办经济事业”。1992 年 7 月，全总与国家工商局等联合印发《关于工会兴办企业若干问题的规定的通知》，8 月在上海召开第十一届十五次主席团会议，提出工会要积极兴办第三产业和其他企事业。

1987 年 7 月，全总书记处召开会议，研究发挥工会在改革中的作用和工会自身改革问题。全总向各级工会转发会议纪要，此后各级工会加强了对工会改革的探讨和研究。1988 年，全总在集中各地理论和实践成果基础上，形成《工会改革的基本设想》，经全总十届六次执委会讨论通过，在中国工会十一大上作为大会文件印发。

（五）开展贯彻 12 号文件调研，落实依靠工人阶级方针

1989 年 12 月，党中央发出《关于加强和改善党对工会、共青团、妇联工作领导的通知》（中发〔1989〕12 号），深刻阐述了社会主义条件下工会等群众组织的性质、地位、作用，以及党对工会领导的正确原则、方针、政策。这是新中国成立以来第一个专门论述加强和改善党对工会等群众组织领导、充分发挥工会等群众组织作用的纲领性文件。贯彻落实 12 号文件精神，对依靠工人阶级、发挥工会组织的调研形成了一个热潮。全总在调研基础上，制定《全国总工会贯彻执行〈中共中央关于加强和改善党对工会、共青团、妇联工作领导的通知〉的意见》（以下简称《意见》），1990 年 4 月在吉林省吉林市召开十一届六次主席团会议，原则通过《意见》。针对社会上产生的片面强调精英治厂，忽视工

人阶级、淡化工人阶级作用的倾向，1991 年 5 月，全总在上钢三厂召开工人阶级问题理论研讨会。6 月，党中央召开工青妇工作座谈会，强调必须树立全心全意依靠工人阶级的思想，充分发挥工人阶级主力军作用。6 月 26 日，中央办公厅批转全总党组《关于进一步发挥工人阶级主力军作用需要解决的几个问题的报告》。9 月，全总、团中央和全国妇联首次联合召开工青妇工作理论研讨会。

（六）开展第一、第二、第三次全国职工队伍状况调查，创建常态化调查的工作品牌

在全党全国工作重心开始转移到以经济建设为中心的现代化建设上来的背景下，1982 年，中央书记处研究室会同全总组织对工人阶级状况进行系统调查。参加调查的有国务院所属的 11 个部、局，选择了 11 个企业作为重点调查单位，同时对上海和江苏几个有代表性的大中城市的工人阶级状况作面上考察，有关产业工会和地方工会也参加调查。涉及职工约 27 万人，整理调查资料 50 多万字。这是新中国成立以来就工人阶级状况所作的一次规模较大和较为系统的调查，得出了在新的历史条件下，工人阶级作为一个阶级不仅依然存在，而且将在向以经济建设为中心的战略转移中发挥主力军作用的重大结论。自此，定期开展职工队伍状况调查，成为工会常态化制度化的工作和重要的品牌。

在城市经济体制改革全面展开的背景下，1986 年，全总开展了第二次全国职工队伍状况调查。这次调查涉及全国 519 个企业事业单位、80 多万职工，整理调查报告和谈话记录 5000 余份、1000 多万字。调查围绕改革以来职工队伍的思想观念、精神状态、生活方式发生的变化、特点和规律，进一步提高职工队伍素质、充分发挥工人阶级在两个文明建设中的主人翁精神和主力军作用这个主题，进行了比较系统全面的调查，得出了工人阶级坚定地拥护和支持改革，工人阶级是改革的重要力量，改革必须依靠工人阶级来推进的重大结论。调查成果在 1988 年 10 月工会十一大报告中得到充分反映。

在改革开放力度加大、确立建立社会主义市场经济体制目标背景下，1992 年全总开展了第三次全国职工队伍状况调查。这次调查采取典型调查

和问卷调查相结合的方法，形成了1个总报告、9个专题报告、9个统计分析报告、16个省（区、市）的综合报告、60多个典型调查报告和主要数据资料，共200多万字。调查得出了推进改革开放、发展社会主义市场经济，必须坚持科学民主决策、职工总体受益、改革力度与社会承受程度相适应的原则，维护好职工利益的重大结论。调查成果在1993年10月工会十二大报告中得到充分反映。

二、1993年工会十二大至2003年工会十四大期间

这一时期，我国处于从计划经济体制向社会主义市场经济体制的历史性转变中，市场经济的发展特别是多种所有制经济的发展，使社会经济结构、经济关系和劳动关系日趋复杂化，工会在劳动关系中职工利益代表者和维护者的身份进一步明晰，工会调研活动也随之发生转变，重点探索社会主义市场经济条件下工会工作思路、模式和参与协调劳动关系等问题。

（一）开展工会工作总体思路调研，明确维护是工会的基本职责

1993年10月，中央领导同志在工会十二大会前接见大会主席团常务主席时发表重要讲话，要求积极探索有中国特色社会主义工会工作新路子，努力开创工会工作的新局面。1994年，全总通过调研，形成《关于建立社会主义市场经济体制过程中工会工作若干问题的意见》，这是探索和思考在走向社会主义市场经济过程中工会工作新路子的重要成果。

1994年7月，八届全国人大常委会第八次会议审议通过《中华人民共和国劳动法》（以下简称《劳动法》），这是新中国成立后第一部劳动方面的法律。1994年12月召开的全总十二届二次执委会，提出新时期工会工作的总体思路，即“以贯彻实施《劳动法》为契机和突破口，带动工会各项工作，推动自身改革和建设，努力把工会工作提高到一个新水平，在改革、发展、稳定中更好地发挥作用”。总体思路的实质是进一步突出工会的维护职能，明确维护是工会的基本职责，是工会服务于党的中心任务的主要手段。这是对社会主义时期工会理论和实践的重大突破。1997年5—6月，全总分6片31个调研检查组，由250多名干部组成，对全国各地贯彻

落实总体思路的情况进行全面调研和检查，听取31个省（区、市）和171个市（地）、县（区）总工会工作汇报，形成了一批质量较高的调研报告，推动了总体思路的贯彻落实。全总对总体思路的提出、形成和发展进行深入研究，形成《关于工会工作总体思路的理论研究与实践探索》（中国工人出版社，1998年）一书。1999年10月，全总十三届三次主席团会议提出要实现工会工作的“五突破一加强”[1]。1999年12月召开的全总十三届二次执委会，进一步提出“三个最大限度”[2]的工作要求。

（二）开展工会工作模式与经验调研，探索社会主义市场经济下工会工作新路子

全总在全国范围内通过持续深入的跟踪调研、蹲点调研等方式，发现、培育、总结推广一批经验，发挥典型引路作用。1994年6月，全总政策研究室调查组通过蹲点调查，形成《鲜明的职工利益代表者的身份和作用——关于蛇口工业区工会工作模式的调查报告》，总结了经济技术开发区、工业区工会工作的先进典型——“蛇口模式”。1997年3月，全总、广东省总、深圳市总联合调查组形成《全新的区、镇、村经济发展公司三级工会网络体系——关于深圳宝安区新经济组织工会工作模式的调查报告》，提炼了新经济组织组建工会开展工作的先进典型——“宝安之路”。1997年10月，全总政研室、辽宁省总工会联合调查组形成《工会工作格局的创新——关于葫芦岛市工会工作经验的调查报告》，概括了适应市场经济形势创造城市工会工作新格局的先进典型——“葫芦岛之路”。1998年7月，全总政研室、吉林省总、四平市总联合调查组形成《强化自身 突出维护 努力推动农业大县向经济强县迈进——关于吉林省四平市梨树县工会工作经验的调查报告》，推广了新形势下做好县级工会工作的先进典型——“梨树之路”。这些调研成果在工会十三大报告中得到充分体现。

为加强外商投资企业工会工作，1994年1月，全总通过调研，上报《关于外商投资企业劳动关系和组建工会情况的报告》，中央办公厅、国务院办公厅4月转发全总报告，为加强外商投资企业工会工作提供指导。6月，全总在河北省石家庄市召开外商投资企业工会工作会议。1995年

4 月，全总下发《关于以贯彻实施〈劳动法〉为契机和突破口，进一步加强外商投资企业工会工作的通知》，在天津举行外商投资企业工会工作国际研讨会。全总设立外商投资企业工作办公室。8 月，全总与中国外商投资企业协会联合下发《关于在外商投资企业开展“双爱双评”活动的通知》。

为探索开展产业工会和集团工会工作，1997 年 3 月，全总通过调研，制定《关于企业集团建立工会组织的试行办法》，对企业集团工会的建立及组织体制、机构设置和干部配备等都作出规定。1998 年初，全总对产业工会工作开展调研，召集全国产业工会负责人座谈研讨会，就进一步加强产业工会工作提出意见和建议。

为推动县级工会在县域改革发展稳定大局中更好发挥作用，1998 年 1—4 月，全总与各省（区、市）总工会对 104 个县级工会进行全面调查，各省（区、市）总工会分别选择 3—5 个有代表性的县作重点调查，全总组成 5 个调查组赴 12 省（区）作专题调查。还在 30 个省（区、市）开展了统计调查和问卷调查。通过调查，基本摸清县级工会现状、问题和基本经验，研究制定了进一步加强县级工会工作的意见。为进一步转变全总机关工作作风，深入研究县域国有、集体小企业改制给工会工作带来的新情况新问题，在对百县工会工作调查基础上，由全总机关各部门、各驻会全国产业工会各抽调 2—3 人，1998 年 8 月分赴全国 31 个省（区、市）会所在城市所辖的 2 个县（市、区），对县域改制企业和工会工作情况进行蹲点调查，达到了“调查研究，总结经验，汲取营养，找出差距，研究对策，改进工作”的目的。

面对不断出现的国有、集体改制企业撤并、削弱工会组织的现象，一些新建企业中侵犯职工权益比较突出的情况，1999 年全总对工会组织建设、工会自身改革和建设等开展专题调研，提出加强工会组织建设的指导思想、工作思路和工作重点。在调研基础上，2000 年 11 月，全总在宁波召开首次有 18 个省委副书记或常委参加的全国新建企业工会组建工作会议，研究提出建会目标任务。

为探索开展全国性普查的工作思路，2000 年 7—8 月，全总开展全国工会组织基本状况调查试点调查。全总大连市中山区试点调查组 24 人赴辽宁省大连市中山区进行试点调查工作，会同辽宁省总、大连市总等组成400多人的调查队伍，历时22天，采用地毯式走查单位8463个，涉及数据126万个。全总广东省中山市试点调查组一行20人，在广东省中山市西区和南朗镇进行了为期20天的普查试点工作。全总河北省辛集市试点调查组调研21天，调查了全市20个系统、15个乡镇、10个街区、3个村、全部街道和“一城三区”等所辖各类企业和个体工商户等约2500户，以及辛集全市的事业、机关单位，填表近1200张。通过试点调查，发现了加快新建企业工会组建工作值得重视研究和解决的问题，以及对开展全国调查值得研究和改进的地方。

（三）开展劳动关系问题调研，贯彻实施《劳动法》

劳动关系日趋多样化、复杂化，需要通过立法保障劳动者合法权益。1993年6月，全总参加《劳动法》起草小组工作，配合有关部门进行全国大调研，围绕《劳动法》适用范围、劳动合同、集体合同、裁减职工、工作时间等问题提出意见建议，推动1994年7月《劳动法》的颁布。1994年12月召开的全总十二届二次执委会议，审议通过《全国总工会关于贯彻实施〈劳动法〉的决定》，要求以贯彻实施《劳动法》为契机和突破口，推动工会改革和建设。

为把握劳动关系的总体状况，了解广大职工在企业主人翁地位落实情况，1995年全总组织对劳动关系状况的综合性调研，形成《关于现阶段我国劳动关系状况的调查》，对建立稳定协调的劳动关系提出建议。

全总把开展平等协商、签订集体合同，作为贯彻实施《劳动法》、维护职工合法权益的“牛鼻子”，组织力量加强调研，提出要把握“六个环节”[3]的要求，制定《关于建立区域性、行业性集体协商和集体合同制度的指导意见》《关于加快在外商投资企业建立平等协商和集体合同制度的指导意见》《工会参加工资集体协商的指导意见》等。2001年11月，在深入调研基础上，全总与劳动和社会保障部等在江苏省南京市联合召开全国贯彻实施《劳动法》《工会法》，推进集体合同、劳动合同工作经验交流会议，对这一工作进行部署。

（四）开展厂务公开调研，坚持依靠职工办企业

为团结和动员全国各族职工为实现跨世纪宏伟目标而奋斗，经过调研，1995 年 12 月召开的全总十二届三次执委会议，提出在公有制和非公有制企业落实党的全心全意依靠工人阶级根本指导方针应当分别坚持“六个必须”[4]的要求。1996 年 6 月，全总与中央党校、求是杂志社联合在北京人民大会堂召开全心全意依靠工人阶级的理论与实践研讨会。这是一次规模大、层次高、论文多、代表性广的研讨会，收到了 100 多篇调研成果，提出了大量切合实际的意见建议，形成 80 多万字的《全心全意依靠工人阶级》（中国工人出版社，1997 年）一书。

为分析研究贯彻落实党的全心全意依靠工人阶级方针遇到的新情况新问题，系统总结各企业创造的新鲜经验，1996 年 7 月，全总在上海第一钢铁（集团）有限公司召开全心全意依靠职工办企业现场经验交流会。9 月，全总印发《关于全心全意依靠职工群众搞好企业若干问题的意见》。1997 年，全总会同各省（区、市）总工会在全国范围内开展百家依靠职工办好企业先进典型群体的调研工作，总结概括出 118 家企业 6 个方面具有普遍性的经验，8 月在河北邯郸钢铁集团有限责任公司召开全心全意依靠职工办好企业现场经验交流会。

为贯彻党的十五大关于扩大基层民主、加强基层民主政治建设的精神，1998 年 8 月起，全总对河北石家庄天同拖拉机公司、辽宁抚顺特殊钢公司、天津国际经济技术合作公司等企业实行职工代表大会、厂务公开、民主管理、民主监督的经验进行专题调研。这些公司实行职工代表大会、厂务公开、民主管理、民主监督，让职工知厂情、监厂事、参厂政，真正当家作主的创造性实践，得到了中央领导同志的充分肯定。1998 年 10 月，全总与中央纪委联合召开厂务公开、民主监督、民主管理研讨会，讨论修改《关于实行厂务公开，加强企业民主监督、民主管理的意见》。1999 年，全总开展以厂务公开为重要内容的职代会制度建设调研，与中央纪委等联合发出《关于推行厂务公开制度的通知》，并联合在天津市召开全国厂务公开经验交流会。2002 年 5 月，全总组织课题组对非公有制企事业职工民主管理进行调研，形成调研报告和工作意见，提出既要把职代会作为非公

有制企事业职工民主管理的基本形式，又要采取与企事业单位相适应的形式。

（五）开展国有企业改革中职工权益调研，促进实施送温暖工程

按照中央办公厅、国务院办公厅1995年《关于千方百计解决部分群众生活困难问题的通知》，经过深入调研，全总与劳动部等于1996年1月联合发出通知，对进一步做好困难企业职工生活保障、生产自救和分流安置工作提出政策措施。1996年8月，全总印发《关于工会促进失业职工再就业和企业富余职工分流安置的意见》。1996年全总与劳动部等单位向党中央反映各地困难职工生活状况，提出对策建议，8月5日向国务院报送《关于建立城市最低生活保障制度的建议》。1997年初，为贯彻国务院《关于在若干城市试行国有企业兼并破产和职工再就业有关问题的补充通知》精神，全总成立5个调研组，与10个省级总工会联合，对上海等10个优化资本结构试点城市的兼并破产企业职工和下岗职工再就业及工会作用等情况进行调研。1998年6月，党中央、国务院发出《关于切实做好国有企业下岗职工基本生活保障和再就业工作的通知》。全总和各省级工会成立促进再就业工作领导小组，以调查研究为基础，在建立和进入再就业服务中心、“两个确保”等政策制定上提出政策建议。1999年，全总、各地工会和产业工会将协助党政做好国有企业减员增效、下岗职工基本生活保障和再就业工作作为重点调研课题，成立专题调查组，了解国有企业下岗职工的情况、再就业方面面临的问题，提出了政策建议。

针对国有企业产业结构调整全面铺开、下岗职工逐年增多的情况，1991年底，全总决定在1992年元旦春节期间开展送温暖活动。自此，在全国范围内开展的“进万家门、知万家情、解万家难、暖万家心”工会送温暖活动正式拉开帷幕。1994年，基于经济体制改革深化和国有企业改革力度加大、困难职工问题更加突出的现实背景，全总再次作出决定，将一年一度的送温暖活动拓展为“送温暖工程”，工会作为帮扶困难职工第一责任人，着力推动送温暖活动的经常化、制度化、社会化。在调研基础上，1996年9月全总形成《关于送温暖工程基金使用管理办法》《关于建立和完善领导干部联系生活困难职工户制度的意见》等文件。1998年9

月，印发《关于建立职工补充保障体系的意见》。2006 年 5 月、2007 年 1 月、2007 年 12 月和 2011 年 6 月，中央领导同志先后 4 次视察云南省昆明市帮扶中心、辽宁省葫芦岛市连山区扶贫超市、天津市困难职工帮扶中心和湖北省武汉市青山区困难职工帮扶中心并作出重要指示。2011 年 3 月，中央领导同志对全总送温暖报告作出重要批示，充分肯定工会送温暖活动取得的成效和发挥的作用，对工会组织不断健全送温暖机制，实现帮扶工作的常态化、长效化，进一步深入研究并做好法律援助等维权服务工作，提出明确要求。6 月，全总组织力量对送温暖活动和推进帮扶中心工作情况开展调研，总结 20 年来送温暖活动和 10 年来帮扶中心作用发挥情况，研究提出帮扶困难职工工作进一步发展的思路和举措，9 月印发《关于进一步推进工会帮扶工作常态化长效化的指导意见》。

（六）开展第四、第五次全国职工队伍状况调查，了解世纪之交职工队伍新特征

在经济结构战略性调整、国有企业战略性改组加速进行的背景下，1997 年全总开展了第四次全国职工队伍状况调查。这次调查覆盖全国建有基层工会组织的 11321 万职工，选取代表东部、中部和西部 3 个经济区域的 15 个省份，涉及各种经济成分和 15 个国民经济门类，对 150 个不同经济类型、不同行业的单位进行了典型调查。另外，还组织对农民工问题进行专题调查。调查得出了必须加大调整劳动关系力度，在企业建立稳定协调的劳动关系，依法维护广大职工合法权益等结论。调查成果在 1998 年 10 月召开的工会十三大报告中得到充分体现。

在进入全面建设小康社会、加快推进社会主义现代化新的发展阶段的背景下，2002 年全总开展了第五次全国职工队伍状况调查。这次调查是进入 21 世纪后的第一次，覆盖各种经济成分中的 20 个国民经济门类的全部工薪劳动者，比较完整地反映了职工队伍的规模、结构、素质、权益保障和作用发挥等方面的基本情况。调查得出了必须正确认识和处理职工队伍的内部关系，切实保障不同职工群体的合法权益，巩固职工队伍的团结统一等结论。调查成果在 2003 年 9 月工会十四大报告中充分体现。

这段时间，根据全总书记处 1994 年 10 月决定，全总机关、各全国产

业工会、各省级工会共同参与调研，挖掘整理资料，历时 8 年，2002 年编纂出版完成 62 卷、1.5 亿多字的《中国工会运动史料全书》，全面系统地反映了 150 多年来我国工人阶级成长、战斗历程和工人运动历史。2003 年 1 月，全总首次向国内外发布 2002 年度《中国工会维护职工合法权益蓝皮书》（中英双语）。此后每年出版一册，展示工会维权工作等方面成果。

三、2003 年工会十四大至 2013 年工会十六大期间

这一时期，我国紧紧抓住和利用好发展的重要战略机遇，战胜一系列重大挑战，奋力把中国特色社会主义推进到新的发展阶段，巩固和发展了改革开放和社会主义现代化建设大局。各级工会坚持和丰富中国特色社会主义工会发展道路，全面履行各项社会职能、突出维护职能，着力做好新形势下职工群众工作。工会调研工作围绕党和国家工作大局及工会工作全局扎实推进，取得长足进步。

（一）开展“组织起来、切实维权”大调研，探索形成中国特色社会主义工会发展道路

面对发展社会主义市场经济给工会工作带来的理论与实践课题，根据工会十四大提出的目标任务，全总于 2004 年开展了“组织起来、切实维权”重点工作大调研。全总成立 6 个专题调研组，各省（区、市）总工会、新疆生产建设兵团工会和各全国产业工会分别承担有关课题。这次大调研集调查情况、研究问题、总结经验、创新思路、推动工作于一体，参与人员之多，调查规模之大，涉及范围之广，探讨问题之深，调研成果之丰，为多年来工会工作所少见。经过工会上下历时 8 个多月的努力，形成 5 卷、100 余篇、100 多万字的调研报告，在此基础上形成 2 万多字总报告，进一步摸清了职工队伍和工会工作面临的新情况，分析了工作中存在的突出问题，总结了一批典型，明确了工作思路。2004 年 12 月召开的全总十四届二次执委会议，审议通过《关于进一步加强基层工会工作的决定》。通过大调研，各级工会从理论和实践结合上深入研究“建设什么样的工会、怎样建设工会”，提出了坚持走中国特色社会主义工会发展道路的重大课题，确立了“组织起来、切实维权”的工作方针，形成了“以职

工为本，主动依法科学维权”的中国特色社会主义工会维权观，明确了“促进企业发展、维护职工权益”的企业工会工作原则，确定了构建规范有序、公正合理、互利共赢、和谐稳定的社会主义新型劳动关系的目标，提出了弘扬工人阶级伟大品格的号召等，有力地推动了工会工作创新发展。

（二）开展农民工调研，保障农民工合法权益

2003 年 8 月，全总印发《关于切实做好维护进城务工人员合法权益工作的通知》。2005 年，国务院研究室牵头，组织中央、国家有关部委，对农民工问题开展为期 10 个月的调研。全总组织力量参加调研，提出的许多意见和建议被国务院出台的《关于解决农民工问题的若干意见》所采纳。2006 年，全总把农民工问题作为重点调研课题，成立农民工工作领导小组和专题调研组，形成《关于工会维护农民工合法权益问题的调研报告》《关于沈阳鲁园劳动力市场农民工工会联合会情况的调研报告》。2006 年 1 月、10 月，全总先后召开全国工会学习贯彻中央领导同志重要批示精神、进一步做好维护农民工合法权益工作电视电话会议和全国工会维护农民工合法权益工作经验交流会议。2007 年，为贯彻国务院《关于解决农民工问题的若干意见》，进一步叫响“农民工有困难找工会”的口号，确保为农民工办十件实事落到实处，3 月全总印发《关于推进维护农民工合法权益十项机制建设的意见》。

2010 年 3 月，全总成立新生代农民工问题课题组，在对大连等地实地调研基础上，形成了第一阶段研究成果《关于新生代农民工问题的研究报告》，中央领导同志作出批示，该报告发表后引起人民日报、新华社等媒体广泛转载和社会高度关注。2011 年 2 月，课题组形成第二阶段调研报告《关于对新生代农民工现状的调查与对策建议》。中央领导同志对报告给予充分肯定和高度重视，作出重要批示，要求继续深入研究新生代农民工的特点和需求，加强对他们的思想引导和人文关怀，帮助他们解决在工资分配、社会保障、职业培训、进城落户等方面遇到的实际困难，增强他们对未来成长发展的信心。

按照国务院农民工办的要求，2011 年 5 月，由全总牵头，与团中央和

全国妇联承担“发挥工会、共青团、妇联组织维护农民工权益和服务农民工的积极作用”课题，联合课题组先后赴天津、河南等地调研，形成《工会维护农民工权益和服务农民工工作调研报告》《关于发挥工会、共青团、妇联组织维护农民工权益和服务农民工的积极作用的调研报告》。

（三）开展劳动关系矛盾调研，维护职工队伍和谐稳定

为适应国内外环境更趋复杂、保持企业劳动关系和谐稳定难度加大的实际，2003—2005 年，辽宁、河北等地工会探索开展创建劳动关系和谐企业活动。2006 年 3 月，在总结地方经验基础上，全总印发《关于开展创建劳动关系和谐企业活动的意见》，决定在全国范围内开展创建活动。2006 年 7 月，国家协调劳动关系三方下发《关于开展创建劳动关系和谐企业与工业园区活动的通知》，把创建活动从工会主导的活动上升为国家三方共同开展的活动。2007 年 9 月，全总在山东省威海市召开全国工会开展创建劳动关系和谐企业活动威海经验现场推进会。

2010 年 8 月，中央领导同志就总结宣传浙江传化集团经验作出重要批示。9 月中旬，中央政策研究室和全总联合对传化集团构建和谐劳动关系问题进行专题调研，调研报告刊发在《人民日报》上。10 月，全总组成调研宣传组，赴传化集团调研其全心全意依靠职工办企业、构建和谐劳动关系等经验。2011 年上半年，中央政策研究室、全总等 6 部委开展从浙江到全国、从民营企业到各类企业构建和谐劳动关系的经验调查。8 月，全总、人社部等联合召开全国构建和谐劳动关系先进表彰暨经验交流会，这是改革开放以来第一次全国性研究部署构建和谐劳动关系的工作会议，中央领导同志到会发表重要讲话。为研判“十二五”时期劳动关系的变化趋势，2011 年全总成立“十二五”劳动关系课题组，在赴浙江、福建、江西、吉林等地调研基础上，形成《关于“十二五”时期我国发展社会主义和谐劳动关系问题的研究》报送中办、全国人大办、国办，中央领导同志作出批示。

2008 年 10 月，重庆等地发生出租汽车停运等群体性事件。全总迅速行动，深入开展调研，配合当地党政做好出租汽车行业维稳工作，向党中央报送《关于推进解决当前出租汽车行业突出问题和维护行业发展稳定的

建议》，下发《关于出租汽车企业组建工会的指导意见》。2008 年 12 月召开推动出租车企业组建工会、促进行业稳定工作座谈会。2010 年下发《关于进一步推进出租汽车企业工会组建工作的若干意见》。2011 年 3 月下发《关于调查统计出租车企业组建工会情况的通知》。

2009 年 8 月，针对有些企业在改革过程中忽视职工民主权利、引发职工群体性事件的情况，全总发出《关于在企业改制重组关闭破产中进一步加强民主管理工作通知》，组成调研组开展调研，形成《关于国有企业重组改制和政策性关闭破产工作进展情况的调查报告》。2010 年，以深圳富士康公司职工连续跳楼和广东佛山南海本田零部件厂职工集体停工为代表的一系列事件，使企业劳动关系矛盾问题成为社会关注的焦点。全总与人社部等组成联合调查组，赴深圳富士康公司实地调查。中国工运研究所组成课题组，于 2010 年 7 月赴浙江、江苏、云南等省调研，11 月形成《当前企业劳动关系矛盾问题研究报告》，中央领导同志作出批示。全总组织力量分赴 10 省（区、市）进行调研，召开 12 省（区、市）工会和全总机关工作座谈会、研讨会，下发《关于进一步做好维护职工队伍和社会稳定工作的意见》。为摸清境外中资企业劳动关系情况，2011 年 5 月，全总成立联合调研组，走访国务院相关部委，实地考察外派劳务大省，形成《境外中资企业劳动关系现状及对策建议调研报告》。

2007 年媒体披露的山西“黑砖窑”虐待农民工事件，使农民工、劳务派遣工权益保障问题成为社会热点。6 月，全总组成工作组赴山西调查有关情况，形成《关于山西洪洞县曹生村黑砖窑案件的报告》，提出的在全国范围内开展一次清理非法用工的执法检查建议被国务院采纳。这次全面执法检查，对于查处非法用工，打击违法犯罪，依法维护劳动者特别是农民工的合法权益起到了积极作用。2011 年，全总成立劳务派遣问题课题组，形成《当前我国劳务派遣用工的基本状况、存在问题及对策建议》报送中办、全国人大办、国办，中央领导同志作出批示，有关主张在 2012 年 12 月《劳动合同法》的修正案中得到了体现。

由于经济下行压力增大，一些行业企业进入深度调整转型期，工资集体协商受到社会广泛关注。全总在服装、餐饮、板材等行业开展调查研究，推出一系列典型经验。2007 年 11 月，中央领导同志对浙江省温岭新河镇羊毛衫行业工资集体协商机制作出批示，要求予以总结推广。2008 年 4 月召开全国工会工资集体协商工作经验交流会，总结推广温岭等地工会工资集体协商工作经验。2005 年以来，江苏省邳州市总和板材行业工会在板材行业普遍推行工资集体协商制度，形成了职工得实惠、企业得效益的和谐共赢局面，2011 年全总组织力量进行调研总结。经过调研，全总与中国服装协会 2011 年 6 月下发《关于积极开展服装行业工资集体协商工作的指导意见》，2012 年 5 月下发《服装行业部分劳动定额指导标准》。2012 年 4 月，武汉市商贸金融烟草工会联合会代表职工方，与代表企业方的武汉餐饮业协会签订《武汉市餐饮行业工资专项集体合同》，涉及 45 万餐饮从业人员，是当时涉及从业人员最多的一份工资专项集体合同，被誉为“武汉样本”。全总对这一经验进行调研并向党中央报告，得到中央领导同志充分肯定。5 月，全总召开全国餐饮行业工资集体协商工作推进会。2014 年，中国财贸轻纺烟草工会和中国烹饪协会等联合下发《2014 年餐饮行业工资福利工作指导意见》，这是我国首个年度行业性工资福利工作指导性文件。

2012 年 5 月以来，中央领导同志对上海工会力推企业经营者政治安排与履行社会责任挂钩工作多次作出批示。全总研究室调研组进行调研，形成《上海工会力推企业经营者政治安排与履行社会责任挂钩工作的调研报告》。全总向各省（区、市）总工会通报了报告，并于 12 月 6 日下发《关于工会组织参与非公有制企业经营者评先选优政治安排工作的通知》。

（四）开展维权调研，建立健全工会维权机制

2004 年 11 月，中央领导同志对浙江省义乌市工会创新维权工作机制作出重要批示，指出要完善在工会领导下的维权机制，不断强化维权职能，更好地为职工群众服务。2005 年，全总调查组先后两次赴义乌调研，形成《创新法律维权机制，更好地服务职工群众——关于义乌市总工会法律维权工作的调查报告》。8 月，浙江省委在义乌召开全省工会维权工作现场会议。9 月，全总在义乌召开全国工会维权机制建设经验交流会议，总结推广义乌社会化维权经验。为系统总结改革开放以来特别是工会十四大以来工会维权工作取得的经验，全总组织专门力量，从 2005 年 3 月至 12

月进行专题调研和深入论证，2005 年 12 月全总十四届三次执委会审议通过《关于加强协调劳动关系、切实维护职工合法权益、推动构建社会主义和谐社会的决定》，为推进工会维权工作提供指导。

2003 年 11 月，河南省信阳市和新县两级工会联合在大连市西岗区组建了以无单位依托、零散流动的非正规化就业农民工为对象的工会组织，开始探索异地维权。2004 年 1 月，成都市总工会与石家庄等 3 市工会签订《法律援助合作协议》，建立工会维权联动机制。2005 年 10 月，四川省总工会与上海等 4 省（市）签订工会联动维护农民工权益协议，建立省际工会维权联动机制。全总开展调研，对这些经验进行总结推广。2010 年 10 月，全总召开农民工维权联动机制研讨会，2011 年 2 月形成《工会维权联动机制情况调研报告》，中央领导同志作出批示。

为做好劳模服务工作，2010 年 5 月，全总、人社部等联合组成 5 个调研组，赴天津等 10 个省（区、市）调查省部级劳模社保和生活困难情况。根据调研情况，全总、人社部等联合下发《关于进一步解决劳动模范社会保障和生活困难等问题的通知》。

2011 年 10 月，根据中央领导同志关于要认真总结青岛港经验的指示精神，全总成立调研组进行调研，形成《青岛港：中国特色国有企业发展之路的成功探索——青岛港实行民主管理构建和谐劳动关系经验调研报告》，中央领导同志作出批示。2012 年 1 月，全国厂务公开领导小组下发《关于学习青岛港实行厂务公开民主管理构建和谐劳动关系经验的通知》，5 月全总召开青岛港经验理论与实践研讨会。

（五）开展应对国际金融危机调研，实施“共同约定行动”

为应对 2008 年国际金融危机对我国企业发展和职工队伍稳定的影响，结合开展深入学习实践科学发展观活动集中调研部署，2008 年 11 月，全总领导同志分 11 路到 23 个省（区、市）、75 市（区、县）、87 个行业开展调研，形成《关于应对国际金融危机对职工队伍稳定影响的调研报告》。12 月，全总十五届二次执委会提出开展工会与企业、职工的“共同约定行动”。2009 年 2 月，全总下发《关于深入推进“共同约定行动”的意见》。5—6 月，全总研究室对北京市朝阳区等 20 个城市（区）1000 家企业 1 万名职工进行问卷调查，形成《国际金融危机背景下企业劳动关系和职工权益状况调查数据分析报告》。10—12月，全总组成专题调研组，在10个城市抽取500家企业和5000名职工开展调研，形成《当前企业职工收入分配中存在的突出问题及对策建议》。2010年5—6月，全总在25个城市（区）的1000家企业中随机抽选了1万名职工进行抽样问卷调查，形成《2010企业新生代农民工劳动权益实现情况与思想动态分析报告》。2010年，全总对31个省（区、市）最低工资情况进行调研，下发《关于各省（自治区、直辖市）调整最低工资标准情况的通报》。

（六）开展发挥工会作用调研，健全服务职工长效机制

为加强和改善党对工青妇工作的领导，2004年，全总参加中央办公厅牵头的调研小组，分赴9个省区市进行实地调研，形成《关于加强和改善党对工青妇工作领导的调研报告》。全总向党中央报送《关于进一步加强和改善党对工会、共青团、妇联工作领导的意见》。为研究社会主义市场经济条件下如何加强群众监督问题，根据中央纪委统一部署，2004年，全总成立课题调研组，在与辽宁等地工会研讨的基础上，提交《关于加强群众监督问题的调研报告》。为贯彻落实中央领导同志关于党政要把更多资源和手段赋予工会组织的指示精神，2009年4月，全总成立调研组进行了专题研究，在对30个省（区、市）总工会和全总机关31个单位61份调研材料梳理基础上，8月向党中央报送《关于希望党政赋予工会组织更多资源和手段更好地推进工会工作的建议》，2011年6月报送《关于进一步加强和改进新形势下党对工会工作领导建议》。

为加强企业工会建设，2006年，全总深入企业进行调研，起草《企业工会工作条例》。7月，全总十四届九次主席团（扩大）会议原则通过《企业工会工作条例（试行）》（以下简称《条例》）。《条例》下发后，全总对贯彻《条例》情况进行跟踪调研，12月，全总十四届四次执委会审议通过《企业工会工作条例》。为加强县级工会建设，2009年，全总开展县（区）级工会工作调研，摸清县（区）工会组织状况和存在的突出问题，3月在山西阳泉召开全国工会基层组织建设暨县级工会工作会议，推广山西阳泉等地创造的在小型非公有制企业集中地域建立基层工会联合会或行业

工会联合会、为联合会配备专职工会主席的经验。2010 年 6 月，针对少数外商、港澳台商投资企业发生群体性事件的情况，全总发出《关于加强企业工会工作调研的通知》，全总领导同志带队，驻会全国产业工会、全总各部门共 21 个单位、135 人组成 44 个调研组，深入 25 个省（区、市）、62 个市（区）166 个企事业单位进行调研，31 个省（区、市）总工会组成 87 个组赴 123 个市调研。7 月全总十五届四次执委会审议通过《关于进一步加强企业工会工作充分发挥企业工会作用的决定》。

2010 年 7 月，全总提出“两个普遍”，即在企业依法普遍建立工会组织、普遍开展工资集体协商工作。8 月，全总下发通知，提出开展“广普查、深组建、全覆盖”集中建会行动，最大限度地把广大职工组织到工会中来。在调研基础上，2011 年 1 月召开的全总十五届五次执委会对推进“两个普遍”提出两个“三年规划”。

2006 年 7 月 29 日，沃尔玛晋江店职工在我国建立第一个沃尔玛工会，这是我国外资企业建会的一个历史性突破，全总就其建会工作开展调研总结，推动了外商投资企业建会工作。2012 年，北京市总工会以建立健全市、区县、街道乡镇三级服务体系为依托，逐步探索具有中国特色、首都特点的城市工会工作发展新路子，全总进行调研，形成《北京市总工会以三级服务体系为依托参与社会管理的实践与启示》，中央领导同志作出批示要求认真总结宣传。2012 年 10 月，全总组成联合调研组，对浙江省嘉兴市总工会以加强镇和街道工会建设为着力点、推动城乡统筹发展的做法进行调研，形成《中国特色社会主义工会发展道路的探索与实践——浙江省嘉兴市总工会加强镇（街道）工会建设调查》。

为做好新形势下职工群众工作，为党的十八大胜利召开营造良好环境，全总把开展“面对面、心贴心、实打实服务职工在基层”活动作为 2012 年工作主线，组成 24 个服务职工工作组，深入 31 个省（区、市）和新疆生产建设兵团、122 个地市、271 家企业，与 9019 名一线职工、企业经营者和基层工会干部面对面交流，个案访谈 1788 人。各级工会成立 5.15 万个工作组，组织 103.03 万名工会干部，深入到 40.14 万家企业，召开 26.06 万场次座谈会，与 757.85 万名一线职工、企业经营者和基层工会干部面对面交流，个案访谈 81.67 万名职工，实现工会干部对服务职工活动的全员参与，服务职工活动对建会企业和职工的全面覆盖。全总机关和各省级工会形成140多篇调研报告。2012年9月，全总形成《关于全国工会“面对面、心贴心、实打实服务职工在基层”活动开展情况的报告》，下发《关于深化“面对面、心贴心、实打实服务职工在基层”活动、建立健全服务职工长效机制的意见》。

（七）开展第六、第七次全国职工队伍状况调查，把握构建和谐社会背景下职工队伍新变化

在构建社会主义和谐社会的背景下，2007年全总开展了第六次全国职工队伍状况调查。这次调查特别体现了以职工为本、促进和谐劳动关系发展、推动共同建设共同享有和谐社会等方面新要求。这次调查抽样问卷的样本总量为4.2万份，其中3万份为普通职工样本，1.2万份为农民工样本。调查得出要发展工人阶级的先进性，正确处理职工队伍内部利益关系，保障职工就业和分配权利，加强基层民主建设，发展和谐劳动关系等结论。调查成果在2008年10月召开的工会十五大报告中予以体现。

在我国正处于全面建设小康社会的关键时期和深化改革开放、加快转变经济发展方式的攻坚时期的背景下，2012年全总开展了第七次全国职工队伍状况调查。这次调查的职工样本总量为4.5万个，其中3.75万个为已建工会单位职工样本，7500个为未建工会单位职工样本。这次调查结合形势增加了小微企业职工队伍与劳动关系、劳务派遣工群体情况、中心城市职工队伍与工会工作状况、职工社会权利实现状况等课题。调查得出了要在全面建设小康社会、加快推进社会主义现代化中充分发挥工人阶级主力军作用，坚定走中国特色社会主义工会发展道路，维护和发展职工合法权益，激发广大职工创造活力等结论。调查成果在2013年10月召开的工会十六大报告中予以体现。

为深入研究推进社会主义核心价值体系建设的重大理论和实践问题，根据中央统一安排，2012年1—2月，全总成立课题组，分赴4个省市进行实地调研，组织9个省市总工会协同开展调研，3月形成《关于加强“四德建设”推进社会主义核心价值体系建设的调研报告》并上报。

为了解国有企业职工思想变化的状况，全总于2005年8—11月，在北

京等 9 个省市和铁路系统的 40 家国有大中型企业开展职工思想状况调查，发放调查问卷 4000 份，对国有企业职工思想状况进行了综合分析。2006 年 7 月，全总就企业职工思想状况开展调研，在石家庄等 10 个研究室建的网点城市（区）500 个企业开展万名职工思想状况问卷调查，组成 5 个调研组分赴辽宁等 5 个省的 10 个城市进行典型调查。2010 年 4—6 月，全总在北京等 9 省市组织开展职工思想状况调查，发放问卷 5000 余份，形成《2010 年全国职工思想状况调查总报告》、调查数据分析及 14 篇相关省市调查报告等。2011 年 4—7 月，全总在安徽 9 个省（区、市）对 1 万名职工进行思想状况调查，形成《关于当前职工思想状况的报告》。

四、2013 年工会十六大以来

党的十八大以来，以习近平同志为核心的党中央带领全党全军全国各族人民，总揽战略全局，把握发展大势，开启了波澜壮阔的伟大奋斗，进行了新的伟大实践，开创了中国特色社会主义伟大事业全新局面。工会工作围绕中心、服务大局，着力推进改革创新，着力组织引导职工，着力强化维权服务，着力夯实基层基础，着力加强党的建设，各项工作成效明显。工会调研工作与时俱进，取得了新的进展。

（一）开展基层工会组织建设调研，发挥基层工会作用

为贯彻落实 2013 年 10 月 23 日习近平总书记在与全总新一届领导班子集体谈话时的重要讲话精神，研究破解一些基层工会作用发挥不够、吸引力凝聚力不强问题，全总于 2014 年 2—6 月，在全国工会系统开展以加强基层工会建设、发挥基层工会作用为主题的集中调研活动。全总组成 5 个专题调研组，分赴辽宁等 10 个省（市）进行调研；各省（区、市）总工会和 10 个全国产业工会也开展了调研工作；在中工网上开展了以“我心目中的基层工会”为题的网络问卷调查。7 月，全总形成《关于加强基层工会建设的调研报告》，制定《关于新形势下加强基层工会建设的意见》及分工方案、《基层组织建设工作规划（2014—2018 年）》。9 月 8 日，中央领导同志对报告作出重要批示，充分肯定了全总的调研成果，明确提出加强基层工会建设“三个着力”，即着力扩大覆盖面、增强代表性，着力

强化服务意识、提高维权能力，着力加强队伍建设、提升保障水平的目标要求。2015 年 1 月，全总十六届三次执委会议明确提出把 2015 年作为加强基层工会建设的“落实年”。

为切实发挥基层工会作用，深圳工会从 2014 年起确立“建设有用工会、实力工会、办好源头治理劳资纠纷试验区”工作思路，进行了积极探索。全总研究室调研组在调研基础上，2017 年 3 月形成《深耕基层 激活“神经末梢” 最大限度凝聚和团结广大职工——关于深圳工会探索源头治理劳资纠纷试验区的调研报告》。

（二）开展保障和改善民生调研，提高职工对改革的获得感

为在企业兼并重组中促进企业发展、维护职工合法权益，保持职工队伍和社会稳定，2013 年 12 月，全总成立“企业兼并重组与工会作用”联合课题组，赴山东、广东等地进行实地调研，并在文献研究、法规比较和案例分析的基础上，形成《关于工会在企业兼并重组中发挥作用的调研报告》。

为贯彻党的十八届三中全会提出的允许混合所有制经济实行企业员工持股的要求，按照《全国总工会参与全面深化改革工作措施》的分工安排，2014 年，全总成立员工持股项目组，提出《关于员工持股制度与员工权益保障的初步研究》。

2016 年 3 月，全总就化解过剩产能过程中“失业、劳资纠纷”问题开展专项调研，对部分省份化解过剩产能进展情况及面临的主要困难、影响职工队伍稳定的主要因素及风险进行分析，总结各级工会围绕化解过剩产能所开展的工作，并提出落实化解过剩产能的职工分流安置政策等意见建议。

为摸清保障和改善民生问题的现状，发现问题，提出对策，2017 年 2 月，全总成立保障和改善民生专题调研组开展调研。3 月上旬，全总领导同志分别带队赴 6 个省实地调研，广泛听取党政领导、企业负责人、工会干部、专家学者的意见，特别是一线职工、农民工的反映，同时组织 12 个省（区、市）总工会协同调研，有 18 个省（区、市）、87 个地市县参加调研，共召开座谈会 200 多场，3700 多人参加，2400 多人发言，形成了

《加强保障和改善民生 助力全面建成小康社会》调研报告，并及时向有关方面进行反映。

（三）开展工会改革创新调研，增强工会组织影响力凝聚力战斗力

在2003年职工之家建设20周年之际，为调查了解建设职工之家这个综合性载体在增强基层工会活力、全面加强基层工会建设方面的作用，全总对建设职工之家活动的现状进行调查分析，形成《关于增强基层工会活力，充分发挥建设职工之家有效载体作用的调查报告》。2010年5月，全总制定《关于进一步加强建设职工之家工作 充分发挥基层工会作用的意见》。2013年3月，全总召开纪念党中央作出建设职工之家重要指示30周年座谈会，12月召开全国工会深化职工之家建设增强基层工会组织活力座谈会。

为贯彻落实《十八届中央政治局关于改进工作作风、密切联系群众的八项规定》，全总从2013年6月开始用4个月的时间，在全国工会系统开展信访工作大调研活动，探索完善新形势下工会信访工作体制机制。

为推进产业工会工作，2014年3月，全总成立开展产业工会工作专题调研领导小组，下发《关于开展产业工会工作专题调研活动的通知》。3—5月，10个全国产业工会分别组成调研组，赴20个省（区、市）开展调研，形成《关于全国产业工会工作情况的调研报告》。

为研究自贸区工会工作面临的新情况新问题，2015年初，全总与上海市有关单位联合组成课题组，提出《关于自贸区工会参与构建和谐劳动关系机制的初步研究》。

2015年1月《中共中央关于加强和改进党的群团工作的意见》（以下简称《意见》）印发后，全总先后7次召开不同形式的座谈会，就学习贯彻落实《意见》、起草工会系统《关于贯彻落实〈中共中央关于加强和改进党的群团工作的意见〉的实施方案》（以下简称《实施方案》）进行研讨；全总领导同志带队赴地方调研，总结各地成功经验和做法，7月印发《实施方案》。

2015年7月，党中央决定在全总开展中央群团机关改革试点。全总成立了改革试点工作领导小组，认真研究制定《全国总工会改革试点方案》。

全总领导同志带队赴各地开展专题调研，多次召开会议进行专题研究和研讨论证，征求14个部委、各省（区、市）总工会、部分全总老领导老同志的意见建议。11月9日，中央全面深化改革领导小组第十八次会议审议并原则通过了《全国总工会改革试点方案（送审稿）》。方案按照增“三性”（政治性、先进性、群众性）、去“四化”（机关化、行政化、贵族化、娱乐化）、强基层、促创新的改革总体思路，提出了7个方面27条改革举措。为贯彻落实党中央关于抓好改革落实的精神，2017年5—7月，全总领导同志带队组成8个督查组，赴15个省（区、市）就工会落实改革重点任务情况实地督查调研。

为深化工会系统改革、补齐基层工会工作短板、增强基层工会活力，上海市总工会指导宝山区顾村镇总工会大胆探索，坚持依法建会、依法管会、依法履职、依法维权，破解非公有制企业工会组建难、职工入会难等问题。2016年12月，全总开展调研，印发《上海市宝山区顾村镇加强基层工会建设的经验做法》。2017年1月，全总十六届五次执委会议提出，要集中开展“强基层、补短板、增活力”行动，推广顾村镇等非公有制企业建会经验。全总领导同志深入各地调研督导，相关职能部门先后赴14个省（区、市）开展20批次专题调研。5月，全总在上海召开全国工会推广顾村经验观摩交流会，总结推广上海市宝山区顾村镇等地非公有制企业工会改革经验，进一步推动工会改革向基层延伸。

（四）开展产业工人队伍建设改革调研，全面提升产业工人素质

2016年8月，党中央要求由全总牵头，会同国家发改委、教育部、工信部、人社部等部门，研究制定《新时期产业工人队伍建设改革方案》。这是着眼于巩固党的执政基础、实施制造强国战略、全面提高产业工人素质作出的重大决策部署。全总把它作为重大政治任务来抓，会同四部委成立由全总党组书记任组长的协调小组，组成6个联合调研组，分赴11个省（区、市）开展实地调研，同时向各省（区、市）总工会和政府相关厅局发函进行书面调研。在广泛吸收调研成果基础上，研究起草《新时期产业工人队伍建设改革方案》。2017年2月6日，中央全面深化改革领导小组第三十二次会议审议通过《新时期产业工人队伍建设改革方案》（以下简

称《改革方案》)。4 月 14 日，党中央、国务院印发《改革方案》。《改革方案》阐明了产业工人队伍建设改革为什么改、怎么改，通过什么途径、达到什么目标等重大问题；提出了加强和改进产业工人队伍思想政治建设、构建产业工人技能形成体系、运用互联网促进产业工人队伍建设、创新产业工人发展制度、强化产业工人队伍建设支撑保障等 5 个方面 25 条改革举措；强调要坚持全心全意依靠工人阶级的方针，按照“政治上保证、制度上落实、素质上提高、权益上维护”的总体思路，针对影响产业工人队伍发展的突出问题，创新体制机制，提高产业工人素质，畅通发展通道，依法保障权益，造就一支有理想守信念、懂技术会创新、敢担当讲奉献的宏大的产业工人队伍；要求建立贯彻落实协调机制，由全总牵头、各相关部门参与，加强对产业工人队伍建设改革的宏观指导、政策协调和组织推进。党中央、国务院首次就产业工人队伍建设改革进行专门部署和安排，并明确由全总牵头组织调研和贯彻落实，体现了对包括产业工人在内的工人阶级的高度重视和巨大关怀，体现了对工会组织的充分信任与有力支持。

（五）开展第八次全国职工队伍状况调查，探索互联网时代职工发展新趋势

在我国经济发展进入新常态、改革处于攻坚期、社会结构深刻变动的新形势下，2017 年全总开展第八次全国职工队伍状况调查。调查围绕在实现“两个一百年”奋斗目标、实现中华民族伟大复兴中国梦中铸就工人阶级新辉煌的总课题等进行分析研究，增加了互联网技术和新媒体广泛应用对职工学习、工作、生活、思想的影响，以及新技术新业态新模式对职工队伍和劳动关系的影响等内容。调查选择 15 个省（区、市）进行，采取问卷抽样调查、专题调研、典型调查、网络调查和文献研究相结合的方式进行，其中网络调查是首次用于职工队伍状况调查。

第三节　工会调研工作的经验与不足

回顾改革开放以来工会调研工作的发展历程，既可以总结提炼若干丰富的经验，也可看出存在的问题与不足。

一、工会调研工作的经验

工会调研工作积极应对各种问题和挑战，当好“马前卒”和先行军，有力地推动工会在党和国家工作大局中发挥重要作用，推进工会工作创新发展，取得了丰硕成果，积累了宝贵经验。

（一）以科学理论为指导，把握正确政治方向

各级工会坚持以邓小平理论、“三个代表”重要思想、科学发展观、习近平新时代中国特色社会主义思想为指导，坚定不移地走中国特色社会主义工会发展道路，始终保持工会调研工作的正确发展方向。工会调研工作取得的最大成果，就是加大工会理论创新力度，推动形成和确立了中国特色社会主义工会发展道路。这条道路涵盖了中国工会的历史使命、本质特征、政治保证、理论指导、基本职责等重大问题，揭示了中国工会的发展方向、发展目标、发展路径和发展动力，丰富和发展了马克思主义工运理论，是中国特色社会主义道路的重要组成部分，是工会组织始终沿着正确方向前进的重要保证。

（二）以服务大局为中心，发挥参谋智囊作用

各级工会着眼于国内外形势的发展变化对经济社会和职工队伍的影响，把工会调研工作置于服从服务于党和国家工作大局及工会工作全局中，围绕党和政府关心、职工关切的热点难点问题开展研究，增强工作的针对性和实效性。仅在1990年以后的5年，工会就参与国家立法106项。20世纪90年代末，全总就外商投资企业工会组建、重大劳动安全卫生责

任事故、国有企业进行现代企业制度试点中加强工会工作和职工民主管理等问题，向党中央和国务院及有关部门提出几十项政策建议，引起高度重视。全总先后参加了国务院有关现代企业制度试点协调领导小组、住房制度改革领导小组、医疗保险制度改革领导小组、兼并破产企业职工再就业领导小组、企业帮困领导小组、企业廉政建设领导小组、农民工工作领导小组等机构的工作，参与制定方案、跟踪调查、监督实施的全过程。

（三）以解放思想为前提，强化先导先行功能

工会调研工作的目的是总结经验、解决问题，为决策服务。工会调研工作紧跟时代步伐，树立新的观念，创新思维方式，勇于打破旧框框，积极探索研究新形势下搞好调研工作的新方法、新途径，充分运用实地查看、听取汇报、明查暗访、网络调查等形式多样的调研方式和手段，形成具有前瞻性、带有指导性的调研成果，使工会工作更好地体现时代性、把握规律性、富于创造性。例如，在计划经济体制向市场经济体制过渡的初始阶段，工会的职能是不是发生了变化，经过工会上下研讨，确定了维护、建设、参与、教育这四项职能，从而推动工会工作走向了一个新的阶段。

（四）以解决问题为导向，增强指导工作实效

工会工作对象庞大、领域广阔、内容纷繁、形式多样，因此善于抓住迫切需要解决的问题，是工会调研工作的鲜明导向。工会调研指向性、实践性、实用性突出，不是为调研而调研，区别于一般的学术研究，力求回答现实要求，推动问题解决，使调研工作成为掌握实际情况、理清工作思路、解决矛盾和问题的有效手段。例如，改革开放第二个10年，全总进行的四大模式调研拉开了工会以专题调研—树立典型—推广经验的工作模式。进入21世纪后，各级工会通过调研，总结了浙江义乌工会社会化维权、成都等地维权联动机制、信阳农民工双向维权、威海市创建劳动关系和谐企业、山西阳泉“双措并举、二次覆盖”推进工会组织建设、浙江传化集团构建和谐劳动关系、北京工会三级服务体系建设、上海工会力推企业经营者政治安排与履行社会责任挂钩工作等典型经验，发挥了良好的示

范带动作用。2004 年工会上下开展的“组织起来、切实维权”大调研，使各级工会明确了新形势下工作重点。2014 年为贯彻落实中央领导同志有关工会工作的重要指示精神，进行全国工会加强基层工会建设问题调研，为工会改革创新打下了基础。

（五）以队伍建设为保障，提升调研质量水平

推动新形势下工会调研工作向前发展，既需要有一支高素质的工会干部队伍，又可以造就出一大批高素质的工会研究人才。各级工会重视把加强调研工作作为培养干部、提高干部综合素质的重要手段。改革开放 40 年来，从全总到地方，逐步建立健全研究室、研究所、工会院校、研究会、学会、研究中心等调研机构，完善培养人才、吸引人才、用好人才的机制，既注重对研究型人才的培养和使用，又聚集了社会上一大批关心工会工作的专家、学者，为提高调研工作乃至工会工作的水平提供了人才保障。2012 年在全国开展的“面对面、心贴心、实打实服务职工在基层”活动，就是对工会干部调研能力的一次大锻炼、大检验。

二、工会调研工作存在的问题与不足

工会调研工作与当前形势任务相比，与党政期待和职工愿望相比，与党政机关和其他群众组织、科研机构相比，还存在一些差距与不足，需要予以高度重视。

（一）思想认识不够

一些工会领导对调查研究工作缺乏足够的重视，没有把调查研究摆到应有位置，对调研工作的先行导向作用等认识不到位，认为调研只是搞搞文字、务务虚。个别地方工会甚至在工会改革中把调研部门作为“精简”对象，将调研工作边缘化。

（二）调研质量不高

调研工作者存在思路不宽、思想不解放、方法不当等局限，对新的调研方式、工具、方式不熟悉，方法简单。有的是“走马观花”“蜻蜓点

水”、浅尝辄止的形式主义调研，有的是“按图索骥”“对号入座”，找例填空的印证式调研，有的是人云亦云的低层次重复调研，存在着为调查而调查、重调查轻研究甚至只调查不研究等倾向，创新性、前瞻性研究少，有真知灼见、在理论和实际的结合上说明问题、能在领导决策中起参谋作用的“优质产品”供给不足。

（三）成果转化不力

有的调研成果本身停留在原则和理论层面，“只查病情，不开药方”，摆出一大堆情况，提出一大堆问题，但没有解决问题的思路和可操作的办法。有的虽然有对策，但针对性不强，往往是大而化之的普遍规律、放之四海而皆准的“普遍真理”，开的“药方”吃不死人，但也治不好“病”，实践性、针对性不强，难以有效转化。有的调研成果虽然质量高，但调研者或决策者对转化利用不重视，往往是成果发布之日也就是调研终结之时，没有将其及时转化为法规、政策和全局性的工作举措，成果束之高阁，未能有效发挥对实际工作的指导作用。

（四）力量整合不足

有的单位没有专门调研机构，调研人员临时组合，存在着敷衍应付的状况。调研工作者缺乏必要的专业训练，知识结构不合理，力量较为薄弱。有的缺乏科学有效的激励机制，没有充分调动各级工会干部的积极性、能动性。

这些问题和不足，需要在今后的工会调研工作中加以克服和改进。

第四节　工会调研工作的特点与趋势

改革开放40年来，工会工作领域、内容、对象等发展了深刻变化，工会调研工作也随之发生变化，其特点进一步显现、发展趋势更加清晰。

一、工会调研工作的特点

工会组织和工会工作的政治性、先进性、群众性，决定了工会调研工作不同于一般组织，既具有一般调研工作的共同特点，又具有工会组织特征。调研对象主要是基层、一线职工，调研重点主要是党和国家工作焦点、工会工作难点和职工关注的热点，调研结果体现实事求是、客观公正。

（一）较强的实用性

工会调研工作不是为了建立一种模式或提出一套理论体系，而是发现、分析、解决工会工作中存在的或职工群众反映的问题，不是坐而论道、泛泛调研，而是有针对性地找资料、找意见、找感觉，为领导决策提供参考，从而更好地推动实际工作。

（二）较快的时效性

工会调研工作比一般调研更讲究时效，针对快速变化的现实情况相应跟进，及时准确地予以了解和反馈。一旦时过境迁、久拖不决，调研作用就会大打折扣。

（三）丰富的目的性

一是通过调研，科学、准确、全面地了解基层工会和职工群众基本情况，把握问题的本质和规律，研究切实可行的解决问题的思路和对策；二是通过调研广泛结识工会干部和职工群众，加强沟通交流，相互学习借鉴，为更好地开展工作提供便利；三是通过调研学习借鉴别人的调研成果，丰富理论基础，更新思想观念，从而不断拓展自己的思路、开阔自己的视野。这有一个从有形到无形、从具体到抽象、从外在到内在的深化。

（四）一定的导向性

调研什么不调研什么，本身就是释放一种信号，表明上级领导机关对某个问题的关切度，起到提示警觉的导向作用。调研的目的是指导实践，用“解剖麻雀”式的调研研究问题，提出有针对性、可行性、前瞻性的政策建议，对于问题的最终解决有一定的导向作用。

二、工会调研工作的趋势

改革开放以来，工会调研工作在调研任务、主体、领域、内容、方式等方面呈现出一定的发展趋势。

（一）调研任务从中央到部门，厘清层次突出重点

工会调研任务主要来源于党中央指示、现实呼唤、职工需求。因此，调研任务的提出大体来自四个方面：一是党中央部署的任务。在召开重要会议、出台重要文件前，党中央部署包括工会在内的相关单位开展专题调研，或针对工会工作面临的重大问题，中央领导要求工会开展相关调研。如为修改1989年《中共中央关于加强和改善党对工会、共青团、妇联工作领导的通知》，先后于2004年、2005年组织工会等开展调研；为2015年出台《中共中央关于加强和改进党的群团工作的意见》作准备，2014年组织工会等开展调研，2014年2—6月，为学习贯彻中央领导同志关于基层工会组织存在的问题——“看看情况究竟如何？到了什么程度？如何采取有效办法加以解决？”的重要指示精神，研究破解一些基层工会作用发挥不够、吸引力凝聚力不强问题，全总开展加强基层工会建设问题调研；2016年按党中央要求，全总牵头，会同有关部门开展调研，研究制定《新时期产业工人队伍建设改革方案》等。这类调研层次高、要求严、综合性强，不仅需要工会自身全力以赴，还需要配合党政相关部门开展。二是全总自身组织的调研，如2004年“组织起来、切实维权”大调研，2012年

开展的“面对面、心贴心、实打实服务职工在基层”活动，每5年开展一次的全国职工队伍状况调查等。这类调研需要动员工会上下力量，其调研反映着一个时期工会系统的工作全貌，调研成果对工会工作产生直接的指导作用。三是根据中央领导和全总领导同志的指示，有关部门、产业工会承担的调研任务，如2011年为落实中央领导同志对全总送温暖报告的批示，对送温暖活动和推进帮扶中心工作情况开展的调研；为落实对新生代农民工工作的指示，开展的新生代农民工第一阶段、第二阶段调研等。这类调研要求明确具体，调研成果针对性、可操作性强，可直接转化为党政机关的政策举措和工会组织的工作思路。四是有关产业工会、部门根据自身职责开展的专题调研。如全总宣传教育部从2009年起持续开展的职工思想状况调查，全总基层组织建设部2003年、2013年对建设职工之家活动现状开展的调研，2014年中国财贸轻纺烟草工会就餐饮行业工资福利工作进行的调研等。这类调研主要是反映部门、产业工作内容，专业性强，周期短，对具体工作推动作用明显。

（二）调研主体从个体到群体，整合力量形成格局

目前，从全总到地方工会，已经打造出多平台、多载体、多形式的调研网络，形成纵向到底、横向到边的全方位立体调研工作体系。各级工会主要领导亲自抓，分管领导具体抓，加强对重大调研课题的规划、部署和协调，坚持调查研究与中心工作同研究、同部署、同检查、同落实。在全总机关，各部门与各全国产业工会共同组成调研组，开展全国性、行业性、地区性的调研，形成打破部门界限，围绕重点调研组织与协调力量、集中抓重点的合力机制。1984年全总成立工人运动研究会，1986年成立中国工运研究所（2006年恢复成立后，同时使用“中华全国总工会劳动关系研究中心”名称），1987年成立全国工会学研究会。1987年召开全国工会理论政策研究工作会议，2006年举办工会高级干部理论研讨班，2008年举办工会理论研讨会，2009年举办坚定不移地走中国特色社会主义工会发展道路理论研讨会，出台加强调研和理论研究工作的意见，2014年开展全国工会加强基层工会建设问题调研，2015年召开纪念全总成立90周年理论研讨会，2016年出台加强调研和理论研究的意见，中国劳动关系学院成立

劳动关系与工会研究中心，等等，都体现了工会调研工作上下结合、点面结合，从局部向全局展开，调研工作的着力点与重点工作越来越紧密，与职工群众的意愿要求合拍，与领导关注的问题同步的特点。

（三）调研领域从工会到社会，拓宽广度开拓视野

工会调研工作不仅立足工会本身，深入企业发现典型解剖“麻雀”，而且着眼经济社会发展全局，研究全面的情况；既关注企业生产经营、职工生活福利和基层工会工作，也关注党和国家各项法律法规和政策的制定落实，关注整个社会政治、经济、文化事务的发展，从整体上把握涉及职工利益的重大事项。中国工运研究所2012年参与承担国家社科基金重大课题“构建和谐劳动关系”项目子课题；2012年、2014年、2016年连续3次与平安养老保险公司、中国社科院等开展企业职工福利指数调研和联合发布，开拓与社会科研机构、公司合作调研，反映了工会调研工作跳出工会看工会、立足社会研究工会的发展趋势。

（四）调研内容从单一到综合，提升高度挖掘深度

工会调研工作既涉及职工的某一方面情况，也涉及影响职工整体利益的综合性政策措施。在调研中获得丰富翔实的原始数据资料，经过提炼概括和加工制作，由杂乱到系统，由片面到全面，由个别到一般，逐步上升到理性认识，形成一大批有价值、高质量的综合研究报告、专题报告和数据分析报告。调研报告重在深入挖掘，既重视描述一个时期职工队伍发展变化及其特点、存在问题、未来发展趋势，同时又力求阐释职工队伍的发展规律，有针对性地提出意见建议、对策措施；既总结已有的经验，又着眼于新的实践和创造，努力从生动的实践中提炼出规律性的认识，更好地指导和推动实际工作。工会调研工作从改革开放初期主要聚焦在劳动保护、生活福利等某个方面的问题，发展到当前关注工会系统改革创新、产业工人队伍建设等综合性、全局性的问题。

（五）调研方式从定性到定量，创新工具丰富手段

工会调研方式主要体现在定量与定性分析相结合、相统一，本着科学

规范、真实准确的原则，坚持三分调查、七分研究，把调查与研究紧密结合起来。在实地调查完成后，把更多的精力用于研究分析，既不依赖调研者个人的主观经验，也不满足于简单的数据排列、百分数对比、频数对比，除查阅和分析现有的文献资料、数据资料、统计资料等外，还通过交叉分析、对比分析等手段，对数据进行深度开发，更准确、全面、科学地解释调查获取的统计结果，做到有数据、有分析、有事实、有观点，增强调研成果的说服力、公信力。2017 年第八次全国职工队伍状况调查首次运用网络、新媒体开展问卷调查，丰富了调研手段，拓展了调研领域。

第五节　新形势下工会调研工作的主要任务

当前和今后一个时期，工会调研工作要在改革开放以来奠定的坚实基础和积累的宝贵经验之上，努力推动工会调研工作迈上新台阶，在党和国家工作大局和工会工作全局中更好地发挥作用，在组织、引导、服务和维护职工合法权益方面展现更多作为。

一、工会调研工作的总体要求

（一）坚持正确方向

工会调研工作政治性、政策性很强。要坚持以马克思列宁主义、毛泽东思想、邓小平理论、“三个代表”重要思想、科学发展观、习近平新时代中国特色社会主义思想为指导，深入学习贯彻习近平总书记关于工人阶级和工会工作的重要论述，牢固树立政治意识、大局意识、核心意识、看齐意识，提升政治站位，强化政治自觉，在思想上政治上行动上同以习近平同志为核心的党中央保持高度一致。将调研工作放在全党全国工作大局中来思考，放在工会工作全局中来把握，把服务大局作为衡量调研工作成效的重要标尺，坚持马克思主义的立场、观点和方法，坚持实事求是、理论联系实际，善于从政治上观察、分析和破解问题，努力推动科学决策、民主决策、依法决策。

（二）创新调研理念

习近平总书记指出，智库建设要把重点放在提高研究质量、推动内容创新上。调研工作的最大特点就在于它的探索性，最大价值就在于它的创新性。要发扬开拓创新精神，强化创新思维，转变思维方式，开阔视野、与时俱进，用新眼光看待新情况，用新观念分析新事物，用新方法解决新问题，防止对雷同问题的低水平重复调研，而是发人之未见，讲出“人人心中有、个个笔下无”的新思路，提出前瞻性、创造性的意见建议，不断以理论创新带动体制创新、工作创新。

1. 体现针对性，处理好点与面的关系。调研工作不能大而化之、泛泛而论，而要强化问题意识，坚持问题导向，有所为有所不为，使调研工作参到点子上，谋到关键处。围绕探索经济发展新常态下工人运动和工会工作发展特点与规律，加强前瞻性调研；围绕服务党和国家工作大局，加强决策性调研；围绕职工群众反映的热点、工会工作的难点，加强对策性调研；围绕总结推广典型，发挥示范带动作用，加强经验性调研。

2. 体现深刻性，处理好深与浅的关系。调研工作不能就事论事，而要对调查得来的大量资料进行去粗取精、去伪存真、由此及彼、由表及里的分析和概括，从中找出本质性、规律性的东西，抓住带普遍性和倾向性的深层次问题，从制约工会工作发展的观念、体制、机制问题等内在方面找出问题的症结及其原因，提出解决的思路和办法，探寻内在规律，预测发展方向。

3. 体现实用性，处理好虚与实的关系。把解决实际问题、推进工作创新作为调研工作的着眼点和落脚点，搞好政策性、应用性、对策性研究，使调研成果能够为党和政府科学决策提供有益参考，为推进工会重点工作提供理论支撑，为基层工会提供政策指导，使调研过程成为解决问题、推动工作的过程。

（三）健全调研机制

1. 调研决策机制。要把深入基层开展调查研究列入工会领导机关的重要议事日程，切实加强领导、统筹安排，制订计划、抓好实施。把调研作为决策的前置程序。工会领导机关对那些关系到工会事业发展全局的重大问题和职工群众关心的热点难点问题，都要经过调查研究才能作出决策，做到不调研不决策、先调研后决策。对违反决策程序造成工作失误的，要追究领导责任，杜绝拍脑袋决策、拍屁股走人。

2. 基层联系点制度。要抓住组织健全这一优势，在基层确定调研员，建立联系点，在工会领导机关和基层之间形成快捷通畅的信息渠道，通过与基层建立“直通车”式联系，增强工会调研的灵敏度。目前每名全总党组成员、书记处书记和各驻会产业工会、全总各部门分别建立 1 个县级（或乡镇、街道、开发区、工业园区）工会和 1 个企业工会联系点，为有效解决职工群众面临的困难提供第一手资料。浙江省总工会将 36 个乡镇（街道、开发区）总工会作为推进基层工会规范化建设联系点，省总机关每个部门原则上负责 2 个联系点，省总领导和各部门每年去联系点不少于 2 次，每次不少于 3 天。

3. 调研常态化制度。围绕工会中心工作和职工群众普遍关心的热点难点问题，每年确定若干个重点调研课题，由领导班子带队深入基层开展调查研究，与一线职工进行面对面交流，取得第一手材料，打造调研“拳头”产品。尊重首创精神，善于从实践中汲取营养、用实践检验理论，指导和推动新的实践，使调研工作保持旺盛的生命力。目前全总党组成员、书记处书记和各驻会全国产业工会、全总各部门每年确定 1—2 个重点调研课题。

4. 调研成果转化机制。推动调研工作与决策相结合，畅通调研成果进入决策层的渠道。加强与传媒的联系，通过主流媒体和新媒体，选择优秀调研报告公开发表，让社会各界和职工了解工会的主张。通过对上参政议政、对下指导服务、对外宣传普及，使工会的调研成果尽可能多地体现到党和政府的方针政策之中，转化为工会领导机关的决策依据，回应广大职工的期盼。

5. 激励约束机制。把调研能力和调研成果纳入工作业绩考核体系，作为考察、任用干部的重要条件，作为提高工会干部素质、改进工作作风的重要内容。充分调动研究人员的积极性主动性创造性，支持和鼓励他们加强理论学习和业务知识学习，提高理论素养、政策水平，增强做群众工作能力、调查研究能力、文字表达能力和沟通协调能力，多出成果、出好成果，发挥好“思想库”和“智囊团”的作用。

（四）改进调研方法

1. 探索调研工作的新工具、新手段。适应新形势新任务，针对信息化网络化时代特点，探索“互联网 +”调研模式，运用现代科技手段建立调研网络，开展问卷调查、抽样调查、网上调查等，采用大数据、云计算等进行舆情分析、数据模型分析，通过多种方式掌握真实情况，用更为全面、翔实、可靠的信息和数据说话，实现调研资源共享，增强调研工作的水平和效率。

2. 整合工会调研力量。要坚持系统思考、科学统筹，把工会研究部门与实际工作部门、产业工会和地方工会、工会自身与外部的力量组织起来，形成齐抓共管的工作合力。全国总工会可侧重于经济关系、劳动关系、职工队伍发展变化现状及总体趋势、工会改革等基础性、综合性、全局性课题调研，搞好顶层设计；省（区、市）、市级总工会侧重于区域性、应用性、探索性的课题调研；县级总工会侧重于具体工作、政策落实调研，进行对策性、校验性调研；基层工会着重把握职工的基本情况和突出问题；产业工会侧重于产业工人队伍、劳动关系和产业政策、劳动标准等问题的研究。

3. 形成开放式、社会化的大调研格局。工会调研工作内容、对象、领域涉及面广，单靠工会自身力量是不够的。要在充分调动内部力量的同时，坚持开门搞研究，通过课题立项招标、聘请研究人员、与智库深化合作等多种渠道，积极协调外部资源，吸引有关专家学者等外脑、智囊支持和参与工会调研工作。要服务我国企业走出去战略和“一带一路”建设，适应劳动关系国际化走势，在以我为主基础上，与国际有关研究机构合作，要借鉴对我有用的调研成果与工作方法。

二、工会调研工作的重点任务

长期以来，工会主要是围绕重大决策的出台和实施、领导关注的焦点、社会和职工反映强烈的热点开展调研。根据全总《关于加强调查研究和理论研究的意见》（总工发〔2016〕14 号）等有关要求，当前和今后一个时期工会调研工作的重点任务有：

（一）把握工运时代主题，充分发挥工人阶级主力军作用

围绕统筹推进“五位一体”总体布局和协调推进“四个全面”战略布局，针对经济社会发展变化对工人阶级队伍的影响，研究工人阶级的总体规模、内部结构、群体特征、重要作用、发展趋势，以更好地贯彻落实全

心全意依靠工人阶级的方针，组织引导职工为实现中华民族伟大复兴的中国梦而奋斗。研究在供给侧结构性改革、振兴实体经济形势下，新技术新业态新模式对职工队伍和劳动关系的影响及应对举措。

（二）提高职工队伍素质，不断发展工人阶级先进性

研究新形势下如何发挥工会“大学校”作用，提高职工思想道德素质、科学文化素质、技术技能素质，培育和践行社会主义核心价值观；如何把握劳模精神、劳动精神、工匠精神的时代内涵，叫响做实“大国工匠”品牌；如何推进新时期产业工人队伍建设，打造一支有理想守信念、懂技术会创新、敢担当讲奉献的宏大的产业工人队伍。

（三）健全服务职工体系，切实履行维权基本职责

研究职工劳动就业、收入分配、社会保险、劳动安全卫生等劳动经济权益的现状、问题、趋势，做好化解过剩产能、处置“僵尸企业”和企业兼并重组中职工维权和帮扶工作；加强对职工群众的服务，做实做细普惠化服务，让广大职工都切实感受到工会是真正的“职工之家”；既兼顾维权的全面性，又突出重点，依法维护农民工、困难职工、劳动派遣工等特殊群体权益，有序推进农民工市民化。

（四）构建和谐劳动关系，着力维护职工队伍稳定

围绕《中共中央、国务院关于构建和谐劳动关系的意见》提出的目标和任务，加强对经济发展新常态下劳动关系热点、难点问题的研究，着力分析劳动关系矛盾的表现、走势及对经济发展和社会稳定的影响；如何发挥政府和工会联席（系）会议制度、协调劳动关系三方机制和劳动合同、集体合同、职工代表大会、厂务公开、职工董事职工监事制度等作用，促进劳动关系和谐稳定；研究劳动关系纠纷预警和调处机制、职工群体性事件产生和演变的原因与对策；积极稳妥推进工会联系引导劳动关系领域社会组织工作。

（五）加强工会对外工作，推动形成国际工运新秩序

研究经济全球化背景下如何围绕国家总体外交和对外开放部署，服务走出去战略和“一带一路”建设；研究自贸区劳动关系市场化、法治化、国际化的特点，跨太平洋伙伴关系协定（TPP）、跨大西洋贸易与投资伙伴协议（TTIP）等国际经贸协定谈判和全球供应链发展对我国的影响；如何在涉外劳动关系中有效维护我国工人合法权益的法理、规则与实现方式；了解市场经济国家工会协调劳动关系的得失，有效参与国际治理，不断增强我国工会的影响力、话语权。

（六）增“三性”去“四化”，扎实推进工会改革创新

习近平总书记在中央党的群团工作会议上强调，要保持和增强群团组织的政治性、先进性、群众性，克服“机关化、行政化、贵族化、娱乐化”现象。要研究保持和增强“三性”的意义，产生“四化”问题的原因和症结，提出切实可行的改进思路和措施；研究工会组织体制、运行机制、活动方式、工作方法等方面存在的突出问题，工会改革的方向路径、重点任务和突破口；如何适应互联网、新媒体对职工学习、工作、生活、思想的影响，打造网上网下相互促进、有机融合的工会工作新平台；研究把工会改革与基层工会建设紧密结合起来，落实“三个着力”要求，坚持职工主体地位，增强基层工会的吸引力凝聚力战斗力，不断提高工会工作群众化、民主化、科学化、法治化水平等问题。

第三章

工会调研工作实务

第一节　制定调研方案

科学完整的调研方案包括依据与目的、指导思想、组织实施、调研内容和提纲、调研方式、调研对象、调研进度、调研用途、调研费用、调研要求等十个要素。

一、依据与目的

一般作为调研方案的导语部分，开门见山、简明扼要，用简洁的语言说清楚为什么调研、开展调研的缘由，比如，有的是根据中央的统一部署安排，有的是解决职工群众反映的突出问题，有的是介绍反映各级工会产生的值得推广的经验做法，等等。如赴浙江省嘉兴市调研初步方案中就明确提出了调研任务是贯彻落实全总领导同志赴浙江调研期间的指示精神，赴浙江省嘉兴市开展调研，总结乡镇（街道）工会工作的进展、经验，分析研究存在的问题和不足，提出对策建议。

例

赴浙江省嘉兴市调研初步方案

（2012 年 10 月 10 日）

一、调研任务

贯彻落实全总领导同志赴浙江调研期间的指示精神，赴浙江省嘉兴市开展调研，总结乡镇（街道）工会工作的进展、经验，分析研究存在的问题和不足，提出对策建议。

二、调研日程

三、调研组组成

二、指导思想

适用于大型综合性调研，说明调研宗旨、原则及目标。一般来说，指导思想分三个部分，即中央精神及上级机关或领导有关指示、调研解决的主要问题或主要举措、调研达到的目标效果。如加强基层工会建设问题调研活动的工作方案，明确了调研的指导思想是认真学习贯彻落实中央领导同志提出的对基层工会组织存在的问题，“要做深入调查研究，看看情况究竟如何？到了什么程度？如何采取有效办法加以解决？”的指示精神，贯彻落实中国工会十六大和十六届二次执委会议工作部署，按照“摸清情况、总结经验、分析问题、提出措施”的总要求，深入了解当前基层工会建设的实际情况，总结典型经验，研究分析存在的主要问题和原因，提出加强基层工会建设的举措。

例

全国总工会关于开展加强基层工会建设问题调研活动的工作方案

（2014 年 2 月 8 日）

一、调研的指导思想

认真学习贯彻落实中央领导同志提出的对基层工会组织存在的问题，“要做深入调查研究，看看情况究竟如何？到了什么程度？如何采取有效办法加以解决？”的指示精神，贯彻落实中国工会十六大和十六届二次执委会议工作部署，按照“摸清情况、总结经验、分析问题、提出措施”的总要求，深入了解当前基层工会建设的实际情况，总结典型经验，研究分析存在的主要问题和原因，提出加强基层工会建设的举措。

二、调研的主要内容

1. 基层工会加强职工思想政治工作情况、问题、主要原因及改进措施。

2. 基层工会维护职工权益等方面的情况、问题、主要原因及改进措施。

3. 基层工会构建服务职工工作体系等情况、问题、主要原因及改进措施。

4. 基层工会加强自身建设基本情况、存在问题、主要原因及改进措施。

5. 基层工会运行机制基本情况、存在问题、主要原因及改进措施。

三、调研的方式方法

1. 召开座谈会、研讨会。

2. 典型调查。

3. 个案访谈。

四、调研的基本要求

五、调研的进度安排

六、组织领导及工作分工

三、组织实施

说明调研的主体和组织领导方式，如谁来调研，是单独还是联合，是同级横向联合还是上下纵向联合，谁是主要负责人和具体联系人，哪些人参加。对于大型的调研，还要成立调研工作领导小组，明确责任分工。如“面对面、心贴心、实打实服务职工在基层”活动实施方案明确成立活动领导小组、活动领导小组办公室职责分工。

例

全国总工会机关开展“面对面、心贴心、实打实服务职工在基层”活动实施方案

（2012 年 1 月 7 日）

一、总体要求

二、组织机构及分工

（一）成立活动领导机构。

（二）活动领导小组办公室职责分工。

三、方法步骤

（一）进行组织动员。

（二）成立服务职工工作组。

（三）做好前期准备。

（四）集中开展活动。

（五）做好成果转化。

四、调研内容和提纲

明确调研内容可以做到有的放矢，调研提纲越细化，调研工作就会开展得越充分。要本着定性、定量相结合的要求，逐项列出调查提纲，并设计相关的调查指标和调查表格。大型调研还要有理论假设、理论框架和调研重点。如2010年全总关于新生代农民工问题的调研方案确定的调研主要内容包括新生代农民工的内涵、综合发展现状、代际比较、面临的问题与困境、解决新生代农民工问题的意见和建议等。

例

全总新生代农民工课题调研方案

（2010年2月22日）

一、组织领导

二、调研主要内容

（一）内涵

（二）综合发展现状

（三）代际比较

（四）面临的问题与困境

（五）解决新生代农民工问题的意见和建议

三、调研方式

1. 个案访谈、座谈会

2. 文献研究

四、调研进度安排

五、调研方式

说明通过什么途径开展调研，是实地调研还是书面、文献调研，是问卷调查还是结构式访谈，等等。当前随着网络等新媒体的发展，通过电话、网络等途径开展调研，由于其成本低、受众面广、调研高效等特点，在越来越多的调研中使用。一般来说，工会工作主要的调研方式是实地调研，有时根据工作需要，采取多种调研方式相结合。如第八次全国职工队伍状况调查中调研方式包括问卷抽样调查、专题调研、典型调查、网络调查、文献研究。

例

第八次全国职工队伍状况调查方案

（2017 年 1 月 3 日）

一、指导思想

二、调查目标

三、组织机构

四、课题设置

——总课题

——分课题及责任分工

五、调查方式

（一）问卷抽样调查。

（二）专题调研。

（三）典型调查。

（四）网络调查。

（五）文献研究。

六、时间进度

七、主要成果

八、调查要求

一要强化支持。

二要确保质量。

三要服从进度。

四要严格保密。

附：

1. 第八次全国职工队伍状况调查领导小组

2. 第八次全国职工队伍状况调查办公室组成人员名单

3. 第八次全国职工队伍状况调查办公室内设机构及职责分工

六、调研对象

选取与调研主题相关的调研地区、单位、人员等。工会调研工作的调研对象一般是职工群众、企业经营者、各级工会干部等，一般是在基层单位、企业开展调研。调研方案中要尽量细化调研对象，每一类别调研对象都要有所涉及，避免代表性不足。比如，全国职工队伍状况调查的调研对象有职工群众和工会主席，分别设置调研问卷。

七、调研进度

进度安排是保证调研按时顺利进行的重要一环，在设计调研进度时，要合理规划时间，明确分几个阶段完成调研任务，每个阶段的任务目标是什么，增强可操作性，同时，要注意时间的连续性和衔接性。一般来说，调研进度分为调研设计、论证、准备和动员部署阶段，调研实施阶段和调研成果形成阶段。如“面对面、心贴心、实打实服务职工在基层”活动实施方案中明确了五个步骤，包括进行组织动员、成立服务职工工作组、做好前期准备、集中开展活动、做好成果转化。

八、调研用途

在调研方案中一般要明确调研成果的形式、数量和用途，调研用途可分为公开发表、内部上报、内部通报等。比如，第七次全国职工队伍状况调查的主要成果有调查总报告、12 个专题研究报告、15 个省（区、市）总工会提交的职工队伍状况调查报告及若干份专题报告、15 个城市职工队伍状况调查报告、各省（区、市）总工会提交的 45 份典型单位调查报告、若干份职工个案访谈调查材料、职工问卷抽样调查数据统计分析资料、《2012 年全国职工队伍状况调查文献集》、2012 年全国职工队伍状况调查数据库、中心城市职工队伍状况调查数据库，这些调研成果可以公开出版。企业兼并重组与工会作用课题调研方案中明确了调研成果包括研究报告和指导性意见。

例

企业兼并重组与工会作用课题调研方案

（2013 年 12 月 12 日）

一、课题组组成

二、研究内容及成果形式

1. 研究内容

（1）企业兼并重组的类型、现状、发展变化及趋势；

（2）企业兼并重组对职工劳动权益的影响、成因分析等；

（3）已有的相关精神、法律法规、国际公约、工会做法及存在的不足；

（4）对党政、工会的对策建议。

2. 成果形式

（1）提交一份相关研究报告；

（2）起草一份相关指导性意见。

三、研究方法

1. 文献研究

2. 实地调研

3. 案例分析

四、研究实施步骤

九、调研费用

明确经费来源，考虑调研所必备的物质、技术条件等。如果调研费用来源有惯例可依，也可以不在调研方案中列出。如果是年中新增项目，还需申请调研费用预算。

十、调研要求

调研要求是明确调研中需要注意的事项，如统一部署、精心组织、人财物支持、保密事项等。如第八次全国职工队伍状况调查中提出强化支持、确保质量、服从进度、严格保密等要求。

第二节　实地开展调查研究

实地开展调查研究是一种定性研究方式，即研究者深入到所研究对象的社会生活环境，通过看、听、问、想，甚至还有体验、感受、理解等，逐步达到对现象和过程的理论概括和解释。实地调研是保证调研工作真实性、有效性的重要组成部分。毛泽东同志提出的“没有调查就没有发言权”，主要指的就是开展实地调研。习近平总书记在浙江省工作时曾撰文谈调研工作，将主要要求归纳为求深、求实、求细、求准、求效。工会调研工作一般通过实地调研实现。

一、与被调研单位沟通协调

调研方案确定后，综合性的调研要根据方案下发通知，并结合被调研单位的反馈及时调整、细化、实化方案。调研方案与调研通知有一定的差别，主要体现在上下有别、内外有界、详略有异等。

二、资料与文献准备

1. 收集与调研内容相关的既有调研成果。
2. 了解被调研单位基本情况等背景资料。
3. 分析相关问题的研究进展、成效与不足。

三、召开座谈会和组织访谈

1. 组织。召开座谈会是目前采取的最普遍的调研方法，座谈会有的由调研所在地工会主持，有的由调研者主持，主要是介绍调研者、调研目的、调研内容、保密要求等，座谈会的主持要简明扼要、要素完备。座谈会一般在两个小时左右，要控制好会议节奏，避免前松后紧或前紧后松，导致与会人员来不及发言或发言不够充分。在座谈会的总结部分，要感谢参加者和组织者，并总结提炼座谈会主要精神，便于参加者记录和传达。

对一些简单的问题可以当场回复。一般调研人员总结5分钟左右，不宜超过10分钟。

例

全总兼职副主席在调研座谈会上的主持词

（2017年10月）

我们开展这次调研，主要是为了认真贯彻落实习近平总书记系列重要讲话精神和中央党的群团工作会议精神，同时，也是为了更好落实《全国总工会改革试点方案》，进一步改进工作作风，加强与基层和职工的联系，特别是为充分发挥全总劳模兼职副主席联系职工、反映意见、参与决策的作用，根据全总办公厅印发的《关于充分发挥全国总工会劳模兼职副主席作用的暂行办法》（总工办发〔2016〕9号），我们全总的几位兼职副主席分别带队开展不同专题的调研。我们这个组调研的主要内容是围绕进一步做好……工作（各组调研的主要内容）等问题。下面，我向大家介绍一下调研组的各位同志。

（介绍调研组成员后）

下面，请××工会（单位）××同志简要介绍一下参加此次座谈会的××方面的各位同志，以及××工会（单位）的工作情况。

（××同志介绍情况后）

刚才，××同志为我们简要介绍了情况，让我们对××单位的工会工作，以及……方面的工作有了初步了解。下面，请大家围绕调研主题畅所欲言，充分发表意见。

（大家发言后）

感谢××工会（单位）和参加座谈会的全体同志为本次座谈会和调研所作的精心准备，听了大家的发言，我很受启发，很有收获，我感到，××单位的工会做了很多事，为职工解决了很多问题……方面的工作很有特色，取得了很多成绩，大家也都提出了宝贵的意见和建议，调研组的同志们做了详细记录，回去后要做进一步的汇总和梳理，尽可能地把大家提出的好的意见和建议反映到调研报告中，同时，我们也会通过合适的方式和渠道，向全总党组、书记处如实反映大家提出的这些问题，推动有关政策的落实和问题的解决。

会后，大家在……工作方面还有什么好的建议和想法，可以与我们调研组联系。最后祝愿大家身体健康、工作顺利！

本次座谈会到此结束。谢谢大家！

实地调研中的访谈通常是一种无结构访谈，即并不依据事先设计的问卷和固定的程序，而是只有一个访谈的主题或范围，围绕这个主题进行比较自由的交谈，以获得丰富生动的定性资料。访谈的优点是能够真实全面地了解被调查者情况，缺点是时间要求限制、节奏慢。根据访谈的性质，可以将无结构访谈分为正式访谈和非正式访谈。正式访谈指的是事先有计划、有准备、有安排、有预约的访谈，非正式访谈指的是在实地调研中，随时碰上的、无事先准备的、更接近一般闲聊的交谈。正式的访谈通常需要按照事先拟好的提纲进行，提纲中列出了应该了解的各种问题，但是提纲通常只是起到提示作用，访谈的实际进程仍有相当大的灵活性和变化性。

2. 交流。不论是座谈会还是无结构访谈，主要通过交流实现。交流可以说是座谈或者访谈过程中最重要、最难掌握的工作任务，也是最关键的环节之一。一般来说，交流可启发、深入探讨，要注意平等、虚心求教，要控制好对内容的转换，对问题的重述和追问，掌握好发问和插话的时机。不宜刨根问底或“审讯式”追问，适可而止，也不宜随意漫谈，没有引导和互动。调研过程中，对座谈会上有明显原则性错误的要表态制止或反驳，以理服人，以正视听，消除影响。对一些常识性错误可以婉转纠正，以免以讹传讹，必要时给予澄清。

有帮助的和没有帮助的非言语表现

有帮助的	没有帮助的
用相近的声调说话	不看诉说者
保持善意的目光接触	远离或不面对着诉说者
不时点头	嘲讽或轻蔑的表情
表情生动	皱眉，闭眼
时有微笑	阴沉着脸
不时有辅助手势	嘴紧闭
身体向着诉说者前倾	手指指戳戳
身体很接近诉说者	心不在焉的姿态
偶尔轻拍诉说者	打哈欠
有亲和力的声音	令人不快的声调

3. 记录。调研座谈和访谈时都要做好记录。一份完整、简洁、条理清楚的记录可以作为今后回顾和查阅参考的重要凭证。记录原则上是越详细越好，尽量客观、详细、具体，成为调研的重要“资料库”。做记录有一些技巧，概括起来有“快、要、省、代”。“快”即书写运笔要快，多写连笔字。“要”即择要而记，要记录发言要点、主要论据和结论，可以不记论证过程。就记一句话来说，要记这句话的中心词，修饰语一般可以不记。“省”即在记录中正确使用省略法，使用简称、简化词语和统称，省略词语和句中的附加成分。“代”即用较为简便的写法代替复杂的写法。如用姓代替全名，笔画少易写的同音字代替笔画多难写的字，数字和国际通用符号代替文字，汉语拼音代替生词难字，外语符号代替某些词汇，等等。

4. 总结。首先要感谢参加者和组织者。其次要总结提炼座谈会主要精神，对一些简单的问题可以当场回复。最后是表态，下一步如何利用座谈会成果等，让与会者知道会后效果，心中有数，也会有参与感。会议内容需要保密的，要再次提醒不要外传。除领导发表讲话外，一般调研人员总结 5 分钟左右，不宜超过 10 分钟。

第三节　撰写调研报告

调研报告是调研成果的最终载体，撰写好调研报告是提高调研质量的关键环节。调查再深入，研究再精心，如果调研报告写得不好，仍然达不到预期目的。一般来说，一篇调研报告只要做到观点鲜明、思路清晰，内容翔实、重点突出，论证有力、分析透彻，见解新颖、思想深刻，文字准确、语言流畅等，就应属于上乘之作。但从工会调研工作的特点看，还应该具有政策性、针对性、应用性和可操作性等要求。写好调研报告是对工会干部的基本要求，也是最高要求。因为写调研报告是每个干部的基本功和日常工作，是衡量工会干部能力水平和业绩的基本指标。

一、调研报告的类型

不同种类的调研报告，其调研报告格式与写法总体上大致相同，但由于强调的重点和要求不完全一样，写法也有一定的区别。下面，结合近年来全国总工会开展的具有典型意义的调研，对几种常用调研报告写法分别作简要介绍。

（一）反映情况类

介绍基本情况，客观全面说清来龙去脉，主要用于反映某一地区、某一单位的基本面貌，目的在于报告全面的情况，为决策者制定方针政策、规定任务、采取措施提供决策依据和参考。这类调研报告格式常用于向上级报告工作，写法偏重于反映客观情况。因此，这类调研报告格式在写作上往往采用横向结构。如综合反映一个地区的情况，可从经济建设、政治建设、文化建设、社会建设、组织领导等若干方面来撰写；如反映某一方面的情况，则可分为基本概况、主要成绩、突出问题等若干层次。以2014年中华全国总工会关于加强基层工会建设的调研报告为例，从主要经验、突出问题及原因分析、下一步思路打算三个维度，回答中央领导同志提出的“三问”，即工会工作特别是基层工会工作中存在的突出问题，“看看情况究竟如何？到了什么程度？如何采取有效办法加以解决？”逻辑清晰、层次清楚，反映全面、分析到位，提出的思路和打算切实可行、针对性强。

例

关于加强基层工会建设的调研报告

全总加强基层工会建设问题调研工作领导小组办公室

一、基层工会组织的基本情况和基层工作的主要经验

二、基层工会组织发挥作用方面存在的突出问题及原因分析

一是大量职工没有加入工会。

二是一些基层工会作用发挥不明显，职工群众不满意。

三是一些基层工会的代表性不强，得不到职工群众认可。

四是基层工会“有人干事”的问题还没有得到真正解决。

以上问题，客观上是因为不适应市场经济条件下劳动关系和职工队伍的急剧变化，主观上根源在各级工会领导机关。主要是：对制约基层工会发挥作用的深层次问题尚未有效破解；对基层的指导和服务没有跟上；为基层工会工作提供法律制度政策保障、赋予资源手段不足，在推动集体协商、企业民主管理等立法上，不能满足基层的需要；理论研究比较滞后；一些干部作风不够扎实，做群众工作的能力不足。

三、进一步加强基层工会建设、发挥基层工会作用的思路和打算

一是推进规模以上企业工会提质达标，落实乡镇（街道）工会和基层工会联合会工作条件。

二是调动职工群众参与工会工作的积极性，提高基层工会的代表性。

三是突出维权和服务职工的工作，增强基层工会的吸引力。

四是把更多资源和主要精力放在基层，强化对基层工会的工作保障。

五是进一步改进作风，加强对基层的指导服务。

（二）揭露问题类

指出存在的问题及其性质、后果，分析产生问题的直接原因与深层原

因，提出改进的对策与建议。揭露问题类调研报告又可分为两种：一种是为了研究解决工作中存在的缺点和问题，以及不良倾向等而撰写的调研报告，其目的在于揭示问题、反映情况，而不在于追究责任者；另一种是为了处理违法乱纪事件或严重事故等而撰写的调研报告，这一类调研报告格式的写法不仅要以确凿的事实分清是非，而且要弄清性质、分清责任，提出解决和处理的具体意见。主体部分所反映的如果是一个具体事件，一般采用纵向结构；如果反映的是一种倾向和状况，多采用横向结构。在叙述完问题的主要事实后，要写出问题产生的原因、性质和危害程度。结束语有的可呼吁对问题予以重视或关注，有的可扼要提出解决办法或处理意见。以 2007 年关于山西洪洞县曹生村黑砖窑案件的报告为例，首先，介绍了洪洞县曹生村黑砖窑案件基本情况；其次，梳理了“5・27”案件被媒体披露后各级工会开展的有针对性的维权工作；最后，从“5・27”个案分析了其反映出来的非法用工、劳动场所安全卫生条件差、农民工权益侵害严重等带有一定普遍性问题，并鉴于这些问题从三个方面提出了强化工会维护农民工权益工作的建议。

例

关于山西洪洞县曹生村黑砖窑案件的报告

全国总工会赴山西工作组

一、洪洞县曹生村黑砖窑案件基本情况

二、工会在“5・27”案件中所做的工作

三、案件反映出的几个问题

（一）农民工生产生活状况令人担忧。

（二）非法使用童工问题不容忽视。

（三）农民工的维权环境不容乐观。

（四）乡镇工会组织力量薄弱，难以承担起维护广大农民工合法权益的重任。

四、几点建议

1. 建立健全加强农民工维权工作的长效机制。

2. 加快推进乡镇、村级工会组织建设。

3. 加快农民工权益维护的立法进程。

（三）总结经验类

介绍经验的基本情况，产生经验的原因、经验的启示，讲清经验的个性特点、亮点与推广的共性意义。主要用于对先进典型进行深入调查分析后，提炼出成功的经验和有效措施，以指导和推动面上的工作。因此，这类调研报告格式写法主要包括基本情况、突出成绩、具体做法、主要体会等。这类调研报告格式的标题一般要反映主题。前言大多采用概述主要成绩、发展变化，并提示基本经验的写法。主体部分需要充分展开，不仅要写具体做法，而且要写切身体会；不仅要写感性认识，而且要上升到理性认识。这两方面是相辅相成、缺一不可的。结尾可以归纳全文、强调主旨，或者指出不足、展望未来。在行文的语气上，经验调研报告格式与经验总结不同，经验总结用第一人称，行文语气必须谦虚，而调研报告则用第三人称，可以热情赞扬，以促进经验的推广。以2016年全国总工会推广上海市宝山区顾村镇加强基层工会建设的经验做法的调研报告为例，首先，介绍了上海市宝山区顾村镇加强基层工会建设的政策缘起和初衷；其次，从5个方面介绍了主要的改革举措，然后从4个方面对改革的成效予以介绍；最后，介绍顾村镇推进非公有制企业工会改革的成功实践给我们带来的启示。整个报告既有情况介绍、经验总结，也有成效分析和经验推广，让各级工会对上海市宝山区顾村镇加强基层工会建设的经验做法一目了然。

例

坚持法治思维　运用法治方式

以改革精神推动基层工会建设取得新突破

——上海市宝山区顾村镇加强基层工会建设的经验做法

一、坚持问题导向，认真谋划加强基层工会建设的改革思路

二、坚持“四个依法”，切实落实加强基层工会建设的改革举措

（一）坚持党的领导，坚持改革正确方向。

（二）坚持职工主体地位，拓展依法建会路径。

（三）加强“以上代下”工作力度，增强依法维权实效。

（四）加强干部队伍建设，提升依法履职能力。

（五）加强经费使用管理，强化依法管会理念。

三、坚持有序推进，不断彰显加强基层工会建设的改革成效

一是工会组织覆盖面进一步扩大。

二是职工主动入会积极性不断提高。

三是服务职工水平显著提高。

四是非公有制企业工会活力持续激发。

四、顾村镇推进非公有制企业工会改革的成功实践，给我们带来了诸多启示

一是加强基层工会建设，必须坚持党的领导。

二是加强基层工会建设，必须秉持法治精神。

三是加强基层工会建设，必须坚持服务为先。

四是加强基层工会建设，必须强化保障机制。

（四）研究探索类

不是就事论事，而是透过现象看本质，探索事物背后的规律、体制等深层次问题与原因，提出创新性的观点与主张。主要用于研究探讨某项政策或工作，以统一认识，提出解决问题的办法。也可以用于在作出某项决策之前，进行可行性调研。这类调研报告格式的特点是具有较强的探索性和论证性。这类调研报告的写作虽然取材广泛，但总是针对某个现实问题，或者紧紧围绕中心工作展开，通过研究和分析大量系统的材料，探索解决问题的办法和途径。由于调研报告的目的是探讨解决问题，所以应采取平和的、商榷的语气，切忌冷嘲热讽。这类调研报告上，结束语可采取归纳全文、强调主旨的方法，也可以采用提出需要进一步探讨解决问题的方法来结尾。以 2015 年全国总工会关于自贸区工会参与构建和谐劳动关系机制的初步研究为例，对于自贸区这个新兴事物，深入探讨了自贸区工会

组建和参与构建和谐劳动关系的主要着力点，并分析了面临的困难和问题，以此提出建议。

例

关于自贸区工会参与构建和谐劳动关系机制的初步研究

全国总工会联合课题组

一、各自贸区定位不同、劳动关系状况差异较大

（一）自贸区的基本情况。

（二）自贸区企业分布集中、劳动用工形式多样。

二、自贸区工会组织建设和工作现状

（一）各自贸区工会还处在整合阶段。

（二）自贸区工会工作情况。

三、自贸区工会工作面临的困难和问题

（一）传统组建办法难以适应自贸区企业和职工特点。

（二）党政资源手段少、工会工作有效落实难。

（三）自贸区不同职工群体利益诉求差异对工会维权提出新课题。

（四）自贸区群体性劳动争议调处面临新挑战。

（五）现行劳动关系规则体系难以适应自贸区市场化、法治化和国际化的需要。

四、对自贸区工会参与构建和谐劳动关系机制的建议

（一）加强组织领导和顶层设计，探索建立符合自贸区实际的工会组织体制和运行机制。

（二）强化源头参与，推动自贸区劳动立法。

（三）加强与企业运营地工会协同配合，明确责任。

（四）找准工作切入点，发挥自贸区工会作用。

（五）数据分析类

即调查资料经过整理加工后，运用各种分析方法，对调查所收集的、

未经初步处理的各种数据资料，进行由此及彼、由表及里的比较、计算和测量，使之能够精确地描述现实社会状态，解释社会现象原因，预测社会发展趋势。数据分析类调研报告可以分为定量分析和定性分析，定量分析是建立在统计科学基础上的一种分析方法，基本分析方法有描述性统计和相关与推断性统计；定性分析包括比较分析、类型分析、因果分析、矛盾分析、结构分析和功能分析。以2012年全国职工队伍状况调查的专题研究报告“当前我国职工队伍总体状况、主要特点及发展变化趋势”为例，第一、二部分职工队伍的基本情况、主要结构特点以定量分析为主，第三部分职工队伍发展变化趋势则主要为定性分析。

例

当前我国职工队伍总体状况、主要特点及发展变化趋势

中华全国总工会研究室

一、我国职工队伍的基本情况

（一）职工概念界定。

（二）职工队伍的规模。

（二）职工队伍基本分布。

二、职工队伍的主要结构特点

（一）职工队伍性别结构特点。

（二）职工队伍年龄结构特点。

（三）职工队伍户籍结构特点。

（四）职工队伍教育结构特点。

三、职工队伍发展变化趋势

（一）随着我国经济社会发展，我国职工队伍仍将不断发展壮大。

（二）职工队伍文化技术素质将进一步提高，但还不能完全适应转变经济发展方式的需要。

（三）职工队伍内部群体结构有序分化，但部分职工群体之间存在利益固化问题。

（六）综合调研类

一般主题都比较宏大，涉及工会工作的方方面面，调研的范围比较广，一般是全国性的调研。在调研报告的结构上，也通常采取横、纵结合结构。以2012年全国职工队伍状况调查总报告为例，共分为三部分，每一部分再细分为几个层次。第一部分肯定成绩，得出广大职工主力军作用更加突出的结论；第二部分聚焦职工合法权益，从劳动经济权益、民主政治权利、精神文化权益、社会权利几个层面，论述职工合法权益进一步得到实现；第三部分归纳问题和提出建议，指出影响职工队伍稳定、职工权益实现和职工积极性发挥的问题仍然存在，必须引起高度重视并采取措施切实解决。

例

在全面建成小康社会、夺取中国特色社会主义新胜利中充分发挥工人阶级主力军作用

——2012年全国职工队伍状况调查总报告

第一部分 广大职工主力军作用更加突出

一、全心全意依靠工人阶级根本方针进一步得到落实

二、广大职工在推动我国经济社会发展中的主力军作用进一步发挥

（一）广大职工以辛勤劳动、诚实劳动、创造性劳动为我国经济平稳较快发展作出了突出业绩。

（二）广大职工为建设创新型国家贡献了聪明才智。

（三）工人阶级伟大品格和劳模精神成为推动我国经济社会发展的强大精神动力。

三、职工队伍不断发展壮大

（一）职工队伍规模继续扩大。

（二）职工队伍素质全面提高。

（三）职工队伍结构更加优化。

第二部分　职工合法权益进一步得到实现

一、职工劳动经济权益进一步得到改善

（一）就业质量总体向好。

（二）职工工资收入有一定提高。

（三）职工劳动安全卫生条件逐步改善。

（四）集体协商和集体合同制度普遍建立。

二、职工民主政治权利进一步得到保障

（一）以职代会为基本形式的企事业民主管理制度不断完善。

（二）职工参与民主管理的意愿强烈。

（三）工会代表职工进行源头参与的水平不断提升。

三、职工精神文化权益进一步得到发展

（一）职工精神文化生活多样化需求不断得到满足。

（二）职工获取和交流信息渠道不断拓宽。

（三）职工思想更加积极活跃。

四、职工社会权利进一步得到扩展

（一）广大职工拥有依法参加和组织工会的权利。

（二）广大职工拥有更广泛的社会参与渠道。

（三）广大职工享有更多的社会保障权益。

（四）广大职工享有更多的接受继续教育机会。

第三部分　职工队伍发展变化中面临的问题及对策建议

一、职工队伍发展变化中面临的主要问题

（一）职工队伍结构性就业压力依然较大。

（二）职工各项权益的落实还存在一定差距。

（三）部分职工群体之间存在的利益固化问题更加突出。

（四）事业单位职工群体面临改革带来的新问题。

（五）互联网对职工队伍稳定的影响值得高度关注。

二、新形势下加强职工队伍建设的建议

（一）要大力推动全心全意依靠工人阶级根本方针的贯彻落实，团结动员广大职工在实现中国梦历史进程中充分发挥主力军作用。

（二）要激发广大职工创造活力，为全面深化改革、推动科学发展、加快转变经济发展方式再立新功。

（三）要在广大职工中深入开展中国特色社会主义核心价值观教育，更加坚定中国特色社会主义理想信念。

（四）要大力加强职工技术技能培训，切实提高职工队伍整体素质。

（五）要大力发展和谐劳动关系，维护职工队伍和社会稳定。

（六）要切实维护和发展职工权益，全心全意为职工群众服务，使职工群众更多更公平分享改革发展成果。

二、调研报告的格式

调研报告的格式，包括标题、署名和日期、正文。

（一）标题

有两种写法：一种是规范化的标题格式，即“发文主题”加“文种”，基本格式为“××关于××××的调研报告”“关于××××的调研报告”“××××调查”等，如《关于加强基层工会建设的调研报告》。另一种是正副标题结合式，正题陈述调研报告的主要结论或提出中心问题，副题标明调查的对象、范围、问题，如《深耕基层　激活“神经末梢”最大限度凝聚和团结广大职工——关于深圳工会探索源头治理劳资纠纷试验区的调研报告》。

（二）署名和日期

标题下面要有署名即调研单位或调研者姓名，日期即调研报告的成文时间。

（三）正文

一般分前言、主体、结尾3个部分。

（1）前言有3种写法。第一种是写明调查的起因或目的、时间和地点、对象或范围、经过与方法，以及人员组成等调查本身的情况，从中引出中心问题或基本结论来。第二种是写明调查对象的历史背景、大致发展经过、现实状况、主要成绩、突出问题等基本情况，进而提出中心问题或主要观点来。第三种是开门见山，直接概括出调查的结果，如肯定做法、指出问题、提示影响、说明中心内容等。前言起到画龙点睛的作用，要精练概括，直切主题。

（2）主体是调研报告最主要的部分，详述调查研究的基本情况、做法、经验，以及分析调查研究所得材料中得出的各种具体认识、观点和基本结论。

（3）结尾的写法比较多，可以提出解决问题的方法、对策或下一步改进工作的建议；或总结全文的主要观点，进一步深化主题；或提出问题，引发人们的进一步思考；或展望前景，发出鼓舞和号召。

三、调研报告写作方法

撰写调研报告是一项综合性工作，是将调研中收集整理的资料进行归纳、总结、提炼、升华的过程。工会调研报告具有工会工作自身的特点。习近平总书记对群团组织提出“顶天立地”的要求，对于工会调研报告同样适用。顶天，就是着眼党和国家工作大局，在大局下思考；立地，就是立足职责定位，立足职工群众。也就是说，好的工会调研报告既要为党和国家大局、工会工作全局提供政策参考，又要反映职工群众心声，解决职工群众最关心最直接最现实的利益问题、最困难最忧虑最急迫的实际问题。总体说来，撰写调研报告要明确站位、主题、结构、材料、语言等五个要素，形象地说，就是位子、点子、架子、例子、句子，即“五子写作法”。

（一）站好位子

写调研报告首先要站好位子。站位是起草报告的首要环节。位子就是身份、角度，即以什么身份、从哪个角度起草。它是方向性的、根本性的，容不得出现一点偏差。站好位子要处理好撰写者与调研报告的关系，明确是“公文写作”而不是“私人创作”。机关干部大部分是按照领导意图起草报告，代表一级组织或所在部门立言，要符合领导机关身份和部门职责，属于“遵命文字”。调研报告姓“公”、不姓“私”，是基于公权力的一种组织行为，是在行使“话语权”，不是个人的事情，要与写自己的文章区别开来。

站好位子就要做到每一个观点、每一句话要有理论和政策依据，符合领导机关身份与职责要求。要站稳政治立场，把准正确政治方向，明确工会维护职工合法权益的基本职责，为职工群众的实际利益鼓与呼。

（二）出好点子

点子就是阐明调研报告宗旨、让读者能产生共鸣的主题、观点等。点子是调研报告的灵魂，确定点子是写作的关键环节。出点子就是提炼思想，明确主题，厘清思路。好的点子应该具有深、实、新的特点，即有深度、有思想、有新意，不是浅尝辄止、人云亦云；不是坐而论道、从理论到理论，而是立足实践、找准问题、一针见血、主题鲜明；在文献梳理和实地调研的基础上，挖掘新问题，提出新观点，形成新建议。一些调研报告写得像教科书，没有好点子，没有“抓人”“打眼”“出彩”的东西，面面俱到，四平八稳，没有个性和亮色，很难让人留下印象。

确定好的点子，一般来源于实践提出、领导要求、个人感悟。不管哪一种，都要在掌握大量材料之后进行深加工，提炼出独特的观点看法，把实践的要求、领导的意图或自己的感受转换成自己的理性认识，明确为什么要写、为谁写、写什么，要达到什么目的，是总结表扬还是揭露批评，是就事论事反映情况还是侧重提出建议，文稿中最可能出彩的地方在哪儿。只有明确目的，才能厘清思路，“名正”才能“言顺”。因此有人提出写作中“两个禁则”：在你没有理解事件本身之前不要动笔去写，在你不知道你要说些什么之前不要动笔去写。

起草调研报告要努力做到“六新”：最高的层次，得有义理新；如果做不到，得有材料新；没有材料新，得有方法新；没有方法新，得有角度新；没有角度新，得有表述新；没有表述新，得有语言新。做到义理新有四种办法：一是开新域——从头说。从无到有，提出一个新命题、新理论，如哥白尼创立的日心说，爱因斯坦创立的相对论，达尔文提出的进化论，马克思、恩格斯创立的马克思主义，等等。二是改旧论——重新说。原来讲的不对或不全对，或者因形势变化而过时了，对旧的命题、原理作内容或形式的改造，变旧为新，如毛泽东为成语“实事求是”赋予新的含义。三是有发展——接着说。在原有理论的基础上根据新的实践加以丰富。四是分取舍——扬弃说。如马克思对德国的古典哲学、对英国的古典经济学、对法国的空想社会主义，在分析批判基础上有所扬弃取舍。比如，全总领导同志在党群共建创先争优视频会议上的发言，全文用四个“以”四个“新”展开，做到了表述新；在党的群众路线教育实践活动工作会议上的发言题目中提到“筑牢服务职工群众的‘连心桥’”，做到了语言新。

例

在党群共建创先争优视频会议上的发言

（2010年8月31日）

一是以弘扬劳模精神和工人阶级伟大品格为动力，积极组织职工建功立业，在服务科学发展中争创新业绩。

二是以加大协调劳动关系力度为抓手，切实维护职工队伍稳定，在促进社会和谐中力争新作为。

三是以推动企业普遍开展工资集体协商为重点，大力推进维权工作，在服务职工群众中创出新成效。

四是以推动企业普遍建立工会组织为目标，努力实现固本强基，在加强组织建设中开创新局面。

例

扎实开展教育实践活动　筑牢服务职工群众的“连心桥”

——在党的群众路线教育实践活动工作会议上的发言

（2013年6月19日）

一、坚持思想先行，增强搞好教育实践活动的自觉性

二、认真查摆问题，牢牢把握教育实践活动的着力点

三、强化工作措施，确保教育实践活动扎实有效开展

（三）搭好架子

架子就是调研报告的结构，是报告的外在表现形式。搭好架子就是谋篇布局，合理构建框架结构。有好的架子，文章才能立得住，才能把好的观点通过一定的形式呈现出来。架子本身无所谓好坏，但它有规律可循。元代乔梦符提出文章要做到凤头、猪肚、豹尾："凤头"指开头要灵巧，"猪肚"指内容要丰富，"豹尾"指结尾要有力，即"起要美丽，中要浩荡，结要响亮"。

一般来说，好的调研报告在结构上具有完整性、导向性、逻辑性的特点。完整性，即调研报告有理论有实践、有共性有个性，涵盖意义、问题、原因分析、对策建议等，没有漏项。导向性，即直接点出观点，旗帜鲜明。调研报告不是教科书，尽量不要出现隐藏观点的中性表述，而是开门见山，单刀直入。逻辑性，即调研报告从宏观到微观、从整体到重点，环环相扣、步步为营。

例

青岛港：中国特色国有企业发展之路的成功探索

——青岛港实行民主管理构建和谐劳动关系经验调研报告

全国总工会青岛港经验调研组

（总工发〔2012〕9号）

一、青岛港集团风采

二、青岛港的基本做法与经验

（一）始终坚持党的领导，永葆工人阶级本色。

（二）依靠职工办企业，凝心聚力促发展。

（三）一心为民造福职工，自觉履行社会责任。

（四）尊重关爱农民工，搭建发展大舞台。

（五）建设企业文化，构筑精神家园。

（六）广大职工"强身健体"，争当国家中流砥柱。

（七）强化领导班子建设，发挥引领示范作用。

三、青岛港经验的启示

（一）全心全意依靠职工办企业、构建和谐劳动关系是企业发展的根本。

（二）培育先进的企业文化职工文化、激励职工爱岗敬业是企业前进的动力。

（三）建立健全科学制度机制、强化执行能力是企业兴盛的关键。

（四）打造德才兼备领导团队、提升班子领导力是企业发展的保证。

调研报告常用的结构有总分式结构、递进式结构、章断条连式结构、时序式结构。

（1）总分式结构。根据总分关系安排材料的框架，通常用以论证的方式来提出问题、分析问题和解决问题的。把演绎法和归纳法运用到结构上，就成为总分式的结构。总分式结构有三种类型，即先总后分式、先分后总式和先总后分与先分后总结合式。

（2）递进式结构（因果式结构）。这种结构主要用来表现对事物的逐层深化的认识，是收敛性思维在文章谋篇布局中的反映。

（3）章断条连式结构（横式结构）。采取“并列式”小标题结构，即根据内容的逻辑关系，以几点成绩或几条经验（即做法）分别冠以小标题加以叙述。各部分既围绕一个中心，又相对独立。

（4）时序式结构（纵式结构）。主要是依照事物发生发展的顺序，按次叙述，阐明观点。

一般来说，调研报告涉及现状与结果、问题与原因、对策与建议这些要素。在设计报告结构时，首先要把报告涉及的要素，从轻重、缓急、大小、内外、远近等不同维度，罗列出来进行分解，也就是“开题”或“解题”。必须尽可能周延、详尽，避免有所遗漏。其次要按照一定理论逻辑和现实逻辑决定取舍，确定要不要写，先写还是后写，详写还是略写。要科学分类分层，按统一标准划分层次，可以先虚后实、先大后小、先外后内、先一般后特殊。在同一层次中要有统一标准，不能混用。调研报告一般有三至六部分，当然也有两分式如政府工作报告，也有并列式如党代会报告（党的十八大报告是十二部分），不过更多的还是三至六部分。设计结构，需要先勾勒出大体框架、提纲，分解成三五句话，变成二级小标题，看能否把想表达的点子说得清楚、完整。标题要对称，可按照词性去安排。把文章内容中的二级小标题提炼好了，就等于成功了一半。

设计提纲相当于画建筑草图，是规划、奠基阶段，决定了后面工序的成败。不妨多拟几个提纲，甚至把提纲浓缩为一页纸，通过列举法、排除法等择优，找到适合本报告的一款。如果说三分调查七分研究，那么在起草文稿时也可以是七分提纲三分正文。一旦结构设计合理了，剩下的工作就是一个技术活甚至是体力活，往每一部分直接装材料就行了。

搭架子中要注意层次扁平、直奔主题。判断结构是否合理，可将几个二级乃至三级标题排列一起进行比较，关键看四点：一是是否把要说明的主要问题说清楚了。如果没有说清楚，是角度不对，还是题目开得太大或者太小，太大就是大题小做、皮厚馅小，太小就是小题大做、小马拉大车。二是要说明的几个问题之间是否交叉。有时为了说清楚一个问题，从不同角度翻来覆去、絮絮叨叨展开，这个错误初写作者最容易犯。三是几个问题之间层次划分尺度是否统一。是否存在包容关系，如果前后之间没有条理、顺序混乱，写的一定很痛苦，看的一定也很辛苦。四是是否有遗漏之处。对要说明的问题挂一漏万，或对主要问题点了，但相关问题没有点，考虑不缜密。

结构设计中容易出现两种倾向："三五写作法"和"虎头蛇尾法"。"三五写作法"即三大段，每段五部分，如经验是五点，包括认识、组织、体制、重点、自身；讲问题、对策时还是这五点。这种写法，看不出重点和焦点，也不知道哪一点到底是问题还是经验或是对策，成了绕口令。还有一个是虎头蛇尾法，如指出了五个方面问题，但对策只回答了三个，让人不知道剩下的两个问题如何处理。

（四）找好例子

例子就是材料、素材，是文章中比较鲜活的部分。找好例子，就是收集、梳理资料，选择素材，用来佐证观点、充实结构。例子是文稿的血肉，有血有肉才丰满。资料素材的得来，全靠平时的积累。找例子过程中经常会出现两种现象：一是由于调查不充分不深入，材料不够，捉襟见肘；二是材料过多，没有很好地整理，难以驾驭，被材料淹没，看起来洋洋洒洒，但杂乱无章、虚张声势。对第一种情况，没有一定的量就没有质，就要补充调查，包括查阅有关文献等，了解中央、所在单位、社会上及国外有关提法与数据。平时要有意多积累材料，到一定规模就会渐成体系，厚积薄发，否则就成无源之水，油尽灯枯。第二种情况在网络时代最容易出现。有了一定的量也不能自动转化为质，需要提炼、升华，从中找出事物的内在规律，这是一件吃进是草挤出是奶的创造性劳动。对于领导机关来讲，一般情况下不是材料不够，而是材料太多的问题，手心手背都是肉、难以割爱。

这里需要强调的是，例子不是越多越好，需要在明确思路后，有针对性地选择材料，有一个去粗取精、去伪存真的加工制作过程。收集、准备和整理材料主要有六个步骤：收集材料、熟悉材料、分析材料、选择材料、核实材料、整理材料。不能简单地写什么，百度一下、谷歌一番，不管真与假、对与错、合适与否拿来就用，天下文章一大抄，这样永远写不好文章，写作水平也很难提高。特别是一些例子、素材、用典等不可太生硬。选用材料时首先要注意数据、例子的一致性、规范性，注明数据的来源、口径、时域。在不漏掉一些重要材料的同时，有针对性地选择材料，保证所选取的材料与报告的主题密切相关。分析问题以十当一、“六经注我”，说明问题要以一当十、“我注六经”，使所用的材料具有最大的代表性和最强的说服力。

（五）用好句子

句子就是语言，运用语言是起草报告的最后一道工序。句子是文稿的细胞，细胞健康身体才有生机和活力，句子精彩文章才生动活泼。点子、架子都是里子，句子是报告的面子，与读者和听众直接接触的窗口。用好句子就是锤炼语言、遣词造句。有好的观点、好的结构、好的素材，没有好的语言承载，不会水到渠成有好的报告。有时候语言干巴乏味、词不达意，会使前面的辛苦付之流水。

用好句子，需要把握好准确、简洁、平实、优美的标准。

1. 准确。机关文稿质的规定性决定了它不能八股化，但要规范化，即文字要规范而不能随意、含义指向要明确而不能模糊。“准确”有两重要求：一是事实准确，不能是虚假的、不确切的。调研报告中运用的观点、事实、结论等要准确无误，对事实的来龙去脉要查清写明，所用材料不夸大、不缩小，体现真实、客观、公正、全面、平衡原则。二是文字准确，引用有关文件特别是中央文件、法律政策要标准规范，恰当、贴切、严谨，少用修饰词、形容词、定语，言之有据、师出有名，不要随意编造，更不能无中生有。用词不要语义模糊、不用含混的字句，例如，“可能”“也许”“大概”“由于各种原因”等。要注意把握表示程度词语之间的差异，例如，“有所反应”与“较大反响”“反应强烈”；“有所变化”与“很大变化”等。

2. 简洁。尽量做到一句话中没有多余的字，一段话和整篇文章中没有意思重复。有时写得很投入，一旦跳出来看，发现这些内容如果删除也可以读得下去，就说明这一段是不必要的，要用壮士断腕的决心痛下辣手删改。

3. 平实。调研报告是靠材料说话的，语言本身只是一个媒介，要语气严肃、分寸适当，以简明朴素、平实中性的笔调为主，把所要了解的情况、问题叙述清楚，把所提出的建议表达充分即可，为说明问题服务。把简单的事物用复杂的词语来表达，实际上是学风浮躁、理屈词穷的表现。

4. 优美。调研报告要少用抒情性的语言和表示夸张、摹状的修辞方式，但并不是说调研报告不需要生动优美的文字。要在符合公文文体的原则下，适当运用对偶、排比、递进等修辞方式，借用群众语言、外来语和形象化词语等，活跃气氛，增添气势，提高感染力。要做到文字优美，可从四个方面去把握：

一是整齐美。包括语言排列和句式的整齐一致，小标题的工整，语句的对称、均衡等，给人以浑然一体的感觉，能够留下比较深刻的印象。二是参差美。整齐是一种美，参差不齐有时也是一种美。长词短词相互照应、错落有致，同样能够给人以美感。三是雄浑美。语言雄浑有力，气势磅礴，鼓舞人心。四是连贯美。连贯地重复用某一个词语，频频敲击人们的视觉，使人记得牢固。毛泽东同志曾写过：我们的政策，不光要使领导者知道、干部知道，还要使广大的群众知道。要打好仗，不光要干部齐心，还要战士齐心。当然文字优美是一个高标准，属于形式美，不必刻意为之。

总体来说，位子是调研报告的基石，点子是调研报告的灵魂，架子是调研报告的脊梁，例子是调研报告的血肉，句子是调研报告的皮肤。如果五方面和谐统一，就是一个有血有肉、栩栩如生的有机体，那么调研报告是成功完美、有生命力的。

例

共建、共识、共谋、共担

——北京金融街威斯汀大酒店工会推动和谐发展之路

（2016 年 2 月 6 日）

中国工运研究所调研组

一、以共建为载体密切党工关系，将政治资源变成工作优势

二、以共识为纽带沟通中外关系，寻求中外员工文化最大公约数

用国旗的力量凝聚员工。

用文化的魅力感召员工。

用温暖的力量关爱员工。

三、以共谋为抓手协调劳动关系，打造企业员工利益共同体

构筑民主管理桥梁，凝聚爱岗敬业之力。

搭建技能练兵舞台，夯实服务质量之基。

植入绿色发展基因，拓宽品牌提升之路。

履行服务帮扶本职，建设员工信赖之家。

四、以共担为平台处理社会关系，树立履行社会责任的形象

五、几点启示

一是坚持党工共建，充分发挥党组织的领导核心作用。

二是坚持寻找共识，建设符合实际的企业文化。

三是坚持利益共谋，实现企业发展与员工利益的统一。

第四节　运转机关公文

调研报告是公文的一种，报告形成后如何进行成果转化，成为党政、工会决策的依据，是衡量报告成功与否的关键环节。了解、掌握基本的公文运转知识，有效、顺利地促进调研成果的转化运用，具有重要意义。

一、机关公文处理的政策依据

公文是法定机关与组织在公务活动中，按照特定的体式、经过一定的处理程序形成和使用的书面材料。新中国成立以来，我国共发布过10个公文处理方面的法规规章。全国五大机关（党的机关、人大机关、国家行政机关、全国政协机关和解放军机关）公文处理系统都有各自的公文处理办法，都不统一。2012上半年，中办下发了《党政机关公文处理工作条例》（以下简称《条例》），这是一个具有里程碑意义的文件。

《条例》具有以下特点：一是统一。将党的机关、国家行政机关公文处理作了统一规范。二是规范。对公文格式、文种等作了进一步规范。三是优化。优化了公文拟制、公文办理、公文管理等公文处理流程，增设了前置审核程序，不是一般的文字审核，而是核定文稿发还是不发、怎么发的问题。四是保密。在公文保密方面提出了更加严格的措施和办法。

《条例》的出台，实现了党的机关、国家行政机关两大系统公文处理工作的规范统一，解决了长期以来党政机关公文体例不统一、格式不一致、衔接不顺畅等问题，对于统一规范党政机关公文处理工作，增强公文权威，降低公文运行成本，提高工作质量和效率，更好地保障党政机关实施领导和履行职能，具有重要的意义。

从工会系统看，过去主要是执行党的机关公文处理办法，即1996年印发的《中国共产党机关公文处理条例》。同时，由于与国家行政机关的公文往来很多，有些公文有时也需要按其要求，作适当调整。如向国务院的报告、请示等，就需要按国家行政机关的公文格式上报。因此，一些公文也执行2000年印发的《国家行政机关公文处理办法》。

全总机关公文处理工作主要是依据1996年制定的《全总机关公文处理办法》和2000年制定的《〈公文处理办法〉补充规定》，各省（区、市）总工会也都有自己的公文处理办法。《党政机关公文处理工作条例》出台后，全总根据《条例》起草了《工会机关公文处理办法》（总工办发〔2012〕35号），于2012年7月26日印发。《国家行政机关公文处理办法》对各级工会机关公文处理工作进行了统一规范，对于提高工会机关工作质量和效率，更好地保障各级工会机关实施领导和履行职能，意义不言而喻。

二、工会机关公文种类及功用

工会机关公文，是工会机关实施领导、履行职能、处理公务的具有特定效力和规范体式的文书，是传达贯彻党和国家的方针政策，贯彻落实党中央关于工人阶级和工会工作的重要指示精神，公布规章制度，指导、布置和商洽工作，请示和答复问题，报告、通报和交流情况等的重要工具。

（一）公文种类

公文种类，即根据公文功能属性进行的分类，简称文种。

广义的公文种类包括五大机关法定文种，也包括专用文种、通用文稿	党的机关公文	原有14种
	人大机关公文	原有19种
	行政机关公文	原有13种
	政协机关公文	原有10种
	解放军机关公文	原有12种
	司法公文、外交公文、军事公文、科技公文、文教公文等大量使用的专用文种。1998年中办秘书局修订的《公文主题词表》中列举的其他文种60多种	

《工会机关公文处理办法》第8条规定了工会机关公文种类共11种：

决议、决定、通告、意见、通知、通报、报告、请示、批复、函、纪要。11个文种是狭义的工会公文概念，特指工会机关发文使用的文种，是实际工作中常用的主要文种。这些公文种类一是通过文种认定，体现公文性质。二是反映行文方向，可划分为上行文、下行文和平行文。三是每件公文都反映出机关的行文目的。四是揭示公文特点，如请示、报告属陈述性上行文，决定、决议都是议决性文种。

（二）公文种类的功用

文种具有概括表明公文性质、行文方向、行文目的和公文特点的重要作用。

1. 体现公文性质。不同的文种，体现出公文的不同属性，如议决性公文、指令性公文、告知性公文、陈请性公文、记录性公文等。公文的性质，可以通过文种认定。如决议、决定属于议决性公文；请示、报告属陈请性公文；通告属于告知性公文；纪要属于记录性公文。

2. 反映行文方向。文种在行文方向上大体可划分为上行文、下行文和平行文。如决定、决议这两个文种，产生于各级工会领导机关，作出的重大决策和部署要由下级工会机关去执行、办理，所以它们的行文方向必然是自上而下的下行文；又如请示这一文种，适用于向上级机关请求指示、批准，其行文方向是自下而上的上行文。有的文种有多种行文方向，如意见这一文种，虽然它主要用于向下级机关行文，但也可以向上级机关、同级机关行文。

3. 表达行文目的。从工作实践看，每件公文都反映出机关的行文目的，无目的的公文是没有的。如通告的行文目的在于向人们（或组织）周知、告知某一事项；请示的行文目的是向上级机关请求指示、批准。批复的行文目的在于由上级机关对下级机关的请示事项作出答复。

4. 揭示公文特点。文种具有共性又有各自的特点。如请示、报告，虽同属陈述性上行文，但请示是请求上级机关给予指示、批准，而报告是向上级机关汇报工作、反映情况和答复询问，这两个文种虽然都是上行文，但一个对上有要求，会引出答复来，另一个对上则没有答复的要求；再如决定、决议同属一类，都是议决性文种，决议中重大决策事项是经过会议讨论通过的，但决定中对重要事项作出的决策和部署，则不一定经过会议讨论通过。

三、工会机关文种适用范围及特点

（一）决议

1. 适用范围。决议用于会议讨论通过的重大决策事项。

2. 主要特点。一是制发程序上的规范性。决议的形成，按照一定的组织程序，它所要贯彻的决策事项，必须经过集体讨论和表决通过后形成，以会议名义发布。二是内容上的针对性。决议的内容主要是针对某一重要工作或重大事项。三是效力上的权威性。决议是用于统一组织、个人的思想和行为的号令与准绳，具有权威性，一经发布，就要坚决执行，不能违背和抵制，对组织和个人有很强的约束力和强制性。四是适用对象上的普遍性。决议一经作出，就适用于所属的每一个组织、团体、个人，任何组织、团体、个人不得例外。五是思想上的指导性。决议提出的要求、通过的观点和对事物的评价具有指导意义。六是时效上的长期性。决议具有战略性，不会朝令夕改，其作用往往具有相对的长期性和稳定性。

（二）决定

1. 适用范围。决定用于对重要事项作出决策和部署、奖惩有关单位和人员、变更或者撤销下级机关不适当的决定事项。

2. 主要特点。一是适用范围广泛。在党和国家机关中有比较广泛的适用范围，适用于党和国家的各级组织和领导机关。二是使用的方式比较灵活。从应用范围来看，决定既可以对事，也可以对人；从内容上看，既可以用于解决重大的方针、政策、决策、部署等问题，也可以用以处理具体的人和事。三是具有极强的约束力。一旦作出决定，有关组织和个人必须遵照执行不能轻易改变。

（三）通告

1. 适用范围。通告用于在一定范围内公布应当遵守或者周知的事项。

2. 主要特点。一是公开性。主要采用在社会上张贴或刊登新闻媒体的形式予以公开发布。二是周知性。它用以要求一定管辖范围内的机关、团体、企事业单位、职工群众了解知晓某些事项，自觉规范自己的行为，共同维护社会公共管理秩序。三是通俗性。通告公文的内容应当尽量使用明确、流畅、通俗易懂的语言来表达，以达到“周知”与“遵守”的行文目的。

（四）意见

1. 适用范围。意见用于对重要问题提出见解和处理办法。

意见用于下行文时，行文的事项大体有以下几个方面：一是为统一思想、统一认识，上级机关对有关重要问题发表见解；二是针对突发事件或带倾向性的问题，向下级机关提出见解和处理办法；三是针对某项工作或者局部性问题提出见解和处理办法；四是针对下级机关在开展工作进程中所出现的新情况、新问题提出带有指导性的意见等。

意见用于上行文时，主要是向上级机关就有关工作、事项提出建议。意见用于平行文时，主要是就某项工作、某些事项提出意见，供对方参考。

2. 主要特点。一是意见所涉及的必须是重要问题，即应当是工作中所遇到的涉及方针政策性的重大事项和主要问题，特别是新问题。二是意见写作形式的特定性，对重要问题不仅要有所“见解”，而且要有“处理的办法”。“见解”就是对问题要作出全面中肯的分析，提出自己的看法和观点，在此基础上，拿出切实可行的解决办法和措施。三是指导性，意见用于下行文时，具有指示的性质，对下级机关开展工作具备指导作用。四是针对性，就某一重要问题制发，对下级机关起帮助和解决问题的作用。五是原则性，它在就重要问题提出见解和处理办法时，总是从宏观上提出原则性意见。

（五）通知

1. 适用范围。通知用于发布、传达要求下级机关执行和有关单位周知或者执行的事项，批转、转发公文。通知是工会机关使用频率最高、适用范围最广的文种。一是凡上级机关发布下级机关的来文，用“批转性通知”；二是下级机关转发上级机关的来文，或者工会机关办公厅（室）根据授权，发布平行机关或不相隶属机关的来文，用“转发性通知”；三是上级机关向下级机关行文时使用《国家行政机关公文处理办法》中规定的11个主要文种以外的其他文种，如条例、规定、办法、细则、要点、规划、计划、方案等，用“印发性通知”。

2. 主要特点。一是适用范围广。此文种适用性强，形式灵活，在公务活动中广泛运用。二是使用频率高。通知是所有公文文种中使用频率最高的文种。三是专项性强。通知多是专项的，一事一通知，所以内容必须具体明确，表述要求简练准确。

（六）通报

1. 适用范围。通报用于表彰先进、批评错误、传达重要精神和告知重要情况。如《办公厅通报》《业务工作通报》等。调研报告通常以《业务工作通报》的形式下发各地。

2. 主要特点。一是目的性。无论是哪种类型的通报，都是有的放矢，目的性明确。表彰性通报，主要用于表扬先进集体和个人，表彰先进事迹，评价典型经验，宣传先进思想，树立学习榜样；批评性通报，主要用于批评违规违纪事件，揭露坏人、坏事，分析总结事故教训等；告知性（传达性）通报，主要用于传达上级重要指示精神、重要会议精神、交流工作情况和经验教训，指出工作的重点或必须关注的问题，或者一个时期带有倾向性的问题。二是时效性。如处置突发事件的情况通报等。

（七）报告

1. 适用范围。报告用于向上级机关汇报工作、反映情况、回复上级机关的询问。

2. 主要特点。一是广泛性，适用范围广泛。二是陈述性，内容以陈述为主。三是单向性，下级机关向上级机关单向行文。四是事后性，“事前请示、事后报告”。

（八）请示

1. 适用范围。请示用于向上级机关请求指示、批准。

2. 主要特点。一是内容针对性、规定性。遇到以下情况，都可行文请示：（1）对有关方针政策和法律法规不甚了解，有待上级明确批示的问题；（2）工作中发生了重大问题或原无规定，难以处理，希望上级机关给予指示的问题；（3）工作中遇到困难，需要上级机关帮助解决的问题；（4）因本地区、本系统、本单位情况特殊，难以执行统一规定，需要请示批准后变通处理的问题；（5）本机关职权范围内不能决定或决定不了有待上级机关批准的问题；（6）本机关、本单位意见分歧，无法统一，要求上级裁决的问题；（7）建立机构、增加编制等需要向上级机关请求批准的问题；（8）其他按上级有关规定应当请示的问题。二是逐级请示，不得越级行文，特殊情况需越级请示，要抄送被越过的有隶属关系的上级机关。三是单一性，一事一请示。四是呈批性，原则上主送一个主管的上级机关即有隶属关系的直接上级机关，无论同意与否，上级机关都要给予答复。五是请示者和受理者必须是一级机关或组织，并具有隶属关系或业务指导关系。六是事前性，必须是事前请示，不能先斩后奏。

（九）批复

1. 适用范围。批复用于答复下级机关请示事项。

2. 主要特点。一是针对性，批复中的内容必须针对请示事项，表明的态度、提出的意见和办理办法都具有很强的针对性。二是权威性，批复提出的决策、意见对下级机关具有法定的约束力；下级机关必须遵照执行。三是简明性，批复的内容要求简明扼要，对请示件中请求事项只作原则性、结论性的表态、指示、决定，或提出方向性意见，无须作具体的分析和阐述。

（十）函

1. 适用范围。函适用于不相隶属机关之间商洽工作、询问和答复问题、请求批准和答复审批事项。

2. 主要特点。一是广泛性。函是机关、单位公务往来中使用比较简便灵活、使用范围广、使用频率高的公文文种。平行机关和不相隶属机关都可使用。二是灵活性。凡是申请事项、建议咨询、商洽工作、通知事项、催办事情、答复询问、召开会议、报送材料均可用函，还可用来请求批准和答复审批有关事项等。三是单一性。一函一事，简短明了。

（十一）纪要

1. 适用范围。纪要用于记载会议主要情况和议定事项。

2. 主要特点。一是纪实性（客观性）。如实记载会议情况和议定事项以及会议存在的分歧意见和问题等。二是概括性（提要性）。纪要不同于记录，纪要要集中地反映会议的精神实质，具有高度的概括性。三是内部性。会议纪要是摘要记载会议情况和议定事项的内部文件，可以印发参会单位和其他相关单位，但不需要向社会公开。

四、近似文种异同辨析

公文中有些文种的名称、性质、作用、特点非常近似，使用时容易混淆，应注意对近似文种进行辨析，把握文种各自的特点和使用规律，分清文种之间的区别和联系，以提高选用文种的准确性，规范化地使用文种。

（一）决定与决议

共同点：这两个文种均属决策性公文，都是一级组织机关对某些重大问题的处理或重要工作事项所作出的决策规定性的意见或措施、要求；决策又出自于各级领导机关，并要求下级予以贯彻执行；都是下行文。

不同点：决议的内容必须是经过会议集体讨论并表决通过的；而决定则不一定，有的决定是经过会议集体讨论通过的，也有的是由行文机关直接作出的。

（二）通知与通告

共同点：这两个文种都是告知性公文。

不同点：通告是普遍告知意思，是把某一机关、组织的意图、要求普遍告诉人们知道并加以遵守；通知有可能告知所属全部下级、平级机关、单位、人员，也可能告知部分下级、平级机关、单位，要求他们知晓或办理。在具体使用上，凡是向社会上公开告知人们遵守某一事项时，应使用通告；内部行文告知下级、平级机关办理某一事项，应使用通知，而不能用通告。

（三）通知与通报

共同点：这两个文种均属告知性公文。

不同点：通知的内容侧重于直提要求、明确界限；通报的内容侧重于说明、介绍某一事物或问题的情况。通报既可以提出下一步工作要求（如指导性通报），也可以不提任何要求（如情况性通报），而通知（指示性）有工作的意见与要求。通知可用来批转、转发、印发公文，通报则无此功用。

（四）意见与报告

不同点：在行文方向上，报告仅用作上行文，意见则可多方向行文，既可作上行文使用，也可作下行文和平行文使用；意见用于对重要问题提出见解和处理办法，报告则主要是汇报工作，反映情况，答复上级询问；意见作为上行文时，一般按办件的程序和要求办理，报告一般只作为阅知性公文处理。

（五）意见与请示

不同点：在行文方向上，请示仅用作上行文，而意见则可用作上行文、下行文、平行文。意见若为上行文，只能用于对重要问题提出见解和处理办法的建议，而请示则无此限制，对符合请示条件的所有请求指示和批准的事项均可涉及；意见必须对重要问题表态并提出处理问题的办法，请示则可以直接提出问题，请求上级机关指示、批准。

（六）请示与报告

共同点：都是上行文，行文的作用有共同之处，都是向上级机关反映情况。

不同点：一是对上级要求不同。报告不要求上级答复，而请示则要求上级答复。二是行文时间不同。报告是事中或事后行文，而请示只能是事前行文。三是文种性质不同。报告属陈述性的上行公文，而请示属请求性的上行公文。四是行文的目的不同。

（七）请示与函

共同点：适用范围中都有请求批准的功用。

不同点：一是在行文时间上，函是视内容可事前、事中、事后行文，而请示只能事前行文；二是在行文方向上，函主要用于平行文，而请示只能用于上行文；三是在行文功能上，除了两者的共同点外，函还可以商洽工作、询问和答复问题，请示只能请求指示、批准；四是在行文结果上，因为发函机关与收文机关不相隶属，所以作为收文机关收到函后，一般只能用函答复，而上级机关收到请示后，无论对请示事项是否同意，都要给予答复，有时用下行文批复，有时授权办公厅（室）用函来答复。

（八）纪要与决定

不同点：纪要所记载的是会议的主要情况和议定事项，不一定必须像决定那样只针对重要或重大事项；纪要不仅仅反映会议议定的事项，还要记载会议提出的其他方面的事项、要求等；决定必须是完全确定的决策而不必反映其他意见；纪要中的议定事项是有关与会各方确立的意见，决定的内容则可根据有关规则由与会者中的多数人确认并通过即为有效，产生法定效力；在表达方面，纪要需综合反映会议的全面情况，对有关意见和观点进行阐述，决定则一般无这些内容。

（九）决定与通报

共同点：适用范围都有表彰先进的内容，还可用于批评错误过失。

不同点：用于表彰先进时。决定主要用于命名性表彰，表彰的事项、事迹比较突出，表彰在全国或某一地区、某一系统内有较大贡献、较大影响，能在更大范围内起到教育和引导作用的先进集体和个人。通报用于表彰一般性典型，对于某一具体工作、人物或者业务工作性质的表彰，制发机关层级较低，越是基层单位越应多用通报少用决定文种表彰先进。

用于批评、惩戒错误时。决定适用于惩戒错误或过失比较严重、造成严重影响的有关单位和人员，具有一定的普遍教育作用；通报适用于批评错误，其错误或过失有一定影响但有一定限度，主要目的是引起警惕，吸取教训。

五、文种选用上存在的问题

文种是公文标题中不可缺少的要素。文种选用正确与否，是公文写作成败的重要因素，也是能否达到行文目的重要环节。目前一些机关在文种使用上存在的问题，突出表现在以下几个方面：

（一）缺少文种

1. 公文无标题。

2. 公文标题三要素（发文机关名称、事由和文种）不全，有的公文标题只有一个要素，即事由，犹如报纸上的新闻标题，如公文标题为“今年高考招生计划超额完成15%”。

（二）使用非法定文种

不选用法规中规定的文种，而使用总结、要点、方案、计划、安排、纲要、规划、建议、答复等文种，如公文标题为：“关于接待××××计划”。

（三）文种重叠

如请示报告、意见报告、请示函等，又如转发通知类公文，因转发环节多经常出现“通知的通知的通知”。

（四）生造文种

如情况报告、总结报告、申请报告、任免通知、汇报等，甚至把批转、转发也拿来当文种使用。

（五）文种作为公文标题

如将函、通知（会议通知或开会通知）、请示、报告等作为公文标题，违背法规中有关标题拟制的原则要求。

（六）文种混用

日常行文的实践中此问题也较多见，主要表现为请示报告不分、决定决议相混、公告与通告乱用、决议和会议纪要等同等。

（七）错用文种

1. 拿请示当函用。平行机关行文时，应该用函请求批准的，却错误使用了请示文种。出现此种情况的原因：一是不清楚平行机关之间不是上下级领导与被领导关系；二是对这两个文种使用规范掌握不准；三是明知不对，不得已而为之，出于无奈，因为这样有利于申请事项获得“绿灯”。日常行文中，确有不少申请事项因使用了函而被收文单位退回的现象，而一旦改用了请示，就会马上得到对方的“恩准”。

2. 拿报告当请示用。此种现象屡禁不止。报告是上行文，属阅件不是办件，这样行文，易误事。

六、行文规则

行文规则有行文的总规则，上行文的规则，下行文的规则，其他规则包括平行文、联合行文、内设机构行文等。

（一）行文总规则

行文应当确有必要，讲求实效，注重针对性和可操作性。行文关系根据隶属关系和职权范围确定。一般不得越级行文，特殊情况需要越级行文的，应当同时抄送被越过的机关。

（二）上行文规则

原则上主送一个上级机关，根据需要同时抄送相关上级机关和同级机关，不抄送下级机关。工会机关的部门、产业工会向上级机关的相关部门、产业工会请示、报告重大事项，应当经本级工会同意或者授权；属于部门、产业工会职权范围内的事项应当直接报送上级机关的相关部门、产业工会。下级机关的请示事项，如需以本机关名义向上级机关请示，应当提出倾向性意见后上报，不得原文转报上级机关。请示应当一文一事。不得在报告等非请示性公文中夹带请示事项。除上级机关负责人直接交办事项外，不得以本机关名义向上级机关负责人报送公文，不得以本机关负责人名义向上级机关报送公文。受双重领导的机关向一个上级机关行文，必要时抄送另一个上级机关。

（三）下行文规则

主送受理机关，根据需要抄送相关机关。重要行文应当同时抄送发文机关的直接上级机关。工会机关的办公厅（室）根据本级工会授权，可以向下级工会行文，其他部门、产业工会不得向下级工会行文。需经本级工会审批的具体事项，经本级工会同意后可以授权由工会职能部门行文，文中须注明已经本级工会同意。工会机关的部门在各自职权范围内，可以向下级工会机关的相关部门行文。产业工会在各自职权范围内，可以向下级产业工会和产业内企事业单位工会行文。上级机关向受双重领导的下级机关行文，必要时抄送该下级机关的另一个上级机关。

（四）其他行文规则（联合行文、平行文）

同级工会机关、工会机关与其他同级机关必要时可以联合行文。同级工会机关、工会机关的内设部门、产业工会依据职权可以相互行文。工会机关的内设部门除办公厅（室）外不得对外正式行文。产业工会在各自职权范围内，可以向相关的政府部门，行业联合会、协会或企事业单位行文。

第五节 工会委托调研课题管理

为推动关于工人阶级和工会工作的调查研究，汇集社会众智，促进理论创新，近年来，全总和各级工会采取新方式开展委托课题调研，取得了较好效果。

一、课题的立项

课题的立项要本着围绕中心、服务大局的原则，紧跟党的理论创新步伐，着眼新形势新任务新要求，深入开展工会工作调查研究和理论研究，从全局性、战略性、前瞻性的高度不断深化对经济关系和劳动关系发展规律、工人阶级队伍发展规律、工人运动和工会工作发展规律的认识，以理论创新推动工会工作体制创新和实践创新。

委托课题方向主要包括：

1. 深入研究、梳理和阐释习近平总书记关于工人阶级和工会工作的重要论述，丰富和拓展中国特色社会主义工会发展道路。

2. 深入研究如何贯彻落实中央党的群团工作会议精神，进一步增强“三性”、去除“四化”。

3. 深入研究全面从严治党条件下工会系统党建工作。

4. 深入研究如何把握我国工人运动时代主题，在统筹推进“五位一体”总体布局和协调推进“四个全面”战略布局中充分发挥工人阶级主力军作用。

5. 深入研究如何在职工群众中培育和践行社会主义核心价值观，不断发展工人阶级先进性。

6. 深入研究如何坚持竭诚为职工服务的出发点和落脚点，切实履行维护职工合法权益的基本职责。

7. 深入研究如何建立健全劳动关系协调机制，促进构建中国特色和谐劳动关系。

8. 深入研究如何落实“三个着力”要求，切实增强基层工会的吸引力凝聚力战斗力。

9. 深入研究如何提高工会工作法治化水平，在建设社会主义法治国家中充分发挥工会组织作用。

10. 深入研究如何推进工会涉外和港澳台工作，更好地服从服务国家工作大局。

11. 深入研究如何适应新形势新任务新要求，进一步加强工会改革创新。

委托课题题目可采取召开课题选题会或向有关单位、部门、专家征集等方式，拟定课题题目，报领导审定。

二、委托课题的申报与审定

委托课题应采取公开申报或定向委托方式确定课题承担单位和课题负责人。公开申报课题面向社会、公平竞争，对外发布招标公告，择优确定承担单位。

课题申报单位应为具有独立法人资格和研究能力的高等院校、研究机构、咨询机构。鼓励理论研究部门与实际工作部门合作开展研究。不宜接受个人直接申报。

课题负责人应当在社会科学理论研究领域有较高的学术造诣；有与课题相关的研究经历；有组织高水平研究团队完成课题的管理和协调能力；有完成课题的良好信誉。

课题申报单位根据申报公告，在规定时间填写并正式提交《课题申报书》。工会研究部门组织进行对课题申报单位和课题负责人的资格审查工作，对《课题申报书》进行初步审查。

工会研究部门邀请相关专家组成课题评审组，对通过资格审查的《课题申报书》进行评审。课题评审组独立行使评审职能，人数一般不少于5人。工会研究部门根据专家评审意见，择优拟定课题承担单位，经报领导同意，发布评审结果公告，并通知课题负责人。课题可实行开题报告会制度，通过开题报告的课题承担单位，与工会研究部门签订《课题任务书》，作为课题实施、督促检查、结题验收的依据。课题承担单位接到评审结果通知后，需在10个工作日内，将签章后的《课题任务书》报送至工会研究部门。因课题承担单位原因逾期未签订《课题任务书》按自动放弃处理。未通过开题报告的课题承担单位，须根据开题报告会专家意见和工会研究部门要求对开题报告作出修改，在规定时间内再次提交。仍未通过的，不得承担课题任务。

三、委托课题的监管与结题

课题研究应在约定的时间内完成。课题负责人有义务确保课题研究的进度与质量，与工会研究部门保持经常联系和沟通，报告进展情况，接受业务指导。课题承担单位如果需要变更实施方案，须提交书面报告，经批准后，方可执行。

课题管理一般实行中期评估制度，由课题负责人向评审专家组报告进展情况，确保课题按预期进度与方向进行。如课题进展过程中出现与原设计目标有所偏离的情况，须按评审专家的意见调整修改。课题承担单位或课题负责人在研究过程中，如发生严重政治问题、严重学术不端行为、严重合同违约行为等问题，应视情减拨、停拨、追缴课题经费，并将其列入不良记录名单，予以公开通报，3年内不再接受该单位或个人的课题申请。如调整目标、更改内容、变更课题负责人或出现不可抗力等对课题进度产生重大影响的情况，课题承担单位应向工会研究部门提出书面报告，经批准后方可进行。因特殊情况致使课题无法继续进行需终止的，由课题承担单位提出书面报告，经批准后，办理终止手续。因课题承担单位自身因素致使课题研究进度严重滞后、标准降低或出现其他与《课题任务书》要求不符的情况，将视情况予以处理。

课题应实行结题验收制度。课题承担单位按时提交课题研究总报告及其摘要，并提交《结题申请书》。验收专家组由工会研究部门邀请相关专家组成，独立行使评审职能。各评审专家须提出是否予以结题的书面意见，对结题报告进行优秀、合格或不合格的等级评定，并注明具体理由和修改建议。通过结题验收的课题，承担单位须根据专家意见进一步修改完善，提交正式的课题报告文本。未通过结题验收的研究课题，须根据验收专家的意见作出修改，在规定时间内再次提交《结题申请书》。仍未通过验收的，将课题承担者列入不良记录名单，3 年内不再受理其课题申请。课题通过评审且课题经费通过决算审查后，向课题承担单位出具结题证明。

四、委托课题的成果与经费

课题研究结束后，课题承担单位须出具纸质并加盖单位公章的结题报告书，并与课题成果一并在规定时间内送交工会研究部门。课题的成果形式须在《课题任务书》中注明，一般应为课题总报告和若干份分报告。所有未正式公开的研究内容、原始数据、重要结论，未经许可，课题承担单位和课题组成员不得以任何单位或个人名义对外泄露和公开发布，涉密内容严格按照国家有关密级规定执行。

课题经费管理按照国家和工会有关课题研究经费管理办法执行。课题研究经费拨付到课题承担单位的银行账户。课题经费开支范围主要包括文献资料费、调研差旅费、会议费、专家咨询费、劳务费、管理费等。课题组应严格按照规定的开支范围使用经费，如出现超出开支范围的违规花费，财务部门将不予报销并扣除相应数额经费。已在课题承担单位报销的违规花费，须全部退回。对完成情况优秀的课题承担单位，将建立诚信档案，在以后申报课题时予以优先考虑。对未按期完成和未通过验收的课题承担单位，将视情况扣减和追缴经费。课题承担单位未能完成课题研究，或主动放弃课题研究的，须向工会研究部门提交书面报告，并退回已拨经费。

课题研究经费使用要严格执行国家、地方和本级工会有关财务规定。课题经费账目管理混乱或滥用经费的，将视情况给予警告、通报批评、收回经费直至取消申请课题资格等处理，并予以公布。情况严重的，依法追究课题承担单位以及课题负责人的法律责任。

第四章

工会调研工作文件

十八届中央政治局关于改进工作作风、密切联系群众的八项规定

中共中央政治局2012年12月4日召开会议，审议中央政治局关于改进工作作风、密切联系群众的八项规定。

一、中央政治局全体同志要改进调查研究，到基层调研要深入了解真实情况，总结经验、研究问题、解决困难、指导工作，向群众学习、向实践学习，多同群众座谈，多同干部谈心，多商量讨论，多解剖典型。

二、要精简会议活动，切实改进会风，严格控制以中央名义召开的各类全国性会议和举行的重大活动，不开泛泛部署工作和提要求的会，未经中央批准一律不出席各类剪彩、奠基活动和庆祝会、纪念会、表彰会、博览会、研讨会及各类论坛；提高会议实效，开短会、讲短话，力戒空话、套话。

二、要精简文件简报，切实改进文风，没有实质内容、可发可不发的文件、简报一律不发。

四、要规范出访活动，从外交工作大局需要出发合理安排出访活动，严格控制出访随行人员，严格按照规定乘坐交通工具，一般不安排中资机构、华侨华人、留学生代表等到机场迎送。

五、要改进警卫工作，坚持有利于联系群众的原则，减少交通管制，一般情况下不得封路、不清场闭馆。

六、要改进新闻报道，中央政治局同志出席会议和活动应根据工作需要、新闻价值、社会效果决定是否报道，进一步压缩报道的数量、字数、时长。

七、要严格文稿发表，除中央统一安排外，个人不公开出版著作、讲话单行本，不发贺信、贺电，不题词、题字。

八、要厉行勤俭节约，严格遵守廉洁从政有关规定，严格执行住房、车辆配备等有关工作和生活待遇的规定。

关于贯彻中央改进工作作风、密切联系群众八项规定的实施办法

（2016 年 7 月 7 日，总工发〔2016〕9 号）

为更好地贯彻落实《十八届中央政治局关于改进工作作风、密切联系群众的八项规定》，根据中办、国办《贯彻落实〈十八届中央政治局关于改进工作作风、密切联系群众的八项规定〉实施细则》以及中央有关规定，结合工会工作实际，对全总《关于贯彻中央改进工作作风、密切联系群众八项规定的实施办法》（总工发〔2012〕80 号）修订如下。

一、改进调查研究

1. 注重实际效果。全总领导和各驻会全国产业工会，全总各部门、各直属单位负责同志到基层调研，要围绕职工群众普遍关心的热点和工会工作难点问题，事先提出调研题目，明确调研任务。要深入基层一线、深入职工群众，既到工作开展好的地方去总结经验，更到困难较多、情况复杂、矛盾尖锐的地方去调研解决问题，力求准确、全面、深入了解情况，形成有价值的调研成果，并及时做好调研成果的转化工作，防止调研工作走形式、走过场。

2. 简化陪同接待。全总书记处第一书记外出调研，陪同的全总有关单位负责同志不超过 3 人，省（区、市）总工会陪同的负责同志不超过 2 人；全总其他领导外出调研，陪同的全总有关单位负责同志不超过 2 人，省（区、市）总工会由 1 位负责同志陪同。除全总书记处第一书记外，全总其他领导调研时，可结合分管工作听取省（区、市）总工会工作汇报，召开小型座谈会，一般不召开全省（区、市）性工作汇报会。全总领导到省（区、市）调研要统筹安排，原则上不同时到同一省（区、市）调研。全总各单位负责同志调研，随行工作人员一般不超过 2 人。

全总领导外出调研要简化形式，厉行节约。地方工会不张贴悬挂标语

横幅，不摆放花草，不超规格安排住宿，不赠送纪念品或土特产，工作餐不上高档菜肴，不安排到名胜古迹、风景区参观。

3. 建立与职工群众联系的长效机制。健全完善工会领导机关联系基层工会和职工制度，严格执行全总机关党员干部直接联系职工群众、建立基层联系点等制度规定，深入基层开展调查研究、宣传政策法规、指导帮助工作、解决突出问题。坚持工会领导干部定期接访制度，协调解决职工群众切身利益问题。健全完善全总机关干部赴基层挂职任职制度和与干部群众谈心、征集群众意见制度，广泛听取和反映职工群众意见建议。

二、精简会议表彰

4. 严格控制会议活动数量规模。严格执行《全国总工会机关会议费管理实施办法》，严格会议审批，控制会议数量，压缩会议规模，提高会议质量。除按规定召开的中国工会全国代表大会、“五一”庆祝大会、执委会议、主席团会议、经审会议、女工委会议以外，能不开的会议坚决不开，可以合并召开的会议坚决合并。能够以电视电话会议形式召开的，一般不集中开会，不请外地同志到主会场参会。

各驻会全国产业工会全委会、常委会，全总部门召开的业务工作会议，原则上只安排全总分管或联系的领导同志出席，不请各省级工会负责同志参加。不得以培训名义召开会议，不得召开联谊会或轮流做东的“片会”。

5. 严格控制会议活动经费。全国性会议一般在北京召开，需要在京外召开的，不得到中央明令禁止的风景名胜区召开；能在工会所属会议场所召开的会议，不到社会性会议场所召开。不得提高会议用餐、住宿标准，不得用公款组织娱乐、健身活动，不得发放礼品、纪念品。会议活动现场布置要简朴。

要严格管理和审核会议经费开支，不得以任何方式对下转嫁或摊派会议经费，未经批准以及超范围、超标准开支的费用一律不予报销。

6. 规范评比达标表彰和培训。严格执行中央和全总加强评比达标表彰活动管理的有关规定，按照批准的项目制订计划、开展活动，不得擅自变更，不得层层配套设立相应的评比达标表彰项目，严格控制即时表彰项目。活动经费纳入预算管理，严格遵守财经纪律和财务规定，不得以任何方式向参评单位和个人收取费用或变相收取费用。

举办培训班要严格执行审批制度，严格控制培训数量、时间、规模，严格执行分类培训经费开支标准，严格控制培训经费支出范围。全总机关举办的以工会干部为对象的各类培训班由全总组织部统一归口管理，培训费用由全总财务部列入年度预算。各主办单位不得以任何名义收取办班费用，不得在培训经费中列支公务接待费、会议费等与培训无关的任何费用，不得以培训名义安排公款宴请、公款旅游等活动。

三、精简文件简报

7. 严格控制文件简报数量。严格控制以全总和全总办公厅名义印发的文件简报，没有实质内容、可发可不发的一律不发，内容重复的一律不发。各级工会工作的重要动态、举措、经验、问题及工作意见建议，统一通过《全国总工会简报》报党中央、国务院。全总领导同志在以全总名义召开的会议、全总与有关部委联合召开的会议、全总部门召开的业务工作会议上的讲话，以《办公厅通报》形式印发。全总领导同志在培训班、研讨会、座谈会、论坛等的讲话，可在《工会工作通讯》、各部门《工作情况交流》和各驻会全国产业工会简报刊发，原则上不再发文。中央国家机关有关部委的文件，原则上不下发或转发。除全总、全总办公厅和授权的有关部门外，各驻会全国产业工会、全总其他部门不得向下级总工会发文。

各驻会全国产业工会、全总各部门实行发文字号备案制度，各驻会全国产业工会和全总授权的部门保留一“发”一“函”，全总其他部门保留一“字”一“函”，经全总办公厅备案后，由各单位办公室（综合处）集中管理、统一编号。全总非常设机构、议事协调机构、协会等的发文字号，按照全总办公厅《关于规范发文字号的通知》执行。全总办公厅保留《工会工作通讯》，各驻会全国产业工会保留 1 份工作简报，全总各部门编发的工作指导性资料统一以《工作情况交流》编印，原则上不再另外编办简报和内部资料刊物。已在全总门户网站和工会工作网络平台发布的信息，不再编发简报。

8. 提高文件简报质量和时效。认真执行《工会机关公文处理办法》规定的行文规则，规范文件和简报的报送程序和格式，加强综合协调和审核把关，切实提高运转效率。加快推进机关信息化建设，充分发挥全总门户网站和工会工作网络平台的作用，及时发布和更新工作动态、信息和典型经验。

9. 严格文稿发表、书籍出版和外出讲课。除统一安排外，全总领导个人不公开出版著作，不发贺信、贺电，不题词、题字。全总机关出版各类书籍和刊物由全总宣传教育部统一归口管理，不得向下摊派购买书籍或转嫁出书费用（包括不公开发行的内部资料）。

全总机关工作人员一般不外出讲课，如因工作需要确须外出讲课要严格审批。各单位主要负责同志外出讲课报全总书记处第一书记批准，其他负责同志报全总分管领导批准，处级及以下工作人员报单位主要负责同志批准。

四、规范因公出国（境）

10. 规范因公出国（境）管理。全总领导因公出国（境）审批，根据党中央、国务院的有关规定执行，每年年初向中央对外联络部报送计划，经批准后实施。各驻会全国产业工会、全总各部门、各直属单位的因公出国（境），按照全总《因公出国（境）管理规定》和外出审批报备工作有关规定执行，全总局级干部、直属单位领导班子成员因公出国（境）须报中央纪委驻全总机关纪检组备案。

因公临时出国（境）实行计划审批管理。全总国际联络部根据工作需要制订全总年度因公临时出国（境）计划，认真执行报批制度，严格控制总量和规模，规范经费管理，不得安排照顾性或无实质内容的一般性出访，不得安排考察性出访。

11. 简化机场迎送和接待工作。全总领导出访，由全总国际联络部办理要客本人及 1 名随员的免检免验礼遇，其他人员按照正常程序办理手续。全总书记处第一书记因公出国（境）抵离京时，可安排全总办公厅、国际联络部各 1 位负责同志到机场迎送；全总其他领导因公出国（境），原则上不安排有关部门负责同志前往机场迎送。外方所赠礼品严格按照国家有关规定处理。

五、改进新闻报道

12. 简化会议活动新闻报道。要根据工作需要、新闻价值、社会效果决定是否报道，进一步压缩报道的数量、字数。重要的工会全国性会议活动，协调中央主要媒体播发不超过500字的消息，工人日报安排不超过800字的头条新闻。全总领导出席工会重要会议活动，工人日报发消息。全总书记处第一书记的报道，原则上不超过800字，一般安排在头条新闻之后，特别重要的可发头条新闻；全总其他领导的报道，一般发简短消息或标题新闻。全总领导出席各省（区、市）党委工会工作会议、工会代表大会，工人日报发不超过600字的消息。

13. 规范调研和重要专项工作新闻报道。全总书记处第一书记调研活动如需公开报道，工人日报发不超过600字的消息；全总其他领导调研活动原则上不公开报道。全总书记处第一书记到地方送温暖，工人日报发不超过600字的消息；全总其他领导送温暖活动，工人日报发综合消息。

全总书记处第一书记出访及会见外国工会代表团，工人日报发不超过400字的消息；全总其他领导的会见活动不安排公开报道。

全总领导参加指导地方特大抢险救灾、处理重大安全事故和重大突发事件等，在应急阶段，工人日报头版发不超过500字的消息；工作进入常态后，工人日报综合报道工作进展情况，不再单独报道全总领导活动。

14. 加强新闻报道的统筹协调。全总新闻中心负责工会新闻报道工作的统筹协调、统一发布、归口管理。工人日报、中工网和各地工会新闻媒体要注重发挥新兴媒体优势，充分报道工会相关新闻，丰富报道形式，扩大工会的社会影响。

六、厉行勤俭节约

15. 规范国内公务接待。认真落实中央有关规定和《全总机关厉行节约反对浪费实施办法》，按照国内公务接待管理办法，建立公务接待审批控制制度和清单制度。严格控制接待范围，认真履行审批程序，严禁超标准安排住宿、用餐、公务用车等。

16. 严格执行公务用车、办公用房等规定。按照中央和全总有关规定，严格专用车辆配备，不得擅自扩大专用车辆配备范围或变相配备专用车辆；从严配备实行定向保障的公务用车；严格按规定使用公务用车，严格按照规定年限更新公务用车。从严控制全总机关、各直属单位办公用房建设，不得违反规定新建办公用房项目，确需新建、改建、扩建、购置、置换、维修改造、租赁办公用房，必须严格按规定履行审批程序；建立健全办公用房集中统一管理制度，严格按照有关标准和本单位“三定”方案，从严核实、使用办公用房，领导干部退休或者调离时应当及时腾退并由原单位收回办公用房。

各省（区、市）总工会，中华全国铁路总工会、中国民航工会、中国金融工会，中共中央直属机关工会联合会、中央国家机关工会联合会要结合各自实际建立健全相关制度。各驻会全国产业工会和全总各部门、各直属单位要严格执行本办法。

本办法自修订之日起执行。此前印发的有关规定，凡与本办法不一致的，以本办法为准。

全国总工会机关党员干部直接联系群众建立基层联系点等五项制度的实施办法

（2016年7月8日，总工办发〔2016〕19号）

为深入学习贯彻党的十八大和十八届三中、四中、五中全会精神，习近平总书记系列重要讲话精神特别是关于工人阶级与工会工作的重要论述，认真落实中央《关于完善党员干部直接联系群众制度的意见》和《全国总工会改革试点工作方案》，模范践行党的宗旨、群众路线和“三严三实”要求，扎实推进“两学一做”学习教育，着力增强工会工作和工会组织的政治性先进性群众性，着力去除机关化、行政化、贵族化、娱乐化等脱离职工群众现象，着力做强基层，着力改革创新，充分发挥工会密切联系职工群众的优良传统和全总机关的表率作用，加强对基层工会和职工群众的联系力度、指导力度、服务力度，不断增强全总机关的影响力凝聚力战斗力，带动各级工会更好地发挥党联系职工群众的桥梁纽带作用，让职工群众真正感受到工会是“职工之家”、工会干部是最可信赖的“娘家人”，更好地肩负起引导职工群众听党话、跟党走的政治责任，特制定本实施办法。

一、建立健全基层联系点制度

（一）每名全总党组成员、书记处书记和各驻会产业工会、全总各部门分别建立1个县级（或乡镇、街道、开发区、工业园区）工会和1个企业工会联系点。基层联系点一般不重复交叉，一个基层联系点固定联系的时间不少于1年，也可以长期联系。

（二）建立基层联系点的主要任务：（1）开展调查研究。根据基层工会和职工群众普遍关心的热点难点问题，每年确定1个重点课题开展调查研究，形成专题调研报告。（2）宣传政策法规。深入宣传习近平总书记系列重要讲话精神，宣传党的路线方针政策，宣传中国特色社会主义工会发展道路和全总的工作部署，宣传劳模精神、劳动精神、工匠精神和工人阶级的伟大品格，宣传保障职工权益的法律法规和工会维护职工权益的重要举措，回应职工群众关切的热点问题。(3) 指导工会工作。围绕全总工作部署和工会重点工作，指导帮助当地工会建强基层组织、谋划工作思路、破解工作难题、抓好工作落实。(4) 指导开展学习教育。贯彻落实中央部署和全总的要求，指导基层工会组织开展“两学一做”学习教育等各项教育，为工会工作创新发展提供坚强有力的思想政治保证。(5) 征求意见建议。深入基层联系点了解基层工会干部和职工群众的学习、思想、工作、生活情况，广泛征求意见建议，倾听职工群众的呼声，沟通思想、增强感情、广交朋友。(6) 推动解决问题。推动基层工会积极适应我国经济发展的新常态，努力实现好维护好发展好广大职工群众的合法权益，推动职工群众在共建共享发展中有更多获得感，维护职工队伍与社会和谐稳定。(7) 培养宣传典型。尊重基层和职工群众的首创精神，总结宣传推广基层工会工作经验，发现和培养典型，发挥先进典型在推进工作、引领风尚中的示范作用。(8) 锻炼机关干部。组织机关党员干部特别是青年干部深入基层联系点，在生产工作第一线和艰苦复杂环境中接受锻炼、经受考验，不断提升能力素质，提高做好群众工作的水平。

（三）全总党组成员、书记处书记每人每年深入每个基层联系点指导工作不少于 1 次。各驻会产业工会、全总各部门由领导班子成员带队，每年深入每个基层联系点指导工作不少于 2 次。

二、健全完善调查研究制度

（一）全总党组成员、书记处书记和各驻会产业工会、全总各部门每年确定 1—2 个重点调研课题，围绕全总中心工作和职工群众普遍关心的热点难点问题，深入基层开展经常性调查研究；适时召开不同层次、不同类别的座谈会，广泛了解基层情况；根据分管和对口指导关系，经常深入全总各直属单位开展调查研究。每名全总党组成员年度调研时间累计不少于 30 天，形成 1 篇以上调研成果，并推动做好调研成果的转化工作。

（二）机关党员干部到基层驻点调研，一般要深入到乡镇（街道）工会、企业和车间、班组进行蹲点调研，与职工群众打成一片，与一线职工进行面对面交谈；走访慰问困难职工家庭，做到对困难和问题集中的企业与职工“必访”，对企业生产发展和职工权益实现情况“必清”；既到工作开展好的地方去总结经验，也到困难较多、情况复杂、矛盾尖锐的地方去解决问题，通过解剖麻雀、认识规律，更好地帮助解决职工群众最关心最直接最现实的利益问题和最困难最操心最忧虑的实际问题。

三、健全完善基层挂职任职制度

（一）研究制定全总机关干部挂职任职和实践锻炼计划，加强与有关部委、地方党政机关、工会组织和基层企事业单位的沟通协调，选派优秀机关干部特别是年轻干部和没有基层工作经历的干部，到基层生产和工作第一线以及条件艰苦的地方挂职任职，接受锻炼。

（二）没有基层工作经历的机关干部，累计挂职锻炼时间应在 2 年以上，挂职期间原则上与原单位工作脱钩。可通过援藏、援疆、扶贫、挂职、基层锻炼、信访岗位锻炼等多种方式，不断拓宽机关干部挂职锻炼渠道。

（三）加强对挂职任职干部的监督管理和实绩考核，完善挂职任职干部联系人制度、请假制度、考察和鉴定制度，坚持做好干部结束挂职任职任务后的总结工作。把完成重大任务、应对重大事件作为锻炼和检验干部的重要阵地，引导挂职任职干部自觉践行党的群众路线，增进与职工群众的感情，切实提高解决复杂、棘手问题的能力和开展群众工作的水平。

四、健全完善定期接待群众来访制度

（一）每月安排 1 次全总党组成员、书记处书记参加接访。接待职工群众来访以在信访接待室定点接访为主，也可采取重点约访、专题接访、带案下访等方式进行。适应形势发展需要，充分运用“12351 职工维权热线”“领导电子信箱”等方式，进一步创新和拓宽工会领导干部接访的形式。

（二）全总党组成员、书记处书记开展接访时，应围绕党和国家工作大局和工会工作重点，立足工会组织特点，发挥自身优势，主动疏导来访职工群众情绪，主动了解社情民意，主动回应来访职工群众关切，主动参与矛盾化解。

（三）完善工会领导干部接待职工群众来访登记、交办、办结制度，建立工作台账，明确承办单位和责任人，推动解决职工群众的合理诉求。

五、健全完善谈心和征求意见制度

（一）把谈心活动制度化、常态化，全总党组成员之间每年至少开展1次谈心活动，党组书记与各驻会产业工会、全总各部门、各直属单位主要负责同志每年至少开展1次谈心活动，党组成员与所分管单位局级干部之间每年至少开展1次谈心活动。各驻会产业工会、全总各部门领导班子成员之间每年至少开展2次谈心活动，领导班子成员与所分管处室党员干部每年至少开展2次谈心活动。

（二）谈心活动可与领导班子专题民主生活会准备工作结合起来，主要了解党员干部的学习、思想、工作、生活情况，坦诚相见，推心置腹地谈心交心，肯定成绩、指出不足，明确方向、鞭策鼓励；虚心听取意见建议，帮助解决思想和实际问题，达到沟通思想、交换意见、消除隔阂、增进共识的目的。

（三）健全完善全总党组和各驻会产业工会、全总各部门领导班子定期征求基层及职工群众意见制度，通过基层调研、座谈会、设立意见箱、公开热线电话、发放征求意见卡等方式，就经济社会发展中的重要问题和广大职工群众最关心最直接最现实的利益问题，倾听基层工会的意见和职工群众的呼声，以适当方式反馈或公布职工群众意见采纳处理情况。

（四）充分利用现代科技手段，拓宽职工意见表达渠道，探索建立网上群众工作制度，逐步建立机关党员干部与职工网民有效沟通机制，通过网络手段和博客、微博、微信、论坛等平台，广泛听取职工群众意见，做好对职工网民的宣传引导工作。工会界人大代表、政协委员认真履行职责，密切同广大职工群众的联系，通过走访慰问、结对联系、个别访谈、民主恳谈等多种方式，广泛听取和反映职工群众的意见建议，及时向有关地区或部门反映，作为科学决策的重要依据。

六、加强组织领导，抓好贯彻落实

（一）落实工作责任。全总机关党员干部直接联系群众工作。在全总党组领导下，全总机关党建工作领导小组负责组织协调工作，研究制定年度规划，细化工作安排，定期分析研究工作情况，指导解决相关问题。全总党组成员、书记处书记和各驻会产业工会、全总各部门领导班子按照责任分工，认真履行职责，狠抓工作落实。

（二）加强考核监督。建立全总机关党员干部直接联系群众工作档案，对联系基层和服务职工的组织领导工作、参与人员、驻点时间、职工意见、所办事项、办理结果、职工评价等内容进行翔实记录，作为督促检查和考核评价的重要依据，定期通报工作情况。加强同所联系基层单位的信息沟通，及时了解基层和职工群众的反映，自觉接受监督。

（三）加大宣传力度。认真搞好思想发动，组织引导机关党员干部积极参加联系基层工作。定期选树一批全总机关直接联系基层、服务职工的示范点，认真总结推广经验。发挥工会宣传舆论阵地作用，及时报道全总和各级工会机关直接联系基层和服务职工的工作部署、进展及成效，提高影响力和传播面，形成正确导向，营造良好舆论氛围。

（四）改进工作作风。全总机关党员干部深入基层要坚决执行中央八项规定精神，坚决反对“四风”，严格遵守党的“六项纪律”，深入基层联系点一步到位、不搞层层陪同，轻车简从、简化接待，杜绝接受吃请和礼品，不给基层添麻烦、增负担，避免影响各地工会的正常工作和基层企业、广大职工的日常生产生活。对于违规违纪、损害基层和群众利益、造成负面影响的行为，按照有关规定严肃处理。

（五）总结汇报情况。各驻会产业工会、全总各部门直接联系基层和职工群众工作情况，每半年向全总机关党建工作领导小组汇报 1 次。全总机关党建工作领导小组办公室汇总情况后向全总党组和中央有关部门汇报。

中华全国总工会关于加强调查研究和理论研究的意见

（2016 年 8 月 20 日，总工发〔2016〕14 号）

调查研究与理论研究是工会一项重要的基础性工作，是做好领导工作的一项基本功。习近平总书记强调指出："要经常、广泛、深入开展调查研究，努力把真实情况掌握得更多一些、把客观规律认识得更透一些。""要深入开展新时期工会理论研究，从理论和实践的结合上加以研究和探索。"为深入学习贯彻习近平总书记重要指示精神特别是"七一"重要讲话提出的一系列新思想、新观点、新论断，深化理论研究阐释，进一步加强工会调查研究与理论研究工作，在党和国家工作大局中更好地发挥工会组织作用，提出以下意见。

一、加强调查研究和理论研究的重大意义、指导思想、基本原则和主要方法

（一）重大意义。加强调查研究和理论研究，是强化理论武装、坚持和拓展中国特色社会主义工会发展道路的必然要求，是工会围绕中心服务大局、更好地履职尽责的现实需要，是锐意改革创新、提升工会工作水平的重要保证。只有加强调查研究和理论研究，加强顶层设计，提高从战略上、全局上认识和看待工人运动、工会组织和工会工作的能力，才能更好地坚守工会工作主战场、完成工会工作中心任务、履行工会的政治责任，更好地组织、引导和服务职工群众，代表和维护广大职工合法权益。

（二）指导思想。高举中国特色社会主义伟大旗帜，以邓小平理论、"三个代表"重要思想、科学发展观为指导，深入贯彻习近平总书记系列重要讲话精神，按照统筹推进"五位一体"总体布局和协调推进"四个全面"战略布局的要求，贯彻中央党的群团工作会议重要部署，突出为实现中国梦而奋斗这个我国工人运动的时代主题，坚持和拓展中国特色社会主义工会发展道路，牢固树立和努力践行创新、协调、绿色、开放、共享的

发展理念，以理论创新推动工会体制创新、机制创新、工作创新，为更好地发挥工会在决胜全面建成小康社会中的重要作用提供理论支撑。

（三）基本原则。坚持正确政治方向，始终坚持党的基本理论、基本路线、基本纲领、基本经验、基本要求，在大局下思考、在大局下研究；坚持问题导向，理论联系实际，着力研究事关工会工作全局的基础性、整体性、前瞻性问题，把党政关注的焦点、职工反映的热点、工会工作的难点作为研究的重点，把解决实际问题、推进工作创新作为理论研究的出发点和落脚点；坚持群众路线，深入职工群众、深入基层一线，尊重基层干部与群众的首创精神，从职工群众中汲取智慧。

（四）主要方法。坚持辩证唯物主义和历史唯物主义的立场、观点和方法，大力弘扬求真务实精神，深入实际调查研究，准确把握时代特征和国情会情，做到宏观研究与微观研究相结合，基础理论研究与现实政策研究相结合，历史经验总结、现实问题研究与发展趋势研判相结合，研究解决问题与推广典型经验相结合，研究国内问题与借鉴国外经验相结合，探索研究与成果转化相结合，发挥骨干作用与动员全会力量相结合，工会研究力量与社会研究力量相结合。

二、加强调查研究和理论研究的主要内容

（五）深入研究、梳理和阐释习近平总书记关于工人阶级和工会工作的重要论述，丰富和拓展中国特色社会主义工会发展道路。重点是习近平总书记关于工人阶级和工会工作重要论述的科学内涵及内在逻辑，在此基础上开展问题界定、学理研究、规律阐释、实际运用；中国工会的性质地位、特点优势及其与西方工会的本质区别；社会主义市场经济条件下工会工作的规律等问题研究。

（六）深入研究如何贯彻落实中央党的群团工作会议精神，进一步增强“三性”、去除“四化”。重点是保持和增强工会工作和工会组织政治性先进性群众性的理论意义和实践意义，在保持和增强“三性”方面存在的突出问题及原因，保持和增强“三性”的总体思路和具体措施；工会工作和工会组织中机关化行政化贵族化娱乐化现象的主要表现、实质及其危害，产生“四化”问题的原因和症结，防止和克服“四化”现象的具体措

施等问题研究。

（七）深入研究全面从严治党条件下工会系统党建工作。重点是研究工会系统如何坚持从严治党、依规治党，严格执行《中国共产党廉洁自律准则》《中国共产党纪律处分条例》《中国共产党问责条例》，严守党的政治纪律和政治规矩；研究工会系统党组如何担负起全面从严治党主体责任，发挥领导核心作用，提高党组工作制度化、规范化、程序化水平，保持党的先进性和纯洁性；研究如何大力加强工会系统党风廉政建设和反腐败工作，落实党风廉政建设“两个责任”；研究如何严肃党内政治生活、净化党内政治生态，认真落实“一岗双责”，坚持民主集中制，带班子带队伍带作风，强化党建基层基础工作，把党的领导落实在日常的严格管理和监督上；研究工会系统加强作风建设常态化、长效化的制度机制，严格执行中央八项规定精神，持之以恒纠正“四风”，营造风清气正的政治环境。

（八）深入研究如何把握我国工人运动时代主题，在统筹推进“五位一体”总体布局、协调推进“四个全面”战略布局中充分发挥工人阶级主力军作用。重点是如何更好地贯彻落实全心全意依靠工人阶级的根本方针、巩固工人阶级的领导地位；工人阶级在经济社会发展中的重要作用和贡献；在供给侧结构性改革的新形势下如何更有效地调动职工参与劳动、充分发挥主力军作用积极性、主动性、创造性；我国工人阶级的总体规模、内部结构、群体特征、发展趋势；如何更加有效地把在非公企业、新兴产业、社会组织中就业的职工和农民工组织到工会中来；新形势下如何充分发挥工会“大学校”作用，提高职工思想道德素质、科学文化素质、技术技能素质等问题研究。

（九）深入研究如何在职工群众中培育和践行社会主义核心价值观，不断发展工人阶级先进性。重点是新的时代条件下劳动对于推进人类社会进步的重大意义；劳模精神、劳动精神的时代内涵和特征；大力弘扬新时期工匠精神，培养执着专注、精益求精、一丝不苟、追求卓越的职业素养；劳模精神、劳动精神和工匠精神在培育和践行社会主义核心价值观中的重要地位和作用；新形势下职工群众价值观念、行为取向等方面的新变化；互联网、新媒体等现代传播手段和方式对职工特别是青年职工的重大影响等问题研究。

（十）深入研究如何坚持竭诚为职工服务的出发点和落脚点，切实履行维护职工合法权益的基本职责。重点是服务职工的相关法律、政策；把工会维权工作纳入党委和政府主导的维护群众权益机制；把促进企业发展与维护职工权益切实统一起来；发挥工会服务阵地作用，构建服务职工保障体系长效机制；加强对农民工的服务等问题研究。

（十一）深入研究如何建立健全劳动关系协调机制，促进构建中国特色和谐劳动关系。重点是我国劳动关系的性质特点、发展规律；当前经济发展新常态下劳动关系热点、难点问题研究，着力分析劳动关系矛盾的表现、走势及对经济发展和社会稳定的影响；发挥政府和工会联席会议制度、协调劳动关系三方机制、基层民主协商制度的作用；发挥劳动合同、集体合同、职工代表大会、厂务公开、职工董事职工监事制度的作用，建立健全劳动关系纠纷预警和调处机制；职工群体性事件产生和演变的原因；自贸区劳动关系市场化、法治化、国际化的特点等问题研究。

（十二）深入研究如何落实“三个着力”要求，切实增强基层工会的吸引力凝聚力战斗力。重点是如何优化组织设置和制度设计，尽快把农民工和在新兴产业中灵活就业的劳动者组织到工会中来；如何通过改进基层工会的组织体制、运行机制，增强工会回应职工诉求、为职工服务的动力和能力，激发基层活力；如何发挥工会系统的组织和制度优势，坚持重心下移，将更多的精力和资源向基层倾斜，为基层工会提供更加有力的引领、服务和保障等问题研究。

（十三）深入研究如何提高工会工作法治化水平，在建设社会主义法治国家中充分发挥工会组织作用。重点是在推进科学立法、严格执法、公正司法、全民守法中，工会肩负的责任；如何立足工会特点，更有效地组织和代表职工群众参与立法、监督执法；如何创新网络普法，更好运用新媒体提高职工依法维权理性维权水平；如何运用法治思维和法治方式开展工会工作，把工会工作纳入法治轨道；如何加强工会工作的制度机制建设，强化内部管理、严格工作程序，不断提高工会工作科学化法治化水平等问题研究。

（十四）深入研究如何推进工会涉外和港澳台工作，更好地服从服务

国家工作大局。重点是如何配合国家总体外交和对外开放部署，围绕国家“一带一路”战略，发挥工会民间外交优势；跨太平洋伙伴关系协定（TPP）、跨大西洋贸易与投资伙伴协议（TTIP）等新的国际经贸协定谈判和全球供应链中有关劳工标准发展新动向及其对我国企业、职工和工会工作的影响；如何在涉外劳动关系中有效维护我国工人合法权益的法理、规则与实现方式，为我国企业“走出去”提供支持；国际工运历史、现状和趋势，市场经济国家工会协调劳动关系的成败得失；如何有效参与国际治理，积极推动变革不合理的国际工运秩序，提出中国主张，不断增强我国工会的影响力、话语权；如何发挥工会独特优势，广泛深入争取港澳台职工人心，扩大爱国统一战线等问题研究。

（十五）深入研究如何适应新形势新任务新要求，进一步加强工会改革创新。重点是新形势下工会改革的重要性紧迫性；工会组织体制、运行机制、活动方式、工作方法等方面存在的突出问题；工会改革的方向路径、重点任务、动力和突破口；推进工会改革创新应注意把握的原则和相关问题；工会历次改革的经验做法；如何适应网络化环境，运用大数据等现代信息技术，打造网上网下相互促进、有机融合的工会工作新平台，增强工会工作活力等问题研究。

三、加强调查研究和理论研究的制度机制建设

（十六）坚持和完善工会领导机关、领导干部的调研工作制度。把深入基层开展调查研究和加强工会理论研究列入各级工会领导机关的重要议事日程，切实加强组织领导。工会领导干部带头深入基层调查研究，主要负责人亲自主持重大课题的调研。全国总工会侧重于基础理论、工作方针研究；省（区、市）总工会侧重于应用理论、贯彻工作方针研究；市、县级总工会侧重于具体工作研究，及时反映突出问题；基层工会特别是企业工会着重了解职工的基本情况和突出问题；各级产业工会侧重于产业职工队伍、劳动关系和产业政策、劳动标准等问题研究，开展具有行业特色和产业工会工作共性问题研究，充分发挥各级工会组织的特点和优势。研究课题的确定、研究力量的组织、研究方式的选择、研究成果的论证、转化和奖励等各环节要规范化制度化。

（十七）坚持和完善重要决策调研论证制度。把调查研究贯穿于决策的全过程，真正成为决策的必经程序。凡事关工会发展的全局性问题，事关职工群众切身利益的重大问题，以及影响较大的热点、难点问题，坚持做到不调研不决策、先调研后决策。提交讨论的重要决策方案，要经过深入调查研究，特别是涉及职工群众切身利益的重要政策措施出台，要广泛听取职工群众意见，赢得职工群众的理解、认同和支持。

（十八）健全完善机关干部联系点制度。进一步完善机关干部直接联系群众和基层联系点制度，每名全国总工会党组成员、书记处书记和各驻会全国产业工会、全国总工会各部门分别建立1个县级（或乡镇、街道、开发区、工业园区）工会和1个企业工会联系点，深入基层蹲点调研，注重到条件差、基础薄弱的地方去了解实情、解决问题、推动工作；全国总工会党组成员、书记处书记每人每年深入每个基层联系点指导工作不少于1次，各驻会全国产业工会、全国总工会各部门由领导班子成员带队，每年深入每个基层联系点指导工作不少于2次。把深入基层服务职工成效作为干部考核的重要内容，全国总工会领导班子成员每年到基层联系服务职工群众不少于30天，形成1篇以上调研成果，及时做好调研成果的转化工作，确保下基层活动常态化、制度化。

（十九）改进和完善工会统计调查制度。适应职工和工会工作创新发展的需要，完善工会统计调查指标体系，科学规范工会统计调查标准，调整和改进创新统计调查方法；加强对统计调查数据资料的开发、利用和管理，增强数据的权威性、真实性，提高工会数据资源的利用价值与效能，更好地服务工会全局工作。

（二十）建立研究成果转化和宣传普及制度。发挥《工人日报》《中国工运》等工会宣传阵地作用，办好《中国劳动关系学院学报》等各级工会理论研究刊物，编辑出版工会理论培训教材和宣传读物；充分运用手机、互联网、微博、微信等新媒体，健全中工网等工会网站的理论研究栏目，及时发布工会调查研究和理论政策研究成果、宣传工会的政策主张，有效引导舆论，推动优秀工会调查研究和理论政策研究成果大众化；把握新形势下理论宣传规律，把优秀的研究成果及时转化成为党和政府领导和支持工会工作的决策参考，转化成为工会开展工作的谋事之基、成事之道，转化成为社会共识。

（二十一）坚持开门搞研究。争取各级党校、行政院校在教学和教材中增加马克思主义工会理论的内容，在学员阅读书目中增加相关内容；加强工会理论研究部门与党政机关及其研究机构、高校、社会科学研究院（所）和社会各界的联系，发挥全总工会理论研究会（中国特色社会主义工会发展道路研究会）作用，采取联合调研、委托调研、调研招标等方式，吸收有关专家学者参加工会理论政策研究；及时了解国际工运动态，深入分析国际工运思潮，加强工会理论研究的国际交流，翻译介绍我国工会理论研究的优秀成果，宣传中国特色社会主义工会发展道路；充分发挥中国工运研究所、中国劳动关系学院等人才密集、信息密集优势，集中力量开展工会基础理论等问题的研究。

（二十二）建设高素质的工会理论研究队伍。建立健全培养人才、吸引人才、用好人才的良好机制，培养一批马克思主义工会理论和劳动关系研究专家、学术带头人和中青年理论骨干，造就一支热爱党的工会事业，具有扎实理论素养、丰富业务知识、过硬调研能力的工会理论研究队伍；举办研究骨干培训班，不断提高他们的理论素养和调研能力；关心工会理论研究工作者的工作、学习和生活，帮助他们解决实际困难，表彰他们的贡献，鼓励多出成果、出好成果。

（二十三）加大开展调查研究和理论研究工作的投入。把工会调查研究和理论研究费用列入工会经费预算；对承担国家社科基金项目的课题组提供必要的经费补助；加强工会理论研究图书信息资料和设备建设，设立工会理论研究图书馆（室）和电子信息库；会同中国劳动关系学院等院校，加强工会工作学科建设，设立马克思主义工会理论课程，编写马克思主义工会理论教材，争取将工会工作研究列入国家哲学社会科学研究规划。

充分发挥工会调查研究和理论研究的基础性作用

——《中华全国总工会关于加强调查研究和理论研究的意见》的解读

2016年8月20日，全总制定印发了《中华全国总工会关于加强调查研究和理论研究的意见》（总工发〔2016〕14号，以下简称《意见》），提出了加强工会调查研究和理论研究的重大意义、指导思想、基本原则、主要方法、重点内容和制度机制，是全总改革重要成果之一。

一、制定《意见》的重要意义

调查研究和理论研究是工会工作成事之基、谋事之道。制定《意见》，为学习研究和阐释习近平总书记关于工人阶级和工会工作的重要论述，研究推进工会系统改革创新，进一步提高工会调查研究和理论研究水平，丰富和拓展中国特色社会主义工会发展道路，提供了重要保证。

（一）有利于强化理论武装、坚持和拓展中国特色社会主义工会发展道路。全总成立90多年来特别是改革开放以来，在党的领导下，从理论上积极探索，在实践上不懈奋斗，探索形成的中国特色社会主义工会发展道路，是对党领导的工运理论创新与工会实践经验的科学总结，是我们党关于新时期工人阶级和工会工作重要思想的集中体现，是对马克思主义工运理论的继承和发展。坚持和拓展这条道路，不仅要全面把握科学性，深刻理解必然性，而且要十分明了现实的复杂性和发展的探索性，不断破解前进中遇到的新问题。只有这样，才能在各种思潮的交流与碰撞面前保持战略定力，增强道路自信、理论自信、制度自信、文化自信，始终保持工会工作的正确方向。制定《意见》有利于指导各级工会增强理论的坚定性，紧跟党的理论创新步伐，加强调查研究和理论研究，坚持马克思主义在工会意识形态领域的主导地位，为坚持拓展中国特色社会主义工会发展道路提供更加有力的思想指引。

（二）有利于各级工会围绕中心服务大局、更好地履职尽责。2015年1月，党中央印发《关于加强和改进党的群团工作的意见》，3月，党中央、国务院印发《关于构建和谐劳动关系的意见》，4月，党中央、国务院召开庆祝“五一”国际劳动节暨表彰全国劳动模范和先进工作者大会，7月，党中央首次召开中央党的群团工作会议。这些重要文件和会议，为做好新形势下工会工作创造了更加有利的条件，也提出了新的更高要求。只有加强调查研究和工运理论研究，提高从战略上、全局上认识和看待工人运动、工会组织和工会工作的能力，才能更好地坚守工会工作主战场、完成工会工作中心任务、履行工会的政治责任，更好地组织、引导和服务职工群众，代表和维护职工群众合法权益。制定《意见》有利于指导各级工会深入研究现代科技革命背景下产业演化规律、经济关系和劳动关系变化规律、新型工业化城镇化背景下职工队伍发展规律等与工会工作密切相关的重大问题，把握当代我国工人运动和工会工作发展规律，遵循群众工作的规律，找准工会工作的定位，更好地在大局下思考行动、更好地紧扣中心履职尽责。

（三）有利于各级工会锐意改革创新、提升工作水平。习近平总书记指出，要经常、广泛、深入开展调查研究，努力把真实情况掌握得更多一些、把客观规律认识得更透一些，为协调推进“四个全面”战略布局打下扎实的工作基础。当前，我国经济发展进入新常态，深化供给侧结构性改革，加快培育新的发展动能，改造提升传统比较优势，去产能、去库存、去杠杆、降成本、补短板的任务更加繁重。在劳动关系和职工权益实现方面，受经济下行等因素的影响，出现了不少新情况、新问题，工会工作面临一系列新的挑战。面对新情况新问题，制定《意见》有利于指导各级工会一方面在实践中去探索、去试验，敢于摸着石头过河，另一方面更加重视发挥理论的指导作用，用科学的指引增强实践探索的针对性、实效性。

（四）有利于加强自身建设、打造学习型服务型高效型工会组织。是否重视抓理论研究和建设，不断提高新形势下的学习适应能力，是对各级工会组织特别是领导机关工作水平的一个重要检验。制定《意见》有利于指导各级工会面对新机遇新挑战，不断把实践中的感性认识上升到理性的高度，创造性地开展工作，将加强理论学习和研究作为能力建设的重要基础性工作。

二、制定《意见》的主要考虑和《意见》的基本框架

2009年，全总印发《关于进一步加强工会理论研究工作的意见》（总工发〔2009〕49号），为各级工会加强调查研究和理论研究工作、从理论上丰富和拓展中国特色社会主义工会发展道路提供了有力指引。随着职工队伍、劳动关系等形势任务的发展变化，这个意见已经不完全适应新实践新要求。形势发展需要我们围绕加强调查研究和理论研究的重大意义、指导思想、基本原则、主要方法、主要内容和制度机制建设等，重新制定意见，做到指向清晰、内容明确，制度管用、行之有效。

2015年11月9日，习近平总书记主持召开中央全面深化改革领导小组第18次会议，审议通过《全国总工会改革试点方案》，对推进党的群团改革作出重要指示、提出明确要求。《全国总工会改革试点方案》提出，要加强和改进工会理论研究工作，深入学习领会习近平总书记系列重要讲话精神特别是关于工人阶级和工会工作的新思想、新观点、新要求，紧密结合我国经济关系、劳动关系和工人阶级队伍发展变化的实际，健全深入基层调查研究和理论研究制度，以理论创新推动工会实践创新和制度创新。《全国总工会改革试点工作责任分工》明确提出，要健全深入基层调查研究和理论研究制度。为此，我们着手研究制定《意见》，为各级工会加强调查研究和理论研究、谋划推进工会改革创新提供政策指导。

在制定《意见》过程中，主要从3个方面着手：一是深入学习贯彻习近平总书记关于工人阶级和工会工作的重要论述，认真领会关于开展调查研究和理论研究的重要指示精神。包括学习《习近平总书记系列重要讲话读本》（2016年版）中关于“提高解决改革发展基本问题的本领——关于科学的思想方法和工作方法”，特别是“调查研究是一项基本功”的有关论述；习近平总书记在哲学社会科学工作座谈会上的重要讲话精神；关于深入开展新时期工会理论研究的重要指示精神等，力求把总书记重要讲话精神体现到《意见》中。二是认真学习李建国同志和李玉赋同志关于加强调查研究和理论研究的重要指示精神，特别是2015年6月16日在纪念中华全国总工会成立90周年理论研讨会上李建国同志的致辞和李玉赋同志

的讲话，把相关精神体现到《意见》中。三是借鉴吸收《关于进一步加强工会理论研究工作的意见》的相关内容，作为起草的重要参考。同时，注意与全总其他文件的衔接。《关于贯彻中央改进工作作风、密切联系群众八项规定的实施办法》（总工发〔2016〕9号）和《全国总工会机关党员干部直接联系群众建立基层联系点等五项制度实施办法》（总工办发〔2016〕19号）两个文件中也有关于改进调查研究和建立健全基层联系点制度等内容。我们进行对照，使文件精神、表述等相统一。

《意见》共分3个方面23项。

一是加强调查研究和理论研究的重大意义、指导思想、基本原则和主要方法等4项内容。

二是加强调查研究和理论研究的主要内容，包括深入研究、梳理和阐释习近平总书记关于工人阶级和工会工作的重要论述，丰富和拓展中国特色社会主义工会发展道路；深入研究如何贯彻落实中央党的群团工作会议精神，进一步增强“三性”、去除“四化”；深入研究全面从严治党条件下工会系统党建工作；深入研究如何把握我国工人运动时代主题，在统筹推进“五位一体”总体布局、协调推进“四个全面”战略布局中充分发挥工人阶级主力军作用；深入研究如何在职工群众中培育和践行社会主义核心价值观，不断发展工人阶级先进性；深入研究如何坚持竭诚为职工服务的出发点和落脚点，切实履行维护职工合法权益的基本职责；深入研究如何建立健全劳动关系协调机制，促进构建中国特色和谐劳动关系；深入研究如何落实“三个着力”要求，切实增强基层工会的吸引力凝聚力战斗力；深入研究如何提高工会工作法治化水平，在建设社会主义法治国家中充分发挥工会组织作用；深入研究如何推进工会涉外和港澳台工作，更好地服从服务国家工作大局；深入研究如何适应新形势新任务新要求，进一步加强工会改革创新，共11项内容。

三是加强调查研究和理论研究的制度机制建设，包括坚持和完善工会领导机关、领导干部的调研工作制度，坚持和完善重要决策调研论证制度，健全完善机关干部联系点制度，改进和完善工会统计调查制度，建立研究成果转化和宣传普及制度，坚持开门搞研究，建设高素质的工会理论研究队伍，加大开展调查研究和理论研究工作的投入，共8项内容。

其中，第二方面是《意见》的主体部分，11 项主要内容涵盖了工会工作的各方面，也都具有鲜明的时代特色，每一项都可以成为一个研究课题，是对当前和今后一个时期工会调查研究和理论研究工作的高度凝练。

三、《意见》提出的工会理论研究的重要问题及方向

正确把握工会工作面临的新形势、新机遇、新挑战，在统筹推进“五位一体”总体布局和协调推进“四个全面”战略布局中更好发挥作用，需要研究的问题很多，应该集中力量、突出重点。《意见》着力研究事关工会工作全局的基础性、整体性、前瞻性问题，从理论和实践的结合上深入探索、理清思路、推动实践。

（一）深入研究、梳理和阐释习近平总书记关于工人阶级和工会工作的重要论述，丰富和拓展中国特色社会主义工会发展道路。习近平总书记高度重视工人阶级和工会工作，多次发表重要讲话、作出重要指示，对工人阶级的地位作用、工人运动的时代主题，工会走什么样的发展道路、发挥什么作用、如何发挥作用，建设什么样的工会、怎样建设工会等作出重要论述。这些重要论述，具有十分重大的现实意义和理论指导意义，是推进新形势下工会工作的强大思想武器，为工会工作指明了前进方向，也提出了工会理论研究的时代课题。当前和今后一个时期，工会理论研究的中心任务，就是深入研究习近平总书记关于工人阶级和工会工作重要论述的科学内涵及内在逻辑，在此基础上开展问题界定、学理研究、规律阐释、实际运用；深入研究如何牢固树立“四个意识”，坚定不移地维护习近平总书记的核心地位，切实在思想上高度信赖、理论上深刻认同、政治上坚决维护、行动上始终紧跟习近平总书记这一党中央的核心、全党的核心；深入研究中国工会的性质地位、特点优势及其与西方工会的本质区别；加强对社会主义市场经济条件下工会工作的规律等问题的研究。

（二）深入研究如何贯彻落实中央党的群团工作会议精神，进一步增强“三性”、去除“四化”。中央党的群团工作会议对包括工会组织在内的群团工作的改革创新提出了明确要求。习近平总书记的重要讲话鲜明提出加强和改进新形势下党的群团工作，最重要的是保持和增强政治性、先进性、群众性。这“三性”，抓住了群团工作的本质属性，确立了群团组织

的基本定位，深刻回答了群团事业坚持什么原则、朝着什么目标努力的问题，是党中央对群团工作最重要最根本的要求。中央党的群团工作会议深刻分析了群团工作面临的突出矛盾和问题，集中剖析了一些群团组织中存在的“机关化、行政化、贵族化、娱乐化”现象，明确指出这些问题实质是脱离群众，必须下决心进行纠正。这些分析鞭辟入里、振聋发聩、发人深省。各级工会要深入研究保持和增强“三性”的理论意义和实践意义，找出保持和增强“三性”方面存在的突出问题及原因，提出切实可行的思路和具体措施；要深入研究工会工作和工会组织中“四化”现象的主要表现、实质及其危害，产生“四化”问题的原因和症结，防止和克服“四化”现象的具体措施等。

（三）深入研究全面从严治党条件下工会系统党建工作。党的十八届六中全会科学分析了全面从严治党面临的形势和任务，系统总结了近年来特别是党的十八大以来全面从严治党的理论和实践，就新形势下加强党的建设作出新的重大部署。各级工会要深入研究全面从严治党的重大意义，准确把握新形势下加强和规范党内政治生活的基本精神，认真贯彻加强党内监督的基本要求；深入研究如何坚持从严治党、依规治党，严格执行《关于新形势下党内政治生活的若干准则》《中国共产党廉洁自律准则》《中国共产党纪律处分条例》《中国共产党问责条例》《中国共产党党内监督条例》等党内法规，严守党的政治纪律和政治规矩；深入研究工会系统党组如何担负起全面从严治党主体责任，发挥领导核心作用，提高党组工作制度化、规范化、程序化水平，保持党的先进性纯洁性；研究如何大力加强工会系统党风廉洁建设和反腐败工作，落实党风廉洁建设“两个责任”；研究如何严肃党内政治生活、净化党内政治生态，认真落实“一岗双责”，坚持民主集中制，带班子带队伍带作风，强化党建基层基础工作，把党的领导落实在日常的严格管理和监督上，不断增强党内政治生活的政治性、时代性、原则性、战斗性；研究工会系统加强作风建设常态化、长效化的制度机制，严格执行中央八项规定精神，持之以恒纠正“四风”，营造风清气正的政治生态等问题。

（四）深入研究如何把握我国工人运动时代主题，在统筹推进“五位一体”总体布局和协调推进“四个全面”战略布局中充分发挥工人阶级主

力军作用。习近平总书记指出，工人阶级和广大劳动群众始终是推动我国经济社会发展、维护社会安定团结的根本力量；我国工人运动的时代主题是为实现中华民族伟大复兴的中国梦而奋斗；那种无视我国工人阶级成长进步的观点，那种无视我国工人阶级主力军作用的观点，那种以为科技进步条件下工人阶级越来越无足轻重的观点，都是错误的、有害的。各级工会要针对经济社会发展变化对我国工人阶级队伍的重大影响，从推进国家治理体系和治理能力现代化的高度，深入研究如何更好地贯彻落实全心全意依靠工人阶级的方针、巩固工人阶级的领导阶级地位；研究我国工人阶级的总体规模、内部结构、群体特征、发展趋势，以及工人阶级在经济社会发展中重要作用和贡献；研究在供给侧结构性改革的新形势下如何更有效地调动职工参与劳动、充分发挥工人阶级在振兴实体经济中的主力军作用积极性主动性创造性；如何更加有效地把在非公企业、新兴产业、社会组织中就业的职工和农民工组织到工会中来；新形势下如何充分发挥工会“大学校”作用，提高职工思想道德素质、科学文化素质、技术技能素质等问题；研究如何大力推进新时期产业工人队伍建设改革，打造一支有理想守信念、懂技术会创新、敢担当讲奉献的宏大的产业工人队伍等问题。

（五）深入研究如何在职工群众中培育和践行社会主义核心价值观，不断发展工人阶级先进性。习近平总书记深刻指出，劳动是人类的本质活动，劳动光荣、创造伟大是对人类文明进步规律的重要诠释；实现中华民族伟大复兴的中国梦，根本上要靠包括广大工人阶级在内的全体人民的劳动、创造、奉献。在中国特色社会主义制度条件下，劳动者是国家的主人、社会的主人、企业发展的主人。各级工会要深入研究新的时代条件下劳动对于推进人类社会进步的重大意义；研究劳模精神、劳动精神、工匠精神的时代内涵和特征，劳模精神、劳动精神、工匠精神在培育和践行社会主义核心价值观中的重要地位和作用；研究如何叫响做实“大国工匠”品牌，大力弘扬新时期工匠精神，培养执着专注、精益求精、一丝不苟、追求卓越的职业素养；研究新形势下职工群众价值观念、行为取向等方面的新变化，特别是互联网、新媒体等现代传播手段和方式对职工的重大影响等问题。

（六）深入研究如何坚持竭诚为职工服务的出发点和落脚点，切实履

行维护职工合法权益的基本职责。维护职工合法权益的工作，事关职工切身利益，政策性很强，必须加强相关的法律研究、政策研究、机制研究，为工会维权工作提供法理、政策和制度保障。要深入研究如何更好地把工会维权工作纳入党委和政府主导的维护群众权益机制，进一步明确工会在维权工作中的定位；研究如何做好深化供给侧结构性改革中职工维权工作，关注钢铁、煤炭等行业化解过剩产能、处置“僵尸企业”和企业兼并重组中的职工权益维护问题，做好职工的思想引导、转岗安置、就业培训等工作；研究如何从理论和实践上把促进企业发展与维护职工权益切实统一起来，不断提高维权工作水平；研究如何提出更具操作性的工作资源配置原则和思路，把工作重心放在最广大普通职工特别是困难职工群众身上，既兼顾维权的全面性，又突出重点；还要研究如何在维护职工合法权益的同时加强对职工群众的服务，特别是加强对农民工的服务，做实做细普惠化服务，让全体会员都切实感受到加入工会真好、工会是真正的“职工之家”等问题。

（七）深入研究如何建立健全劳动关系协调机制，促进构建中国特色和谐劳动关系。中共中央、国务院《关于构建和谐劳动关系的意见》对构建中国特色和谐劳动关系作出了全面部署，对工会在推动构建和谐劳动关系中发挥作用提出了明确要求。要围绕提出的目标和任务，深入研究我国劳动关系的性质特点、发展规律，研究如何消除和化解不和谐因素、大力增加劳动关系的和谐因素；加强对当前经济发展新常态下劳动关系热点、难点问题的研究，着力分析劳动关系矛盾的表现、走势及对经济发展和社会稳定的影响；研究如何发挥政府和工会联席（联系）会议制度、协调劳动关系三方机制、基层民主协商制度的作用；如何发挥劳动合同、集体合同、职工代表大会、厂务公开、职工董事职工监事制度的作用，建立健全劳动关系纠纷预警和调处机制；研究如何积极稳妥推进工会联系引导劳动关系领域社会组织工作；加强对自贸区劳动关系市场化、法治化、国际化的特点等问题的研究。

（八）深入研究如何落实“三个着力”要求，切实增强基层工会的吸引力凝聚力战斗力。工会工作的基础在基层，突出难点也在基层。各级工会要深入学习贯彻习近平总书记关于加强基层工会建设的重要指示精神，研究如何扩大覆盖面、增强代表性，如何强化服务意识、提高维权能力，如何加强队伍建设、提升保障水平；研究如何优化组织设置和制度设计，尽快把农民工和在新兴产业中灵活就业的劳动者组织到工会中来；研究如何通过改进基层工会的组织体制、运行机制，增强工会回应职工诉求、为职工服务的动力和能力，激发基层活力；研究如何坚持职工主体地位，依靠职工建会，健全完善非公企业工会运行机制，破解非公企业工会工作难题，真正使基层工会建起来、转起来、活起来；研究如何发挥工会系统的组织和制度优势，坚持重心下移，将更多的精力和资源向基层倾斜，为基层工会提供更加有力的引领、服务和保障等问题。

（九）深入研究如何提高工会工作法治化水平，在建设社会主义法治国家中充分发挥工会组织作用。建设中国特色社会主义法治体系、建设社会主义法治国家，对工会工作提出了新的要求。要深入研究在推进科学立法、严格执法、公正司法、全民守法中，工会肩负什么样的责任，如何立足工会特点，更有效地组织和代表职工群众参与立法、监督执法、促进公正司法，引导职工群众尊法、学法、知法、守法；如何创新网络普法，在职工群众中广泛开展法治宣传教育，更好运用新媒体提高职工依法维权理性维权水平；研究如何运用法治思维和法治方式开展工会工作，把法律赋予职工和工会的权利用实用好，把工会工作纳入法治轨道，推动法治国家、法治政府、法治社会一体建设；研究如何加强工会工作的制度机制建设，遵守《中华人民共和国工会法》和《中国工会章程》，强化内部管理，严格工作程序，使各项工作更加规范有序，不断提高工会工作群众化、民主化、科学化、法治化水平等问题。

（十）深入研究如何推进工会涉外和港澳台工作，更好地服从服务国家工作大局。随着经济全球化的深入发展和我国对外开放的不断深化，资本、劳动的跨国流动加速，国际工运格局发生重大变化，劳动关系问题日益国际化，我国工会面临更加开放和复杂的环境。工会要提升战略思维能力、开阔世界眼光，深入研究如何配合国家总体外交和对外开放部署，围绕国家“一带一路”建设，发挥工会民间外交优势；要深入研究跨太平洋伙伴关系协定（TPP）、跨大西洋贸易与投资伙伴协议（TTIP）出现的新情况新问题、国际经贸协定谈判和全球供应链中有关劳工标准发展新动向及其对我国企业、职工和工会工作的影响；研究如何在涉外劳动关系中有效维护我国工人合法权益的法理、规则与实现方式，为我国企业“走出去”提供支持；研究国际工运历史、现状和趋势，总结市场经济国家工会协调劳动关系的成败得失；研究如何有效参与国际治理，积极推动变革不合理的国际工运秩序，提出中国主张，不断增强我国工会的影响力、话语权；研究如何发挥工会独特优势，广泛深入争取港澳台职工人心，扩大爱国统一战线等问题。

（十一）深入研究如何适应新形势新任务新要求，进一步加强工会改革创新。习近平总书记强调，时代在发展，事业在创新，工会工作也要发展、也要创新。全面深化改革是一场涉及各方面各领域的深刻革命，工会组织应该自觉运用改革精神谋划和推进工会工作。各级工会要深入研究新形势下工会改革的重要性紧迫性；研究工会组织体制、运行机制、活动方式、工作方法等方面存在的突出问题；研究工会历次改革的经验做法，工会改革的方向路径、重点任务、动力和突破口；研究推进工会改革创新应注意把握的原则和相关问题；研究如何把工会改革与基层工会建设紧密结合起来，使广大职工切实感受到改革带来的实效；研究如何适应网络化环境，运用大数据等现代信息技术，打造网上网下相互促进、有机融合的工会工作新平台，增强工会工作活力等问题。

四、深入贯彻落实《意见》的措施要求

调查研究与理论研究是工会一项重要的基础性工作。《意见》对加强调查研究和理论研究的制度机制建设提出了明确要求。各级工会要把深入基层开展调查研究和加强工会理论研究列入重要议事日程，切实加强领导、统筹安排，制定规划、完善机制，为工会调查研究与理论研究创新发展提供有力保障。总体上说，要从以下 6 个方面下功夫。

一是坚持理论研究的正确方向。习近平总书记关于工人阶级和工会工作的重要论述有一个鲜明的特点，那就是从政治上考量工会工作。工会工作政治性很强，开展工会调查研究和理论研究首要的是坚持正确的政治方向。要注重提高政治能力，坚定站稳政治立场，从政治上观察和分析问题，提高政治敏锐性和鉴别力，始终坚持党的基本理论、基本路线、基本

纲领、基本经验、基本要求，谋大势、识大体，在大局下思考和行动。

二是坚持理论研究的问题导向。坚持问题导向，是以习近平同志为核心的党中央治国理政的一个显著特点。工会理论研究要从我国的国情出发，把党委和政府关注的焦点、职工群众反映的热点、工会工作的难点作为研究的重点，把解决实际问题、推进工作创新作为理论研究的着眼点和落脚点，理论联系实际，抓住工会面临的重大理论问题和实践问题，有针对性地进行研究思考，做到提出问题、分析问题并找到解决问题的办法和方案。

三是提高调查研究的科学水平。理论研究必须建立在研究者个人富有主动精神、创新精神和奉献精神的劳动基础上。但在当前这样一个信息化的时代，理论研究更需要体系的力量和综合的手段。要依靠工会内外理论工作者与实际工作者的智慧和力量，综合运用哲学、政治、经济、社会、管理、法律、心理等多学科知识，系统思维、博采众长，把基础理论研究与政策研究相结合，历史经验总结、现实问题探讨与发展趋势研判相结合，研究国内问题与借鉴国外经验相结合，鼓励探索深层次问题，提高研究的理论深度，努力站到学术前沿，增强理论品质，不断提高研究的科学化水平。在开展研究中坚持群众路线，从群众中来到群众中去，尊重基层与群众的首创精神。注重对研究成果的实践检验，坚持结论出在调查研究之后，坚持用事实说话、用道理服人。

四是推进工会理论研究的力量整合。要拓宽研究思路、凝聚各方智慧，把工会研究部门与实际工作部门、产业工会和地方工会的力量组织起来开展研究，主动争取党委和政府部门及大专院校、科研机构等社会力量的支持，共同推动工会理论的研究和发展。要建立健全培养人才、吸引人才、用好人才的良好机制，培养一批马克思主义工会理论和劳动关系研究专家、学术带头人和中青年理论骨干，造就一支热爱党的工会事业，具有扎实理论素养、丰富业务知识、过硬调研能力的工会理论研究队伍，不断壮大工会工作的研究力量。

五是促进理论研究成果的转化运用。要探索适合工会理论研究发展规律的成果转化机制，把优秀的研究成果及时转化成为党和政府的决策依据，转化成为工会领导机关开展工作的谋事之基，转化成为社会各界的共识，使工会理论研究成果及时回应新形势下广大职工群众对工会工作的新期盼。

六是加大对研究工作的保障力度。要从经费上加大投入，把工会调查研究和理论研究费用列入工会经费预算；对承担国家社科基金项目的课题组提供必要的经费补助。要重视和关心工会理论研究工作者的工作、学习和生活，帮助他们解除后顾之忧，支持他们潜心工作，多出成果、多出人才，努力续写中国工会理论研究的新篇章。

全总工会理论研究会（中国特色社会主义工会发展道路研究会）章程

（2017年3月29日，总工办发〔2017〕11号）

第一章　总则

第一条　本会名称为：全总工会理论研究会（中国特色社会主义工会发展道路研究会）。

第二条　全总工会理论研究会（中国特色社会主义工会发展道路研究会）是由现任和曾任全总领导的有关同志以及全总从事工运理论研究的相关部门和单位组成的理论性、学术性、非营利性的机关内部团体。

第三条　本会的宗旨：高举中国特色社会主义伟大旗帜，以马列主义、毛泽东思想、邓小平理论、“三个代表”重要思想、科学发展观为指导，深入学习贯彻习近平总书记系列重要讲话精神和治国理政新理念新思想新战略，牢固树立政治意识、大局意识、核心意识、看齐意识，坚持党的领导，坚持服务工会工作全局，坚持理论联系实际，坚持继承与创新相结合，总结经验、深化内涵，不断丰富中国特色社会主义工会发展道路的实践特色、理论特色、时代特色，为推进工会理论创新、制度创新和实践创新贡献力量。

第四条　本会的业务主管单位是中华全国总工会，在全总党组、书记处领导下开展工作。

第二章　职能和活动方式

第五条　全总工会理论研究会（中国特色社会主义工会发展道路研究会）的职能：

（一）宣传贯彻党中央关于工人阶级和工会工作的理论和路线方针政策，开展中国特色社会主义道路与中国特色社会主义工会发展道路关系研究，开展有关坚持和拓展中国特色社会主义工会发展道路的重大理论和实践问题研究；

（二）开展中国特色社会主义工会发展道路宣传普及工作；

（三）开展工会基础理论、工会工作重大理论和实践问题、工运史、国际工运理论以及我国劳动关系问题研究；

（四）开展工会法、劳动法等法律法规研究；

（五）完成全总党组、书记处交办的工作任务。

第六条 全总工会理论研究会（中国特色社会主义工会发展道路研究会）采取课题制、项目制方式开展工作，主要委托高等院校、研究机构或咨询机构进行课题研究。

第三章 组织机构

第七条 本会设常务理事会，由会长 1 名、常务副会长 1 名、副会长若干名、常务理事若干名、秘书长 1 名组成。常务理事会原则上每年召开 1 次，由会长或委托常务副会长、副会长、秘书长召集，根据工作需要也可酌情临时召开；负责研究讨论研究会工作制度、工作规划，重点课题的立项、评审，以及研究成果的应用、转化和推广等重大事项。

第八条 会长由全总分管研究工作的领导同志担任，常务副会长、副会长由全总曾经和现在分管研究工作的领导同志担任，常务理事由全总研究室、中国工运研究所、中国劳动关系学院、工人日报社和工人出版社负责同志担任，秘书长由全总研究室主要负责同志兼任。

第九条 本会下设办公室，负责研究起草相关制度和工作规划，做好组织协调、课题管理、日常服务等工作；负责拟定重点课题，做好课题的立项、初期审查、中期评估、终期审定和研究成果的发布、应用、转化、推广等工作。

第十条 会长、常务副会长、副会长、常务理事、秘书长实行替补制。各组成单位人员发生变动时，由研究会办公室提出替补建议，报研究会会长、常务副会长、副会长同意后，由研究会办公室进行备案。

第四章　课题和经费管理

第十一条　研究会会同全总有关部门制定具体的课题管理办法，确保课题研究顺利开展和经费有效使用。

第十二条　本会经费用于本章程规定的业务范围，由中华全国总工会拨付，设立专项，由全总研究室代管，专款专用。

第五章　附则

第十三条　本章程自2017年3月29日开始执行。

第十四条　本章程由本会常务理事会负责解释。

工会机关公文处理办法

（2012年7月26日，总工办发〔2012〕35号）

第一章　总则

第一条　为了适应工会机关工作需要，推进工会机关公文处理工作科学化、制度化、规范化，根据《党政机关公文处理工作条例》，制定本办法。

第二条　本办法适用于各级工会机关公文处理工作。

第三条　工会机关公文是工会机关实施领导、履行职能、处理公务的具有特定效力和规范体式的文书，是传达贯彻党和国家的方针政策，贯彻落实党中央关于工人阶级和工会工作的重要指示精神，指导、布置和商洽工作，请示和答复问题，报告、通报和交流情况等的重要工具。

第四条　公文处理工作是指公文拟制、办理、管理等一系列相互关联、衔接有序的工作。

第五条　公文处理工作应当坚持实事求是、准确规范、精简高效、安全保密的原则。

第六条　各级工会机关应当高度重视公文处理工作，加强组织领导，强化队伍建设，设立文秘部门或者由专人负责公文处理工作。

第七条　各级工会机关办公厅（室）主管本机关的公文处理工作，并对下级机关的公文处理工作进行业务指导和督促检查。

第二章　公文种类

第八条　公文种类主要有：

（一）决议。适用于会议讨论通过的重大决策事项。

（二）决定。适用于对重要事项作出决策和部署、奖惩有关单位和人员、变更或者撤销下级机关不适当的决定事项。

（三）通告。适用于在一定范围内公布应当遵守或者周知的事项。

（四）意见。适用于对重要问题提出见解和处理办法。

（五）通知。适用于发布、传达要求下级机关执行和有关单位周知或者执行的事项，批转、转发公文。

（六）通报。适用于表彰先进、批评错误、传达重要精神和告知重要情况。

（七）报告。适用于向上级机关汇报工作、反映情况，回复上级机关的询问。

（八）请示。适用于向上级机关请求指示、批准。

（九）批复。适用于答复下级机关请示事项。

（十）函。适用于不相隶属机关之间商洽工作、询问和答复问题、请求批准和答复审批事项。

（十一）纪要。适用于记载会议主要情况和议定事项。

第三章　公文格式

第九条　公文一般由份号、密级和保密期限、紧急程度、发文机关标志、发文字号、签发人、标题、主送机关、正文、附件说明、发文机关署名、成文日期、印章、附注、附件、抄送机关、印发机关和印发日期、页码等组成。

（一）份号。公文印制份数的顺序号。涉密公文应当标注份号。

（二）密级和保密期限。公文的秘密等级和保密的期限。涉密公文应当根据涉密程度分别标注“绝密”“机密”“秘密”和保密期限。

（三）紧急程度。公文送达和办理的时限要求。根据紧急程度，紧急公文应当分别标注“特急”“加急”，电报应当分别标注“特提”“特急”“加急”“平急”。

（四）发文机关标志。由发文机关全称或者规范化简称加“文件”二字组成，也可以使用发文机关全称或者规范化简称。联合行文时，发文机关标志可以并用联合发文机关名称，也可以单独用主办机关名称。

（五）发文字号。由发文机关代字、年份、发文顺序号组成。联合行文时，使用主办机关的发文字号。

（六）签发人。上行文应当标注签发人姓名。

（七）标题。由发文机关名称、事由和文种组成。

（八）主送机关。公文的主要受理机关，应当使用机关全称、规范化简称或者同类型机关统称。

（九）正文。公文的主体，用来表述公文的内容。

（十）附件说明。公文附件的顺序号和名称。

（十一）发文机关署名。署发文机关全称或者规范化简称。

（十二）成文日期。署会议通过或者发文机关负责人签发的日期。联合行文时，署最后签发机关负责人签发的日期。

（十三）印章。公文中有发文机关署名的，应当加盖发文机关印章，并与署名机关相符。有特定发文机关标志的普发性公文和电报可以不加盖印章。

（十四）附注。公文印发传达范围等需要说明的事项。

（十五）附件。公文正文的说明、补充或者参考资料。

（十六）抄送机关。除主送机关外需要执行或者知晓公文内容的其他机关，应当使用机关全称、规范化简称或者同类型机关统称。

（十七）印发机关和印发日期。公文的送印机关和送印日期。

（十八）页码。公文页数顺序号。

第十条　公文的版式按照《党政机关公文格式》国家标准执行。

第十一条　公文使用的汉字、数字、外文字符、计量单位和标点符号等，按照有关国家标准和规定执行。民族自治地方工会的公文，可以并用汉字和当地通用的少数民族文字。

第十二条　公文用纸幅面采用国际标准 A4 型。特殊形式的公文用纸幅面，根据实际需要确定。

第四章　行文规则

第十三条　行文应当确有必要，讲求实效，注重针对性和可操作性。

第十四条　行文关系根据隶属关系和职权范围确定。一般不得越级行文，特殊情况需要越级行文的，应当同时抄送被越过的机关。

第十五条　向上级机关行文，应当遵循以下规则：

（一）原则上主送一个上级机关，根据需要同时抄送相关上级机关和同级机关，不抄送下级机关。

（二）工会机关的部门、产业工会向上级机关的相关部门、产业工会请示、报告重大事项，应当经本级工会同意或者授权；属于部门、产业工会职权范围内的事项应当直接报送上级机关的相关部门、产业工会。

（三）下级机关的请示事项，如需以本机关名义向上级机关请示，应当提出倾向性意见后上报，不得原文转报上级机关。

（四）请示应当一文一事。不得在报告等非请示性公文中夹带请示事项。

（五）除上级机关负责人直接交办事项外，不得以本机关名义向上级机关负责人报送公文，不得以本机关负责人名义向上级机关报送公文。

（六）受双重领导的机关向一个上级机关行文，必要时抄送另一个上级机关。

第十六条 向下级机关行文，应当遵循以下规则：

（一）主送受理机关，根据需要抄送相关机关。重要行文应当同时抄送发文机关的直接上级机关。

（二）工会机关的办公厅（室）根据本级工会授权，可以向下级工会行文，其他部门、产业工会不得向下级工会行文。需经本级工会审批的具体事项，经本级工会同意后可以授权由工会职能部门行文，文中须注明已经本级工会同意。

（三）工会机关的部门在各自职权范围内，可以向下级工会机关的相关部门行文。

（四）产业工会在各自职权范围内，可以向下级产业工会和产业内企事业单位工会行文。

（五）上级机关向受双重领导的下级机关行文，必要时抄送该下级机关的另一个上级机关。

第十七条 同级工会机关、工会机关与其他同级机关必要时可以联合行文。

同级工会机关、工会机关的内设部门、产业工会依据职权可以相互行文。

工会机关的内设部门除办公厅（室）外不得对外正式行文。

产业工会在各自职权范围内，可以向相关的政府部门，行业联合会、协会和企事业单位行文。

第五章　公文拟制

第十八条　公文拟制包括公文的起草、审核、签发等程序。

第十九条　公文起草应当做到：

（一）符合国家法律法规和党的路线方针政策，符合党中央关于工人阶级和工会工作的重要指示精神，完整准确体现发文机关意图，并同现行有关公文相衔接。

（二）一切从实际出发，分析问题实事求是，所提政策措施和办法切实可行。

（三）内容简洁，主题突出，观点鲜明，结构严谨，表述准确，文字精炼。

（四）文种正确，格式规范。

（五）深入调查研究，充分进行论证，广泛听取意见。

（六）公文涉及其他地区或者部门职权范围内的事项，起草单位必须征求相关地区或者部门意见，力求达成一致。

（七）工会机关负责人应当主持、指导重要公文起草工作。

第二十条　公文文稿签发前，应当由发文机关办公厅（室）进行审核。审核的重点是：

（一）行文理由是否充分，行文依据是否准确。

（二）内容是否符合国家法律法规和党的路线方针政策，符合党中央关于工人阶级和工会工作重要指示精神；是否完整准确体现发文机关意图；是否同现行有关公文相衔接；所提政策措施和办法是否切实可行。

（三）涉及有关地区或者部门职权范围内的事项是否经过充分协商并达成一致意见。

（四）文种是否正确，格式是否规范；人名、地名、时间、数字、段落顺序、引文等是否准确；文字、数字、计量单位和标点符号等用法是否规范。

（五）其他内容是否符合公文起草的有关要求。

需要发文机关审议的重要公文文稿，审议前由发文机关办公厅（室）进行初核。

第二十一条 经审核不宜发文的公文文稿，应当退回起草单位并说明理由；符合发文条件但内容需作进一步研究和修改的，由起草单位修改后重新报送。

第二十二条 公文应当经本机关负责人审批签发。重要公文和上行文由机关主要负责人签发。工会的办公厅（室）根据本级工会授权制发的公文，按照有关规定签发。签发人签发公文，应当签署意见、姓名和完整日期；圈阅或者签名的，视为同意。联合发文由所有联署机关的负责人会签。

第六章 公文办理

第二十三条 公文办理包括收文办理、发文办理和整理归档。

第二十四条 收文办理主要程序是：

（一）签收。对收到的公文应当逐件清点，核对无误后签字或者盖章，并注明签收时间。

（二）登记。对公文的主要信息和办理情况应当详细记载。

（三）初审。对收到的公文应当进行初审。初审的重点是：是否应当由本机关办理，是否符合行文规则，文种、格式是否符合要求，涉及其他地区或者部门职权范围内的事项是否已经协商、会签，是否符合公文起草的其他要求。经初审不符合规定的公文，应当及时退回来文单位并说明理由。

（四）承办。阅知性公文应当根据公文内容、要求和工作需要确定范围后分送。批办性公文应当提出拟办意见报本机关负责人批示或者转有关部门办理；需要两个以上部门办理的，应当明确主办部门。紧急公文应当明确办理时限。承办部门对交办的公文应当及时办理，有明确办理时限要求的应当在规定时限内办理完毕。

（五）传阅。根据领导批示和工作需要将公文及时送传阅对象阅知或者批示。办理公文传阅应当随时掌握公文去向，不得漏传、误传、延误。

（六）催办。及时了解掌握公文的办理进展情况，督促承办部门按期办结。紧急公文或者重要公文应当由专人负责催办。

（七）答复。公文的办理结果应当及时答复来文单位，并根据需要告知相关单位。

第二十五条　发文办理主要程序是：

（一）复核。已经发文机关负责人签批的公文，印发前应当对公文的审批手续、内容、文种、格式等进行复核；需作实质性修改的，应当报原签批人复审。

（二）登记。对复核后的公文，应当确定发文字号、分送范围和印制份数并详细记载。

（三）印制。公文印制必须确保质量和时效。涉密公文应当在符合保密要求的场所印制。

（四）核发。公文印制完毕，应当对公文的文字、格式和印刷质量进行检查后分发。

第二十六条　涉密公文应当通过机要交通、邮政机要通信、城市机要文件交换站或者收发件机关机要收发人员进行传递，通过密码电报或者符合国家保密规定的计算机信息系统进行传输。

第二十七条　需要归档的公文及有关材料，应当根据有关档案法律法规以及机关档案管理规定，及时收集齐全、整理归档。两个以上机关联合办理的公文，原件由主办机关归档，相关机关保存复制件。工会机关负责人兼任其他机关职务的，在履行所兼职务过程中形成的公文，由其兼职机关归档。其他机关的负责人兼任工会职务的，在履行所兼职务过程中形成的公文，由工会机关归档。

第七章　公文管理

第二十八条　各级工会机关应当建立健全本机关公文管理制度，确保管理严格规范，充分发挥公文效用。

第二十九条　工会机关公文由文秘部门或者专人统一管理。设立党委（党组）的县级以上单位应当建立机要保密室和机要阅文室，并按照有关保密规定配备工作人员和必要的安全保密设施设备。

第三十条 公文确定密级前，应当按照拟定的密级先行采取保密措施。确定密级后，应当按照所定密级严格管理。绝密级公文应当由专人管理。

公文的密级需要变更或者解除的，由原确定密级的机关或者其上级机关决定。

第三十一条 公文的印发传达范围应当按照发文机关的要求执行；需要变更的，应当经发文机关批准。

涉密公文公开发布前应当履行解密程序。公开发布的时间、形式和渠道，由发文机关确定。

经批准公开发布的公文，同发文机关正式印发的公文具有同等效力。

第三十二条 复制、汇编机密级、秘密级公文，应当符合有关规定并经本机关负责人批准。绝密级公文一般不得复制、汇编，确有工作需要的，应当经发文机关或者其上级机关批准。复制、汇编的公文视同原件管理。

复制件应当加盖复制机关戳记。翻印件应当注明翻印的机关名称、日期。汇编本的密级按照编入公文的最高密级标注。

第三十三条 公文的撤销和废止，由发文机关、上级机关或者权力机关根据职权范围和有关法律法规决定。公文被撤销的，视为自始无效；公文被废止的，视为自废止之日起失效。

第三十四条 涉密公文应当按照发文机关的要求和有关规定进行清退或者销毁。

第三十五条 不具备归档和保存价值的公文，经批准后可以销毁。销毁涉密公文必须严格按照有关规定履行审批登记手续，确保不丢失、不漏销。个人不得私自销毁、留存涉密公文。

第三十六条 机关合并时，全部公文应当随之合并管理；机关撤销时，需要归档的公文经整理后按照有关规定移交档案管理部门。

工作人员离岗离职时，所在机关应当督促其将暂存、借用的公文按照有关规定移交、清退。

第三十七条 新设立的工会机关应当向上一级工会机关的办公厅（室）提出发文立户申请。工会机关新设立的部门、产业工会、直属单位应当向本级工会机关的办公厅（室）提出发文立户申请。经审查符合条件的，列为发文单位，机关合并或者撤销时，相应进行调整。

第八章　附　则

第三十八条　工会机关公文含电子公文。电子公文处理工作的具体办法另行制定。

第三十九条　工会直属单位的公文处理工作参照本办法执行。

第四十条　本办法由中华全国总工会办公厅负责解释。

第四十一条　各级工会机关可依照本办法制定本机关的公文处理办法实施细则。

第四十二条　本办法自2012年10月1日起施行。《全国总工会机关公文处理办法》（总工办发〔1996〕18号）和《中华全国总工会办公厅关于〈全国总工会机关公文处理办法〉的补充规定》（总工办发〔2000〕9号）停止执行。

第五章

工会调研报告实例

关于新生代农民工问题的调研报告*

全国总工会新生代农民工问题课题组

农民工是改革开放进程中成长起来的一支新型劳动大军，是我国现代产业工人的主体和现代化建设的重要力量。近年来，农民工中的新生代群体越来越受到党和政府以及社会各界的广泛关注。2010 年中央一号文件《关于加大统筹城乡发展力度进一步夯实农业农村发展基础的若干意见》明确要求，采取有针对性的措施，着力解决新生代农民工问题。为认真研究新生代农民工问题，并为解决好他们的实际问题提出切实可行的意见和建议，全国总工会成立了由中国工运研究所、全国总工会研究室、基层组织建设部、保障工作部等部门参加的新生代农民工问题研究课题组。2010 年 3 月至 5 月，课题组先后赴辽宁、广东、福建、山东、四川等省的 10 余个城市，就新生代农民工问题进行深入调研，并在广泛收集文献资料的基础上，形成此研究报告。

在本报告中，新生代农民工系指：出生于 20 世纪 80 年代以后，年龄在 16 岁以上，在异地以非农就业为主的农业户籍人口。本报告所用数据资料，大部分来自国家各部委公布的统计数据，另有一部分来自当前关于新生代农民工问题研究的调查数据。

一、新生代农民工概况与基本特征

（一）新生代农民工问题是传统农民工问题的延续和发展

农民工问题是我国城镇化、工业化和城乡二元经济社会结构下，政治、经济、社会体制等多种因素的综合性产物，是与农民工现象相伴生并

* 本文刊登于《工人日报》2010 年 6 月 21 日第 1 版，收入本书时个别文字有改动。

不断凸显的社会问题。新生代农民工是在改革开放中成长起来的新一代群体，新生代农民工问题是传统农民工问题在新阶段的延续、体现和发展。随着改革开放以来我国工业化、信息化、城镇化、市场化、国际化程度的不断提高，他们的就业和生活环境相对传统农民工有了很大改善，对工作和生活有更高的、不同的要求；但在城乡二元社会体制没有彻底打破之前，在劳动力市场供大于求的就业结构下，他们与传统农民工有着类似的社会境遇，面临一些共同的基本社会问题。总之，这个群体的出现对我们解决农民工问题提出了与时俱进的新要求。

（二）新生代农民工的概况

1. 新生代农民工占外出农民工的六成以上，在经济社会发展中日益发挥主力军的作用

据国家统计局公布的数据：2009 年，全国农民工总量为 2.3 亿人，外出农民工数量为 1.5 亿人，其中，16—30 岁的占 61.6%[5]。据此推算，2009 年外出新生代农民工数量在 8900 万左右，如果将 8445 万就地转移农民工中的新生代群体考虑进来，我国现阶段新生代农民工总数约在 1 亿人。这表明，新生代农民工在我国 2.3 亿（2008 年为 2.25 亿）职工中，已经占将近一半，他们在我国经济社会发展中日益发挥主力军的作用。

2. 平均年龄 23 岁左右，初次外出务工岁数基本上为初中刚毕业年龄

根据当前三项规模相对较大的新生代农民工调查数据（第一项为中国人民大学 2010 年对全国 28 个省、自治区、直辖市共 1595 名新生代农民工的调查；第二项为珠三角新生代农民工的调查数据；第三项为全国总工会研究室 2009 年组织对千家已建工会企业的问卷调查），新生代农民工的平均年龄为 23 岁左右，这要求我们在认识新生代农民工时，必须关注与其所处特定年龄阶段相关的一系列特征和问题。

同时，新生代农民工的初次外出务工年龄更低，基本上是一离开中学校门就开始外出务工。一项调查显示，在珠三角，传统农民工初次外出务工的平均年龄为 26 岁，而在新生代农民工中，80 后平均为 18 岁，90 后平

均只有 16 岁[6]。16 岁、18 岁的年龄，基本上意味着新生代农民工一离开初中或高中校门就走上了外出务工的道路，也意味着与传统农民工相比，他们普遍缺少离开校门后从事农业生产劳动的经历。

3. 近 80% 的人未婚

据全国总工会研究室 2009 年的调查，新生代农民工中的已婚者仅占 20% 左右。国务院研究室 2006 年发布的《中国农民工调研报告》显示，当时农民工中 80% 以上的人已婚。数据对比显示，新生代农民工主要是一个未婚群体，这意味着，这一群体要在外出务工期间解决从恋爱、结婚、生育到子女上学等一系列人生问题。这与外出期间 80% 已成家的传统农民工相比，存在很大差别，这是我们考察新生代农民工问题不可忽略的方面。

4. 受教育和职业技能培训水平相对传统农民工有所提高

据国家统计局数据，2009 年，在新生代外出农民工中接受过高中及以上教育的比例，30 岁以下各年龄组均在 26% 以上；年龄在 21—25 岁之间的达到 31.1%，高出农民工总体平均水平 7.6 个百分点[7]。而 2008 年进行的第二次全国农业普查数据显示，在外出从业劳动力中，具有高中以上文化程度的仅占 10%。同时，新生代农民工中接受过职业培训的人员比例达到 36.9%，高出传统农民工 14 个百分点[8]。数据对比说明，尽管新生代农民工仍以初中及以下文化程度为主、职业技能水平有待进一步提高，但是，相对传统农民工，他们的文化和职业教育水平已有较大提高。

5. 在制造业、服务业中的就业比重有所上升，在建筑业中的就业比重有所下降

新生代农民工就业的行业分布呈现明显的“两升一降”特征，即在制造业、服务业中的比重呈上升趋势，在建筑业中呈下降趋势。《中国农民工调研报告》显示，2004 年农民工在制造业、服务业和建筑业中的比重分别为 33.3%、21.7% 和 22.9%；而国家统计局 2009 年数据显示，外出农民工中从事制造业、服务业、建筑业的比重分别为 39.1%、25.5% 和 17.3%[9]。数据对比可以发现：5 年间，制造业和服务业分别上升了 5.8 和 2.6 个百分点，建筑业则下降了 5.6 个百分点。这说明，相对于传统农

民工，新生代农民工显露出了行业倾向性，开始偏向于劳动环境和就业条件更好的行业。

6. 成长经历开始趋同于城市同龄人

从成长经历来看，新生代农民工没有经历过父辈那样从农村到城市的变化过程，与城市同龄人更为趋同。很多新生代农民工自小就跟随父母移居城市，或是在农村初中（高中）一毕业就到城市“谋出路”，因此他们对城市生活环境比对农村生活环境更熟悉、更适应；即使出生、成长在农村，他们在务工前也同城市里的同龄人一样，大多数时间在学校读书，不熟悉农业生产。据统计，89.4%的新生代农民工基本不会农活，37.9%的新生代农民工从来没有务工经验[10]。而且，许多新生代农民工出生在城市，在农村没有土地等生产资料。据安徽阜阳市统计，该市无地农民工占外出农民工的26.3%。随着城镇化进程的推进，这一群体势必将越来越大。此外，新生代农民工大多只有一两个兄弟姊妹，“较之父辈，生活是优越的，没有挨过饿，没有受过冻，温饱问题在他们头脑里没有什么概念”，“忍耐力和吃苦精神远不及父辈”[11]，这一点与城市同龄职工也颇为相似。

（三）新生代农民工的四大特征：时代性、发展性、双重性和边缘性

新生代农民工作为农民工中的新生群体，一方面，因其与传统农民工同处城乡二元经济社会结构中，面临共同的社会境遇，自然潜移默化了这一群体共有的一些特征。另一方面，又因其出生成长于改革开放、社会加速转型的时代背景下，而明显带有不同于传统农民工的时代烙印，同时，他们所处的特殊人口年龄阶段又使其身上呈现出同龄青年共有的人格特征。概括地说，新生代农民工身上呈现出四大群体性特征——时代性、发展性、双重性和边缘性。

时代性的体现：新生代农民工处在体制变革和社会转型的新阶段，物质生活的逐渐丰富使他们的需求层次由生存型向发展型转变；他们更多地把进城务工看做谋求发展的途径，不仅注重工资待遇，而且也注重自身技能的提高和权利的实现；大众传媒和通信技术的进步使他们能够更迅捷地接受现代文明的熏陶，形成多元的价值观与开放式的新思维，成为城市文

明、城市生活方式的向往者、接受者和传播者。

发展性的体现：新生代农民工年龄大多20岁出头，其思维、心智正处于不断发展、变化的阶段，因此外出务工观念亦处于不断发展、变化中，对许多问题的认识具有较大的不确定性；他们绝大多数未婚，即将面临着结婚、生子和子女教育等问题，也必然要承接许多可以预见及难以预见的人生经历和变化；他们大多刚从校门走出3—5年，虽然满腔热情、满怀理想，但是，职业经历刚刚开始，职业道路尚处于起点阶段，在职业发展上也存在较大的变数。

双重性的体现：他们处于由农村人向城市人过渡的过程之中，同时兼有工人和农民的双重身份。从谋生手段来看，靠务工为生，重视劳动关系、工作环境，看重劳动付出与劳动报酬的对等，关注工作条件的改善和工资水平的提高，具有明显的工人特征；但是受二元体制的限制，他们的制度身份仍旧是农民，作为农民的后代，也不可避免地保留着一部分农民的特质。

边缘性的体现：新生代农民工生活在城市，心理预期高于父辈、耐受能力却低于父辈，对农业生产活动不熟悉，在传统乡土社会中处于边缘位置；同时，受城乡二元结构的限制与自身文化、技能的制约，在城市中难以获取稳定、高收入的工作，也很难真正融入城市主流社会，位于城市的底层；因此，在城乡两端都处于某种边缘化状态。

二、新生代农民工的观念转变

新生代农民工与传统农民工在观念上存在一些明显差异，概括起来，集中体现为“六个转变”。

（一）外出就业动机从“改善生活”向“体验生活、追求梦想”转变

传统农民工外出就业的主要目的是“挣票子、盖房子、娶妻子、生孩子”，总之，是为了改善比较饥馑的生活状态。而正值青春年华、职业道路刚刚开始的新生代农民工，外出就业的动机带有明显的年龄阶段性特征，用实地调研中一个26岁新生代农民工的话说，就是“体验生活、实

现梦想”。

一项调查也证明了上述观点。关于外出就业的目的，选择“出来挣钱”的，20 世纪 60 年代出生的农民工占 76.2%，70 年代出生的占 34.9%，80 年代出生的只占 18.2%。同时，在 80 年代出生的农民工中，选择“刚毕业，出来锻炼自己”，“想到外面玩玩”，“学一门技术”，以及“在家乡没意思”的人高达 71.4%[12]。

（二）对劳动权益的诉求，从单纯要求实现基本劳动权益向追求体面劳动和发展机会转变

20 世纪 80 年代，农民工刚刚在我国大规模出现时，他们外出就业的目的相对单纯——挣钱，因而对劳动权益的诉求也相对较低，甚至认为只要能够按时足额领到劳动报酬，社会保障和职业健康等其他劳动权益可有可无。而对于新生代农民工而言，就业背景、家庭环境和个人文化技能水平的不同，为他们外出就业创造了相对宽松的环境，他们对劳动权益的诉求向更高层次发展。用他们的话来说，那种工资不高、吃住不包、合同不签、保险不上、发展（机会）不大的单位，只有傻瓜才去。他们就业选择不仅看重硬件——工资，更看中软件——福利待遇、工厂环境、企业声望乃至发展机会等。新生代农民工对劳动权益相对较高的主观诉求，既体现为当所在单位与自己的诉求存在一定差距时“用脚投票”催发的高跳槽率上，又表现为对就业行业、就业岗位和单位正规程度的更高要求上。从下面的图表中，可以直观地体现出这种变化。（见表 1）

表 1　新、老两代农民工就业行业、岗位和单位规模比较（%）

	传统农民工	新生代农民工
就业行业		
制造业	56.4	67.3
建筑业	12.3	3.7
服务业	24	26.3
农业	5.4	1.0

续表

	传统农民工	新生代农民工
就业岗位		
普工或后勤服务人员	54.2	46.2
文员或质检员	2.6	9.7
服务员	3.8	10.8
所在单位规模		
100人以下	40	33.3
101—1000人	39.6	38.2
1001人以上	20.4	28.5

（三）对职业角色的认同由农民向工人转变，对职业发展的定位由亦工亦农向非农就业转变

新生代农民工所走的从校门到厂门的短暂历程、从学生到工人的角色转换，很大程度上决定了他们在情感上疏离农村，从职业角色上认同实际职业身份而非户籍身份，从职业发展定位上倾向于非农职业。一项调查显示，对于职业身份，在新生代农民工中，认为自己是“农民”的只有32.3%，比传统农民工低22.5个百分点，认为自己是“工人/打工者”的占32.3%，高出传统农民工10.3个百分点；而在20世纪90年代出生的农民工中，这一差异更加明显：认为自己是“农民”的仅占11.3%，这一比例几乎是传统农民工的五分之一，认为自己是“工人/打工者”的占34.5%，这一比例是传统农民工的2倍多。另据一项调查，关于“未来发展的打算”，选择“回家乡务农”的，在新生代农民工中只有1.4%，而在当前仍旧外出就业的传统农民工中这一比重为11%；打算“做小生意或创办企业”的，新生代农民工中有27%，几乎高出传统农民工10个百分点；打算“继续打工”的，新、老两代农民工均占到一半以上。（见表2）

表2　新、老两代农民工未来发展打算的比较（%）

	传统农民工	新生代农民工
务农	11.0	1.4
做小生意或创办企业	17.9	27.0
继续打工	57.1	50.0

（四）对务工城市的心态，从过客心理向期盼在务工地长期稳定生活转变

传统农民工近似于候鸟的打工方式和亦工亦农经历造就了他们城市过客心理。据1999年清华大学对农民工家庭的一项调查，89.7%的农民工表示将来一定会回到家乡定居，只有10.3%的人表示不回到家乡定居[13]。其他学者根据历年来农村外出流动人口数据估算的结果也大致如此，即在传统农民工中，有10%左右的人逐渐在城市沉淀了下来[14]。然而，据中国青少年研究中心发布的新生代农民工研究报告，在新生代农民工中，有55.9%的人准备将来“在打工的城市买房定居”，远远高于17.6%的农业流动人口整体水平。数据对比表明，相对传统农民工，新生代农民工希望在务工地长期稳定生活的愿望更加强烈。

（五）维权意识日益增强，维权方式由被动表达向积极主张转变

传统农民工自我维权意识较弱，维权能力不高，权利被侵犯时往往采取忍气吞声或被动恳求的方式解决。而新生代农民工比上一代有更强的平等意识和维权意识，对获得平等的就业权、劳动和社会保障权、教育和发展权、政治参与权、话语表达权，以及基本公共服务权等方面，都比父辈有更高的期待，并表现出维权态度由被动表达向积极主张转变。据一项调查，当权益受到侵害时，新生代农民工中因为怕被报复而不向有关部门投诉的只有6.5%，仅是传统农民工的一半；采取投诉行为时，以集体投诉方式进行的（几个人一起去投诉），新生代农民工为45.5%，高出传统农民工17.6个百分点[15]。

（六）对外出生活的追求，从忽略向期盼精神、情感生活需求得到更好的满足转变

不同年龄阶段的人口有不同的生活及精神需求。传统农民工外出务工时年龄较大，大多已婚，他们为了实现挣钱的目标，大多不得不对情感精神生活采取忽略或无所谓的态度。而新生代农民工平均年龄为 23 岁左右，初次务工的年龄不足 18 岁，正处于婚恋期、思想彷徨期和情感高依赖期，他们更渴望在外出就业的同时，爱情能够有所收获，思想可以交流，困扰能够倾诉。据国家统计局的调研报告，2006 年，在租赁房和自有房中居住的农民工只有 20.1%；而当前在新生代农民工中，住在租赁房和自买房中的比例已经上升到 37.7%，这从另一个方面说明他们对精神、情感和家庭归宿的更强需求。

三、新生代农民工面临的主要问题

新生代农民工作为农民工的一部分，与传统农民工面临着一些共同的问题，比如，工资拖欠、劳动合同签订率低、社会保障水平较低、职业健康安全保障不足等基本劳动权益保障问题。同时，由于具有不同于传统农民工的新特征和新诉求，新生代农民工面临的问题又有其特殊性。

（一）工资收入水平较低、务工地房价居高不下，是阻碍其在务工地城市长期稳定就业、生活的最大障碍

据公安部 2007 年的调查，按照自身收入水平，有 74.1% 的农民工愿意承受的购房单价在 3000 元/平方米以内，有 19% 愿意承受 3001—4000 元之间的单价，愿意承受 4000 元以上的只有 6.9%。然而，据调研，3000 元/平方米的房子主要集中在中、西部地区的县市及以下城镇，在农民工集中流入的东部沿海地区，即便是小城镇的房价也远远超过了 3000 元/平方米。例如，东莞市当前的房价已经接近 6000 元/平方米，即使房价相对较低的沙田镇和常平镇，房价也在 3500 元/平方米以上，大多数建制镇的均价在 5000 元/平方米以上。对比农民工所能承受的房价与现在农民工流入集中地的房价，可以推断，如果按照当前的新生代农民工收入水平，假定他们

的工资增速能够赶上房价的涨速（目前来看这一假定基本上不成立），按照商品价购房，新生代农民工中最终能够实现在务工地城市购房定居梦想的比例也不会超过10%。

（二）新生代农民工的教育程度和职业技能水平滞后于城市劳动力市场的需求，是阻碍其在城市长期稳定就业的关键性问题

据中国劳动力市场网发布的信息，2009年城市劳动力市场对高中及以上文化程度的劳动力需求占总需求的60.2%，对初中及以下文化程度的劳动力的需求仅占39.8%。然而，据当前已有的调查数据综合判断，当前在新生代农民工中，具有高中及以上文化程度的只有三成左右。同时，城市劳动力市场中需求量最大的是受过专门职业教育、具有一定专业技能的中专、职高和技校水平的劳动力，这部分占总需求的56.6%，而在新生代农民工中这部分人只有二成左右。也就是说，在知识和技能逐渐代替简单体力劳动作为劳动力市场选择标准的背景下，如果新生代农民工的教育和技能水平不能获得比劳动力市场需求更快的发展，按照他们目前的技能水平估算，只有大约三成的人能够在城市长期稳定就业。

（三）受户籍制度制约，以随迁子女教育和社会保障为主的基本公共需求难以满足，是影响其在城市长期稳定就业和生活的现实性、紧迫性问题

新生代农民工基于自身阅历和切身体验，对子女受教育的期望都非常高。他们中越来越多的人正是为了让子女能够在城市接受更好的教育而选择在务工地就业和定居。据中国流动人口监测报告，2009年农村流动人口子女中，70.2%随同父母流动，只有29.8%留守农村。然而，农民工随迁子女入学难问题仍相当突出。据教育部2008年发布的一项研究报告：农民工随迁子女在公办小学就读的比例，北京为63%，上海为49%，广州仅为34.6%；学龄儿童中未上学的比例，北京为3.81%，上海为3.56%，广州高达7.19%；农民工子女半数以上都有转学经历，在转学3次及以上的比例中，大城市最高，中等城市最少；一些城市公办学校还存在收取借读费和赞

助费等行为，而大城市最突出。随着新生代农民工年龄的增长，他们中越来越多的人将步入育龄阶段，与此相伴，随迁子女教育，也必将越来越成为他们在务工地稳定就业、生活不得不面对的现实性、紧迫性问题。

国际社会的成功经验表明，社会保障替代土地保障，是农民实现从农村迁移到城市、从农业转向非农业的一个不可或缺的基本条件。对于新生代农民工而言，要想实现在务工地城市长期稳定就业、生活的目标，必须至少享有三个层次的社会保障：其一为解决年老和疾病时后顾之忧的养老保险和医疗保险；其二为解决失业后暂时生活困难的失业保险；其三为防范沦入贫困境地的最后一张保障网——最低生活保障。然而，据调查，目前新生代农民工中，享有养老、医疗、失业保险的比例分别为 21.3%、34.8% 和 8.5%。且不说企业的缴费标准大多以各地的缴费下线为准，而城市最低生活保障的保障对象为当地城市户籍人口，农民工基本上没有享受该项保障的权利。显然，目前新生代农民工实际享有的社会保障水平，与他们企盼在务工地城市稳定就业和生活的诉求之间，距离还相当悬殊。

（四）职业选择迷茫、职业规划欠缺、学习培训的需求难以有效实现，是阻碍其实现职业梦想不可忽视的因素

新生代农民工大多刚迈出中学校门，他们带着对传媒中、社会上成功人士的羡慕和崇拜，期盼通过自身的努力实现美好的梦想。但是，他们的心智发展尚未成熟、思想尚未稳定、身份认同尚不清晰，面对铺天盖地、瞬息万变的信息和复杂的社会环境，确定具体职业发展目标的能力仍旧不足；加上家庭小型化带来的更低挫折耐受力，他们制定及实施职业规划的能力更低。同时，他们继续学习的愿望非常强烈，据调查，69.7% 的人表示迫切需要了解专业技能知识，54.7% 的人表示需要学习法律知识，47.8% 的人表示希望提升文化知识；但是，由于闲暇时间较少、下班时间较晚、学习培训机构距离较远等因素，导致他们能够便捷、安全、有效接受专业学习培训的渠道严重匮乏。在上述因素影响下，新生代农民工的职业发展目标、就业单位频繁变换，学习培训的专业技能缺少可持续性或者不适应市场需求。这既浪费了他们大量人力、物力和时间，又不利于其人力资本的积累和企业用工的稳定。

（五）情感、精神的强烈需求不能很好地满足，是困扰他们的首要心理问题，也是在现实生活中最少得到关注的深层问题

新生代农民工正处在交友、恋爱、结婚的黄金期。同时，他们刚走出校门，仍处于“半成人”阶段，对思想沟通和情感交流的需求更强。由于上班时间长、接触面较窄、工资收入低、就业行业农民工男女比例失调（建筑业和制造业男性多、服务业女性多），这就使他们普遍面临想交友没时间、想恋爱没人选、想倾诉没对象的困境，再加上企业管理和文化建设的不足，以及社会人文关怀的欠缺，婚恋和精神情感成为困扰他们的首要心理问题。据中国青少年研究中心的调查，“感情孤独”已成为新生代农民工面临的主要困惑，在北京建筑业接受调查的农民工，超过七成将“感情孤独”作为困难的首选。在实地调研中，透过一些新生代农民工略带羞涩的话语，常让我们感到其内心闪烁的隐痛和不安。

（六）劳动合同签订率低、欠薪时有发生、工伤事故和职业病发生率高等劳动权益受损问题，是其亟须解决的突出问题

共同的经济社会环境，同样的农民工身份，差距不大的人力资本状况，使新生代农民工在基本劳动权益实现上与传统农民工相比虽然有所提高，但是总体境况相似，仍旧普遍面临着一些共同的、亟待解决的基本问题。这些问题突出表现在劳动合同签订率低、欠薪时有发生、职业卫生健康保障不够等方面。据一项在广东的调查，2009 年，新生代农民工的劳动合同签订率只有 61.6%；遭遇工资拖欠的人所占比例为 7.1%；人均拖欠工资 1538.8 元，差不多相当于人均 1.5 个月的工资。另据国家人口计生委发布的 2009 年流动人口监测报告，60% 的农业流动人口就业于工作条件差、职业病发生率高和工伤事故频发的低薪、高危行业。同时，据调查，新生代农民工发生工伤事故时，仅有 60% 的用人单位为其支付医疗费用。其中，服务业最差，这一比例只有 47.3%[16]。

四、对策与建议

党和政府对农民工问题始终高度重视，近年来出台了《国务院关于解

决农民工问题的若干意见》等一系列政策措施，农民工工作取得了重要进展。随着我国进入加快城乡统筹发展、加快经济发展方式转变的新阶段，随着农民工群体内部出现明显的结构性变化——新生代农民工已经成为农民工的主体并必将成为产业工人的主体，该群体具有一些不同于传统农民工的新特征、新诉求和新问题，这些诉求和问题的积累已经开始显露出对我国政治社会稳定、经济可持续发展、农民工家庭幸福及其个人发展的负面影响。这就使有针对性地解决新生代农民工问题成为国家发展中事关大局的紧迫问题。

由于我国城乡二元社会结构的长期性、城镇化的过程性、市场经济的趋利性和社会利益结构的凝固性，使得农民工问题十分复杂。新生代农民工问题既涉及农民工的共性问题，又有其群体特殊性。问题的解决既要着眼全局和长远，着力完善制度和体制、机制，大力提高已有政策、措施的效力和效率，促进问题的根本解决；又要从新生代农民工群体的特殊性出发，以促进新生代农民工市民化为目标，以新生代农民工市民化最关键的环节——就业培训、住房、社会保障和公共服务为重点，以素质门槛、学历门槛、技能门槛、人力资本积累门槛、社会保险缴纳门槛和稳定居住门槛等为主要标准扩大户籍改革的口子，采取有针对性的措施，力争尽快取得新进展。

（一）以新生代农民工问题为重点，将解决农民工问题纳入国家和地方经济社会发展规划之中，纳入常住地公共预算之中

要以贯彻中央《关于加大统筹城乡发展力度进一步夯实农业农村发展基础的若干意见》为契机，以新生代农民工市民化作为统筹城乡协调发展的战略目标，将解决农民工问题纳入国家和地方经济社会发展规划。各级政府应以常住人口为基础，把农民工工作纳入国民经济和社会发展的中长期规划和年度计划，明确发展目标、细化阶段任务、保障资源和措施、落实领导和机构分工、完善人员配备。中央政府各相关部门应重点就新生代农民工最需要的职业教育培训、子女教育、住房改善、社会保障、户籍改革和城市公共服务中心建设等方面，制定专项规划，并督促各地因地制宜制定地方专项规划。力争到“十二五”期末使目前已有及新增的“两后

生”（指初中、高中毕业后未考取大中专院校，又不愿意复读的学生）80%以上能免费接受一次职业教育，已经进入劳动力市场的农民工80%以上接受初、中级职业技能培训；确保各地90%以上的农民工子女，能够进入公办学校和政府委托的普通民办学校接受免费义务教育。力争农民工工伤保险实现全覆盖，医疗保险达到60%以上，养老保险达到50%以上。解决至少20%的外来农民工进城落户问题。力争农民工劳动合同签订率达到90%以上，所有城市建立农民工工资支付保障金制度和工资正常增长机制，所有城镇建立农民工就业—服务—维权—传染病预防一体化的公共服务中心。

建立按照常住人口配置土地、公共设施、预算等公共资源的制度，将农民工纳入常住地公共预算，并逐渐加大对农民工公共预算的存量和增量投入。建立农民工服务和管理工作的经费保障机制，各级财政应将涉及农民工的就业技能培训、社会保障、子女教育、计划生育、权益维护、治安管理和信息系统建设等有关经费，纳入本级财政预算，提交同级人民代表大会审议，并确保用于农民工的预算在存量和增量上逐年科学、合理地增长。将农民工纳入政府公共服务体系，使之享受与城镇职工同城化待遇，逐步实现公共服务统一政策、统一制度、统一管理和统一服务。多渠道多形式提供农民工居住场所，发展公共租赁住房，建设农民工公寓，鼓励和支持有条件的企业设置夫妻房，探索建立农民工住房公积金制度，鼓励有条件的城市将有稳定职业并在城市居住一定年限的农民工逐步纳入城镇住房保障体系，改善农民工居住条件。深入贯彻落实《义务教育法》，落实以输入地为主和以公办中小学为主的政策，加快将农民工随迁子女义务教育纳入公共教育体系，纳入城市发展总体规划和教育事业发展规划，保障农民工随迁子女接受义务教育权益的落实。开展做文明新市民活动，引导新生代农民工按照现代城市文明要求规范自身行为，提高文化素质，促进精神文明建设。

（二）通过试行新生代农民工城镇落户制度，加快推进城镇化建设

户籍问题是新生代农民工融入城市的一大瓶颈。中央明确提出统筹城乡发展的战略决策，要求把解决符合条件的农业转移人口逐步在城镇就业

和落户作为推进城镇化的重要任务，这为我们从根本上解决农民工问题尤其是新生代农民工问题指明了方向。各地应积极、稳妥地创新和推进户籍制度改革，对在中小城市、小城镇实现稳定就业创业而又放弃农村责任地的农民工，取消准入门槛；在稳定就业前提下，农民工有条件进行投资或有不低于城市人均住房面积的住房，或单位提供相应面积廉租公寓的，准许转入城镇户口；大城市和特大城市要积极研究放宽新生代农民工进城落户的相关政策，采取积分制落户办法，将教育、技术资格、工龄、社保缴纳年限等作为积分内容，优先考虑将农民工劳模、农民工高级技能人才、农民工人大代表等农民工优秀分子转变为市民。可考虑通过稳定居住、社会保险缴纳、学历和职业技术、突出贡献、人力资本积累等标准，力争每年解决3%的外来农民工——300万人进城落户问题，以使符合条件的农民工能够转入当地城市户口，享有与当地市民平等的待遇。当前的过渡措施是：一是逐步剥离附加在户口上的社保、住房、子女教育等社会福利，引导人口有序迁徙流动和就业；二是普遍推广居住证制度，进一步清理取消歧视性规定；三是大力发展县域经济，改善县城和中心镇的就业创业条件和人居环境，加强基础设施建设，提高综合承载能力，促进农民工及其家属向小城镇聚集。通过不懈地努力，力争到“十二五”期末，我国城镇化率达到50%。

（三）加强对相关法律制度的完善、落实和监管，加大维护新生代农民工劳动经济权益的力度

进一步完善立法和政策，为解决新生代农民工问题创造法制环境和制度保障。针对新生代农民工文化、职业技能的不足，研究建立农村中等职业教育免费教育制度、农村新成长劳动力免费劳动预备培训制度，创新农民工培训机制，鼓励和支持企业开展针对性上岗技术培训；针对恶意欠薪行为，修改《刑法》，设立“恶意欠薪罪”；针对随迁子女高中阶段教育困境，研究制定农民工随迁子女接受高中阶段教育的方案；针对公共服务享有和传染病预防的薄弱环节，研究制定农民工城市公共服务中心指导意见等。

贯彻落实《劳动合同法》及相关法律法规，积极指导新生代农民工签

订劳动合同，规范企业经济性裁员。以中小劳动密集型企业、城乡接合部和乡镇企业为重点，开展打击非法用工专项行动，督促企业依法规范用工。促进建立农民工工资正常增长机制，完善工资指导线、劳动力市场工资指导价位和行业人工成本信息指导制度，推动农民工与企业其他职工同工同酬。督促企业改善管理，强化科学管理和人性化管理理念，积极履行社会责任，使广大职工实现体面劳动。以贯彻落实《城镇企业职工基本养老保险转移接续暂行办法》为契机，努力提高新生代农民工基本社会保险的参保率。加强农民工职业病防治和职业健康保护，搞好农民工安全生产培训教育，严格执行高危行业农民工持证上岗制度，依法保障农民工职业卫生和生产安全。

（四）大力提高农民工的社会政治地位，加强对新生代农民工的人文关怀

加大对农民工的舆论宣传，宣传党和国家关于农民工工作的各项方针政策及农民工所作的重大贡献，引导用工单位认真履行社会责任，进一步营造关心、尊重和爱护农民工的良好社会氛围。畅通农民工利益诉求渠道，保障农民工参与管理社会事务的民主政治权利。贯彻落实修改后的《选举法》有关城乡居民选举“同票同权”的规定，制定相关措施切实保障农民工的选举权。逐步提高农民工尤其是新生代农民工在各级党代会、人大和工会代表大会及企业职代会中的比例，增加其参政议政、权益表达、参与决策管理的渠道和机会。注重在优秀农民工中发展党员，逐年增加新生代农民工在劳动模范、高级技工技师以及有其他突出贡献者中的比例。

积极组织适合新生代农民工特点的丰富多彩的文体活动，丰富其业余生活。要深入细致地做好思想教育和培训工作，帮助新生代农民工提高思想道德素质和技术技能素质，加强企业文化、职工文化建设，开展喜闻乐见、丰富多彩的业余文化活动，满足他们的精神文化需求。注意加强青年职工特别是新生代农民工的心理疏导和行为矫正服务，加大对他们心理健康的关注和投入，开展社会关怀活动，帮助他们搞好自我管理、自我调适，缓解心理压力，提高耐挫能力，树立健康向上的生活情趣。关心新生代农民工的恋爱婚姻问题，为他们组织开展交友联谊活动，为解决婚姻问

题创造条件。

（五）进一步探索新生代农民工维权工作的新机制、新方法，形成社会化的工作格局

建立健全党政主导、工会运作、相关部门协作的社会化维权工作体制，赋予工会更多的资源和手段维护农民工的合法权益。进一步探索促进新生代农民工工作的新机制、新方法。按照促进科学发展的要求，建立农民工工作目标责任考核和激励约束机制，把农民工就业培训、收入增长、居住、就医、子女入学和社会保障等基本生活条件改善，纳入地方政府绩效考核指标体系。鼓励各地根据实情、因地制宜地探索和尝试新生代农民工就业培训教育、住房改善、户籍制度改革、随迁子女高中阶段教育的新机制和新方法。加强农民工工作机构和队伍建设，推进农民工工作在相关机构和地方的常规化和规范化。完善农民工信息统计监测调查制度和农民工信息网络建设，提高农民工就业管理和服务的网络化程度，实现信息共享。建立和完善地区之间农民工工作机构的协作机制，使之在劳务对接、权益维护、信息沟通等方面更好地发挥作用。同时，借鉴国外解决类似“农民工”和移民问题的有益经验，为创新我国新生代农民工工作提供参考。

（六）各级工会要进一步加大组织起来切实维权的力度，增强对新生代农民工的吸引力和凝聚力

要以新生代农民工为重点对象，创新农民工组织形式和入会方式，通过源头入会、劳务市场入会、先入会再组织成建制劳务输出、加强劳务派遣工入会等措施，推进工会组建和发展会员工作。加强农民工会籍管理，推广完善农民工“一次入会、持证接转、全国通用、进出登记”的工会会员会籍管理制度，健全城乡一体的农民工流动会员管理服务工作制度。加强乡镇（街道）、村（社区）工会组织建设，大力推进区域性、行业性基层工会联合会建设，聘用社会化、职业化工会工作者，充分发挥基层工会联合会在组织农民工加入工会中的重要作用，扩大对农民工的覆盖率。进一步推行和探索会员优惠办法，拓宽优惠渠道，体现会员与非会员的区别，增强工会组织的吸引力和凝聚力，提高农民工自愿入会的积极性。

加强源头参与机制建设，积极参与《劳务派遣规定》《企业工资条例》《企业民主管理条例》等涉及农民工切身利益的法律法规和政策的制定，积极反映新生代农民工利益诉求，提出政策主张，为党和政府科学决策提供参考。进一步推进《劳动合同法》等相关劳动法律和制度的贯彻落实，督促相关部门定期或不定期进行专项检查。以非公有制企业为重点，开展覆盖农民工的职代会、工资集体协商和女职工权益保护专项集体合同工作，保障包括新生代农民工在内的广大职工民主权利、工资分配和获取劳动报酬的权益。有针对性地做好新生代农民工宣传教育工作，提高其依靠工会组织维护自身权益的意识。推广培训—就业—维权“三位一体”工作模式，积极开展政策咨询、职业指导、职业介绍、小额贷款担保、跟踪扶持等农民工就业服务。继续推动“千万农民工援助行动”“家政工程”、法律援助等活动的实施，发挥工会“职工就业培训基地”“农民工技能培训基地”的示范作用，开展有工会特点、符合市场需求和新生代农民工要求的培训，着力提高新生代农民工的职业技能水平。支持企业开展岗位培训，推动落实企业组织农民工培训的资金补贴政策。加强输出地和输入地工会的信息交流和劳务对接。积极开展建设学习型组织、争做知识型职工活动，努力提高新生代农民工的劳动技能和综合素质，培养造就高素质的现代产业工人。

青岛港：中国特色国有企业发展之路的成功探索*

——青岛港实行民主管理构建和谐劳动关系经验调研报告

全国总工会青岛港经验调研组

2011年10月中上旬，全国总工会青岛港经验调研组深入青岛港集团进行调研，召开不同类型座谈会，分别与集团各级党委行政领导、工会干部、职工代表，以及山东省总工会、青岛市厂务公开协调小组成员单位负责同志等深入交流，实地参观了青岛港新老码头及农民工宿舍、职工之家，观看了一线职工的绝活表演和近万名职工参加的青岛港文化艺术节文艺演出，切身感受了青岛港依靠职工办企业、构建和谐劳动关系经验的探索与追求。现将调研情况报告如下。

一、青岛港集团风采

始建于1892年、有着119年历史的青岛港，宛如一颗璀璨的明珠，镶嵌在太平洋西海岸。

青岛港务局2003年1月改制成为集团有限公司，现由青岛老港区、黄岛油港区、前湾港区和董家口港区等4大港区组成，主要从事集装箱、煤炭、原油、铁矿石、粮食等各类进出口货物的装卸服务和国际客运服务，与世界上130多个国家和地区的450多个港口有贸易往来，拥有职工2.4万多名。

改革开放以来，青岛港创造了一项项发展奇迹：总资产从1.8亿元增长到2010年的270多亿元，增长了150倍；利润总额从3074万元增长到2010年的30.8亿元，增长了100倍；上缴税费从149万元增长到2010年的27.1亿元，增长了1818倍。“十一五”期间，青岛港完成吞吐量14.5亿吨，创造了1450亿元的GDP和1700多亿元的海关入库收入来源，已连

---

* 本文刊登于《中国工运》2012年第4期，收入本书时个别文字有改动。

续7年保持上缴地税青岛市第一，连续3年上缴国有资本收益占青岛市的一半以上，连续6年蝉联中国企业效益200佳，荣膺中国企业500强和中国服务业企业500强。2010年，青岛港吞吐量达到3.5亿吨，比改革开放初增长了17倍多；集装箱从1000多个增长到2010年的1200万个，增长了1万多倍，超过日本和美国的所有港口。目前，青岛港是全国五分之一的石油、五分之一的矿石集散地，我国第二大外贸口岸、原油接卸全国第一大港，世界第七大港、铁矿石接卸世界第一大港，已发展成为区域性国际航运中心。

青岛港斩获了一系列荣誉：1995年以来，青岛港一直是全国交通系统的典型和港口行业唯一的示范港口，曾荣获全国质量管理奖、首届袁宝华企业管理金奖、国家环境友好企业、节能环保最佳企业、全国五一劳动奖状、全国厂务公开民主管理先进单位、全国模范职工之家、全国用户满意企业等百余项国家级金奖等荣誉称号，连续3次被国务院确定为国有企业重大典型，连续3次被中宣部、中组部等6部委选为振兴国有企业报告团成员。2011年先后荣获全国先进基层党组织、全国模范劳动关系和谐企业等称号，第3次被评为全国内部审计先进集体。

二、青岛港的基本做法与经验

青岛港之所以能永立潮头、成就辉煌，实现百年老港的历史性跨越，根本原因在于始终坚持党的领导，全心全意依靠职工办企业，弘扬“三个一代人”的青岛港精神，践行“精忠报国、服务社会、造福职工”的神圣使命，将国有企业优良传统与现代企业管理制度相融合，将职工的愿望要求与港口的发展前途相统一，将青岛港打造成利益共同体、事业共同体与命运共同体，走出了一条具有中国特色的国有企业科学发展之路。

（一）始终坚持党的领导，永葆工人阶级本色

长期以来，青岛港坚信，党的领导是国有企业的最大优势，是在复杂多变的形势面前把握正确方向、提升职工历史使命感和社会责任感的根本保证。广大职工认为，港口能有今天的发展，码头工人能实现从贫穷落后到幸福美满，从社会最底层到挺起工人阶级脊梁、彻底改变被人瞧不起的

“老搬”形象的大跨越，完全得益于党的正确领导。他们从心眼里感激党、感激青岛港，自觉地把自己的命运同党和国家的命运、同港口的命运紧紧联系在一起，恪守“永远听党话、永远跟党走、永远报党恩”的政治信念，发扬“一代人要有一代人的作为，一代人要有一代人的贡献，一代人要有一代人的牺牲”的青岛港精神，弘扬工人阶级的伟大品格，努力成长为德为重、信得过、靠得住的新一代港口工人。

信念坚定，立场鲜明。广大职工发扬工人阶级优良传统，坚持开展“学政治、学业务、学技术、学文化、学实践”的“五学”活动，总是第一时间认真学习贯彻党的路线方针政策，做到“党有号召，我们有行动”。每年启动工作都是率先启动思想，每一个重大战略部署的制定实施，都坚持以党的理论统一全港干部职工的思想，坚定不移地贯彻落实中央指示。党的十七届五中全会刚闭幕，就立即举行“转型升级、创新成果”建言献策万人大讨论活动，职工提出很多“金点子”，有力推动了港口发展的转型升级。在发展中，青岛港职工进一步坚定自己的信念，积极向党组织靠拢，仅农民工就有295人在港口入党，党员队伍不断壮大，现有党员4704人，党的阶级基础和群众基础不断巩固。广大党员干部和职工以争做“四优”共产党员为目标，不仅争政治素质优，还要争岗位技能优、工作业绩优，充分发挥先锋模范作用，增强了党组织的凝聚力、创造力和战斗力。

胸怀大局，建功立业。广大职工在青岛港企业使命的感召下，始终坚持“港口的事再小也是大事，再难也要办好”，以推动港口发展为己任。他们在劳模精神引领下，广泛开展比安全质量、比节能减排、比增产增收、比创新创效、比献计献策和争创“工人先锋号”的“五比一创”活动，立足岗位，创新成才，工人发明家层出不穷，完成科技创新和工属具革新成果1500余项，群众性软件开发成果5800余项，提出合理化建议5600多条。在制定青岛港“十二五”发展规划时，先后召开座谈会150多场，征集建议530多条、采纳450多条，形成了高质量、高水平的发展规划。全港职工先后十几次自发参与港口建设义务劳动，在前湾四期工程建设中，手拉肩扛，回填土石30多万方；在董家口港区，万名职工大填海，仅用363天时间就建成了世界最大的40万吨矿石码头，用小推车推出了大港口。

（二）依靠职工办企业，凝心聚力促发展

青岛港坚持全心全意依靠职工办企业的根本方针，把职工当成企业的主人，当成企业发展的第一宝贵资源，真心实意地尊重职工的主人翁地位，凝聚广大职工的智慧和力量，使老牌国企始终充满生机和活力。

秉持以职工为本依靠职工的管理理念。青岛港领导班子坚持问政于民，确保决策的科学性。领导班子成员都建立了联系点，还利用网络视频开通了“职工心声热线”，坚持每年两次大规模劳动调研、每周至少1次深入基层一线。青岛港把职工利益放在第一位，每次涨工资都下发调查问卷，层层召开座谈会，反复征求职工的意见和建议。在2011年增资改革中，召开座谈会1700多场，发放调查问卷21057份，收集意见和建议421条，十易其稿形成增资改革方案，提交职工代表大会表决通过，真正做到让职工给自己涨工资。在港口实行对外合资过程中，他们坚持股东权益不能取代职工的主人翁地位、法人治理结构不能弱化全心全意依靠职工办企业的根本方针，坚决将厂务公开、职代会建制工作纳入新合资公司，同步成立工会组织，集团十几家中外合资企业的厂务公开、职代会建制率达到了100%，落实了职工的主体地位。入选职工代表大会主席团的合资公司QQCT外方经理李承祚认为，青岛港的民主管理真正融入到企业管理制度之中，成为企业文化的重要组成部分，创造了和谐上进的氛围。

创新厂务公开民主管理的制度机制。青岛港把厂务公开民主管理作为职工当家作主的重要载体，不断拓展公开民主渠道。1997年以来，先后制定了《关于全心全意依靠职工群众办好企业的意见》《青岛港加强民主管理规定》等一系列规定，逐步建立健全职代会、民主管理主题班会、职工合理化建议等民主管理“二十条渠道”，层层确定战略规划、生产绩效、收入分配等“四十项公开”内容，规范职代会工作流程，建立职代会民主决策的“六连环”工作法，还出台了《职工代表大会优秀提案评比办法》，鼓励广大职工建言献策，“十一五”以来，共收到职工代表提案5100多件，答复率均为100%，采纳率为98%，职工满意率为100%。这些举措，有力地推动了厂务公开民主管理制度化、规范化、程序化，为实现职工当家作主奠定了坚实的制度基础。

打造科学管理民主管理相融的企业制度。青岛港把厂务公开民主管理贯穿于港口经营管理的全过程，融入到党建工作、纪检监察工作等各领域，使厂务公开民主管理成为企业制度的重要组成部分。厂务公开民主管理向经营管理的重点问题延伸，将厂务公开民主管理纳入集团卓越绩效管理框架体系，根据集团为决策层、公司为经营层、队为管理层、班为操作层、车为执行层的“五级管理模式”，层层明确厂务公开的主体责任，创新完善五级公开体系，上到企业大政方针，下到班组管理细节，都在职工的参与和监督范围内。厂务公开民主管理向干部管理的焦点问题延伸，与党务公开、创先争优活动、“四好班子”建设、党风廉政建设等工作有机结合，层层建立廉洁从业公开考核机制，从集团到基层三级党务公开阵地健全完善，以无记名的方式评议领导干部，重大问题决策、重要干部任免、重大项目投资决策、大额资金使用，时时刻刻都在职工的监督之下，有效地促进了领导干部廉洁自律。厂务公开民主管理向民生建设的热点问题延伸，在港口深化分配改革、体制改革过程中，不仅把话语权交给职工，而且把决策权也交给职工。在尊重广大职工意愿的基础上，先后出台了深化港口内部改革的“21 条”“83 条”，彻底打破了大锅饭和铁交椅、铁饭碗、铁工资这“一大三铁”，极大地激发了广大职工的劳动热情，增强了对港口的认同感、归属感。根据职工建议投入巨资建造的两座候车楼，使新港区火车疏运能力由昼夜装车 800 车猛增到了 2200 车。职工在生产作业中自觉提出了“爱护每一吨货，服务每一条船，赢得每一位用户信任，实现每一位用户期望，达到每一位用户满意”的标准，连续创造了 18 亿瓶啤酒装船无破损的佳绩，为货主节约资金 2160 万元，用优质的服务为企业赢得了信誉，赢得了发展。

（三）一心为民造福职工，自觉履行社会责任

青岛港在不断实现跨越发展的同时，用极大的热诚履行“精忠报国、服务社会、造福职工”的使命，勇担社会责任，坚持做到“职工的事再小也是大事，再难也要办好”，想方设法让职工过上好日子，积极参与国防建设和社会公益事业，用实际行动展示了国有企业在经济社会发展中的社会担当。

维护职工劳动经济权益。在计划经济向市场经济转型之初，青岛港闲置待岗人员超过1万人，领导班子坚持“保证人人有岗位”，提出“谁让职工下岗就让谁下岗”，对职工承诺“只要愿意干、好好干，就决不撒手不管”，依靠自身发展解决职工的岗位问题，不仅没有让一名职工下岗，还为社会创造了53万个就业岗位。2009年国际金融危机持续蔓延，在为全体职工保岗位保薪酬的同时，又新招录800多名大学生。20世纪90年代以来，工资薪酬向装卸一线倾斜，很多一线职工的月收入现已超过六七千元。1988年至今，23年连续为职工涨薪33次。他们将安全生产放在高于一切、重于一切、决定一切的位置，为职工建立“平安户口簿”，对安全生产管理实行一票否决制，绝不允许“下不为例”。让食堂跟着职工转，在上百个作业点现场供餐，让职工半夜喝上热馄饨；在寸土寸金的堆场建造33个值班室，21个星级卫生间，凡有职工活动的场所，冬有暖气、夏有空调，职工工作条件得到极大改善。投入4亿多元，为职工建房7000多套，人均住房面积由4.5平方米增加到25平方米；建设“蓝色港湾”住宅小区，租售给新入港大学生。“十一五”期间，投入3813万元对91283人次进行体检，投入1.37亿元为广大职工高标准发放取暖补助。

积极参与国防建设和公共服务。青岛港坚持国威至上、军威至上，大力开展军交运输正规化建设，多次被山东省、青岛市和交通运输部评为“双拥共建先进单位”和“拥军模范单位”，连续4次分别被总后勤部及交通运输部、济南军区评为“军交正规化建设先进单位”。2009年庆祝海军成立60周年多国海军活动在青岛举行，青岛港投入2000多万元，实施了10大类59个环境项目整治，不惜停工停产，在最短时间内腾出4个码头供各国海军使用，为活动的顺利举行作出了贡献。青岛港于2006年投资上亿元，与北京阜外医院合资建立了青岛阜外心血管病医院，有效地解决了青岛市及周边地区心血管病人看病就医问题。投资4亿元建设港湾职业技术学院新校区，并与新加坡理工学院联合办学，为社会培养大量职业技术人才。青岛港致富不忘回报社会，仅近3年来，向贫困地区和社会捐款2350多万元，捐衣物30多万件，捐书籍20万多册，在义务献血、抢险救灾、对口支援帮扶、扶贫助残等社会公益活动中，次次挺身而出、勇担责任，被民政部授予“全国爱心捐助奖”“中华慈善奖”。

（四）尊重关爱农民工，搭建发展大舞台

青岛港有农民工 8000 余人，占全体职工的三分之一，与正式职工“一个单子发钱，一个食堂吃饭，一样评职称，一样拿大奖”，实现了“由技能匮乏到又红又专、由挣钱吃饭到实现价值、由短期务工到当家作主、由打工者到新时期产业工人”的根本性转变。青岛港干部职工把农民工当成自己的家人，强调“谁瞧不起农民工，就是瞧不起俺爹娘”。农民工感觉自己在青岛港工作“底气足、腰板硬、有地位、有尊严”，是名副其实的港口主人，激发出爱岗敬业、回报企业的劳动热情与创造活力。

同工同酬，民主参与。青岛港大力推进农民工与城市工的同工同酬，针对农民工特点，设立全勤激励奖、积累贡献奖、年度“十佳农民工”奖，发放合同制津贴、住房补贴。2010 年农民工工资收入同比增加 15%，年均收入达到 4.2 万元，是青岛市职工社会平均工资的 1.5 倍；一线农民工达到了人均 4.8 万元，是青岛市职工社会平均工资的 1.7 倍。为全体农民工缴纳基本养老、医疗、工伤、生育、失业五项社会保险，落实农民工带薪休假权利。选举农民工代表参加职工代表大会，目前，农民工中有 65 人当选为集团职代会代表，2 人当选为主席团成员。在青岛港，农民工“进港一个带动致富一片”，“当家理政做主人”。

培训技能，提升素质。青岛港高度重视提升农民工的职业技能，建立了公司、队、班三级衔接的培训体系，广泛推行“一室三书一网”培训模式，通过脱产培训和“传帮带”，助推农民工在各自的岗位上成才。技术岗位工作的农民工参加每年一度的资格考核，合格者领取技能津贴和考工补贴。在装卸工人中实行技术等级评聘，评聘装卸工艺师、助理装卸工艺师、装卸工艺员 193 名，开创了全国先河。一大批农民工通过培训练就了岗位“绝活”，成为有高技能的“金蓝领”，有 889 人担任了班长、车长，41 人担任了队长、副队长，2700 多人有了各类职称和技术等级，享受相应的职称补贴。

（五）建设企业文化，构筑精神家园

企业文化是企业长盛不衰的根本动力，是企业经营管理和发展进步的

灵魂，能够极大增强企业的凝聚力，使企业在市场竞争中立于不败之地。青岛港坚持社会主义先进文化前进方向，以弘扬企业精神为核心，大力加强企业文化建设，为广大职工构建起富有特色的精神家园。

以企业精神凝聚职工。青岛港坚持革命理想高于天，理直气壮讲奉献，牢固树立建设世界强港的奋斗目标，把职工的个人理想、目标聚焦成企业的共同愿景，由此催生出强大的学习、创造和实践能力。青岛港把“三大使命”和“三个一代人”作为企业文化建设的标本，坚持发扬“对待革命事业，要当老实人，说老实话，办老实事；对待工作，要有严格的要求，严密的组织，严肃的态度，严明的纪律”的“三老四严”精神，推进基层建设、基础工作和基本功训练的“三基”管理，使广大职工的思想观念和目标追求能够取得高度一致，唱响“工人伟大、劳动光荣”的主旋律，为港口发展提供强有力的思想基础、文化支撑和素质保证。

以红色文化熏陶职工。青岛港大力弘扬国有企业的思想政治优势，坚持不懈地宣传坚决拥护共产党的领导，坚定地追求社会主义事业，无论港口处于顺境还是逆境，都要忠于党，忠于国家。1996 年以来，青岛港组织开展“三百”“三千”乃至万人报告团，让有理想的人讲理想，有道德的人讲道德，以身边的人和事教育干部职工，利用国庆、建党节等重大节日，开展讲革命史、创业史、发展史的主题教育活动，组织老革命、老模范、老码头等到全港基层队部和班组进行巡回宣讲，让爱党、爱国、爱港的精神内化于职工之心，实践于职工之行，并代代相传。

以时代文化引领职工。青岛港在建设企业文化过程中，紧扣时代脉搏，培育以竞争、创新、环保、低碳、和谐等文化主题，塑造职工全新的品格，拓宽了职工视野，更新了知识结构，为企业发展不断注入生机活力。大力开展“创建学习型企业，争当知识型职工”班组文化建设，自 1994 年起，每年开展一至两个主题教育，坚持月月组织政治学习和主题班会活动。2008 年，青岛港组织人人“干好一件事”“算好三笔账”“把握四句话”的纪念改革开放 30 周年专题教育活动。2010 年，青岛港举行“我说十一五”活动，动员干部职工总结“十一五”，谋划“十二五”。青岛港通过举办每年一度的海港艺术节、职工体育运动会、书画展和两年一度的科技大会，以及经常举办绝活比赛等活动，丰富了职工的精神文化生活。

（六）广大职工“强身健体”，争当国家中流砥柱

知识改变命运，岗位成就人才。青岛港认为，国有企业是“国家队”，要做国家的中流砥柱，当好共和国的“长子”，就需要为企业发展、国家建设培养一支高素质的职工队伍。青岛港通过制度设计、体制机制创新，为职工提升职业技能创造条件，让更多职工获得发展机会、成为人才。

锻造职业培训大学校。多年来，青岛港大力实施“科技兴港、人才强港”战略，每年拿出1000万元作为职工培训教育专门经费。2008年以来，每年再投入上亿元，组织6000多名两级机关和专业技术人员分专业、分类别参加集中全封闭脱产培训，7000多名技术工人分工种、分级别参加“队为核心”脱产培训，全港2万多名职工人人参加“五个平安”带薪脱产两天大培训。坚持“请进来，走出去”，先后选派3000多人次到国内外先进港口学习考察，选拔2000多人次到高等院校强化培训，邀请300多位院士、专家来港举办各类高端讲座。2007年，青岛港在全国企业中首创了“211”（每月2个小时学政治，1个小时学安全，1个小时学业务）带薪学习制度。青岛港通过建立健全人才培养、使用和激励机制，为广大职工搭建了成才的平台，职工职业技能素质得到了全面提升，全港职工中有专业技术人员6000多名，技术工人7000多名，80%以上的技术工人为高级工、技师和高级技师，技术人才占比远高于发达国家的平均水平。

大力建设“三支队伍”。青岛港践行不唯学历、不唯职称、不唯资历、不唯身份、不唯年龄、人人平等的“五不唯”用人理念，形成了知识过硬、业务过硬、技能过硬的三支队伍——知识分子队伍勇于创新、研发不断，技术工人队伍身怀绝技、勤钻多能，农民工队伍爱岗敬业、奋进成才。知识分子队伍中，仅2010年青岛港第六届科技大会上，10名突出拔尖人才和53名突出贡献人才获得隆重表彰。技术工人中，12人被评为省、市首席技师和突出贡献技师，近千人获得第二技能国家职业资格证书，3000多人取得专项能力证书。农民工中，先后涌现出初级工1194人、中

级工 631 人、高级工 912 人、技师 30 人。

青岛港人才辈出，群星闪耀。许振超从一名普通的装卸工成长为新时期产业工人杰出代表、全国劳动模范、全国人大常委；孙波成为全国五一劳动奖章获得者；知识分子郭志渝成为享受国务院特殊津贴专家；技术工人徐青荣、唐卫成为全国技术能手，邵泽山成为全国优秀青年技师；港口公安局长隋振坤被评为全国 29 位任长霞式公安局长之一；农民工皮进军成为十大全国杰出进城务工青年、全国青联委员；徐万年不仅成为全国劳动模范，还当上了青岛港一个合资公司的党委书记；王召利、朱广田被评为全国优秀农民工，赵树双荣获山东省首届百名农民工之星，安立强勇夺中央电视台全国状元技能挑战赛状元。以劳模许振超为代表的金牌团队不断发展壮大，造就了数以万计的五好岗位职工，以首创者名字命名了 580 多个员工品牌，练就了 1800 多个绝活，集装箱装卸振超效率 8 次、铁矿石接卸孙波效率 15 次刷新世界纪录。

（七）强化领导班子建设，发挥引领示范作用

领导班子是企业的灵魂。青岛港经验的形成，一个重要原因就是把提升领导干部的素质、能干事、干成事作为永葆本色的核心任务，以永葆本色建钢班子带铁队伍，打造出一个能征善战、团结高效的领导团队。

锻造本色班子，强化素质建设。青岛港领导班子坚持干国企就是要过好信仰关、感情关、苦乐关、标准关和服务关，上让国家放心、下让职工满意、对己终生无悔，全面打造“德才兼备、又红又专、真才实学、干事创业”的班子队伍。为此，大力加强领导干部的思想建设，正确解决好在国企当领导“图什么”、“为了谁”，“干什么”、“怎么干”、“干到什么程度”等一系列问题。多年来，青岛港坚持倡导以“一心为民、造福职工”为核心的“六种风气”（坚定信念，敢讲真话；一心为民，造福职工；真抓实干，艰苦奋斗；说到做到，三老四严；廉洁勤政，谦虚谨慎；勤奋学习，锐意进取），不断提升领导干部“一心为民的志向、一身正气的胸怀、无私无畏的胆略、无怨无悔的心态、真抓实干的精神”的五种境界，自觉站上“高风险、高压力、高动力”第一线，把自己一头交给组织、一头交给工作。大力强化领导干部的素质建设，把能干事、干成事作为永葆本色

的核心任务，坚定不移地改造学习、改造业务、改造队伍。以创建“思想境界上强、保持一致上强、学习上强、实干上强”的党组织为目标，突出抓好“班长”队伍的建设，坚持“把支部建在连上”，发挥了基层党支部熟悉工作实践、紧密贴近职工的优势。定期举办党员干部为期 3 个月的高强度研讨班，深入学习党的理论政策和现代管理知识。基层党政一把手人人制定“四强”标准和措施，并在集团专门召开汇报交流会谈心得、讲体会，进一步提升一把手境界。基层党组织普遍建立月度、季度定期考核等制度，坚持开展党支部年度工作目标责任制，抓好支部“三会一课”等制度的落实。基层党支部在各项改革中凝聚党心民心，形成发展合力，成为推动青岛港发展敢打必胜的战斗堡垒。

自强不息开拓进取，引领企业超前发展。青岛港领导班子善于站在市场经济的前沿，运用世界视野、前瞻思维谋划企业发展战略，以敏锐的市场洞察力和决断力审时度势、抢抓机遇。从 20 世纪 90 年代开始，就瞄准国际航运市场船舶大型化、深水化、专业化的发展趋势，先后建成投产了世界最大的集装箱码头、世界级原油码头、煤炭码头，在一片荒沙滩上建起了一座 3 亿吨大港，实现了世界上有多大的船、青岛港就有多大的码头的腾飞。1993 年因势利导与南非 ISCOR 公司合作，改造综合码头，成为当时中国北方最大的矿石中转站，1998 年顺势而上，将青岛港建设成为世界矿石进口第一大港。2009 年，挥师南下挺进董家口，打造第四大港区，2010 年建成了世界最大的 40 万吨矿石码头，引发了世界港口建设史上的一场革命。如今，青岛港的港口通过能力由原来的 1800 多万吨扩大到了 1 亿多吨，靠泊能力实现了从 1 万吨级到 40 万吨级的大提升。“十二五”期间，青岛港将在董家口港区再造一座 3 亿吨大港，进一步增强企业可持续发展后劲，赢得主动和先机。

加强廉政勤政建设，坚持为民务实清廉。风气不正、一事无成。领导班子要完成引领港口科学发展的重任，必须正人先正己，严格自律、清正廉洁，赢得广大职工的支持和拥护。集团制定下发《领导人员廉洁从业管理规定》、资金管理“八不准”规定等制度措施，要求党政领导以身作则，率先垂范。坚持“安全”和“经济”是两条高压线，在港口物资集中招标采购中，各级领导干部坚持“不插手、不经手、不放手”原则，确保“坚定不移地公开透明，坚定不移地规范厂商，坚定不移地抓好大户，坚定不移地扶正祛邪”，自觉接受群众监督。从 1989 年开始，领导班子每年开展“冬练三九、夏练三伏”，每年冬天最冷、夏天最热的时候集中 30 多天，和工人一起扛大包，一样挣计件，如今已经坚持了 23 年 57 次。坚持“面向基层、面向职工、面向市场、面向货主、面向外部”，“领导工作到现场，安全质量管理到现场，生产组织到现场，设备管理到现场，思想工作到现场”。坚持“港外过节，港内大干；职工过节，领导过关”，领导每年都与一线职工共度除夕，元旦、春节、五一、国庆节，下基层和走访先模人物、离退休老同志，了解职工所需所盼，解决一线急事难事。坚持工作上向高标准看齐，生活上向低标准看齐，关系职工切身利益的事，都是先基层后机关，先职工后领导。20 多年不买小车省下钱来给职工买班车，不装修办公楼省下钱来给职工装修候工楼。青岛港党政同心、党群同心、干群同心，被评为全国国有企业“四好”领导班子先进集体。

调研中，我们深切感受到被职工称作“当家人”的常德传同志对青岛港发展所起的重要作用。常德传同志是青岛港（集团）有限公司董事局主席、总裁，先后获得全国劳动模范、全国优秀企业家等荣誉称号。他坚信，国企的发展不单是经济问题，更是政治问题，在中国共产党领导下，国有企业一定能搞好，青岛港一定能走出一条国企发展的道路。他始终站在港口发展第一线，率先提出“向我学习”“向我看齐”，20 多年如一日带头坚持“5 +2”“白加黑”，带领党政领导长年累月跑市场、蹲现场、谋发展。他坚持生活上低标准，把市里奖励的海滨别墅让给青岛港代管的老红军。在他的影响和带动下，青岛港形成了风清气正、创先争优的浓厚氛围，为企业在市场竞争中不断壮大夯实了基础。

三、青岛港经验的启示

青岛港的经验十分丰富，特别是坚持党的领导的坚定信念、依靠职工办企业的管理理念、关爱农民工的制度安排、以职工为本的企业文化、全面发展的职工队伍和坚强有力的领导班子等，给人们留下深刻的印象和重要的启示。

（一）全心全意依靠职工办企业、构建和谐劳动关系是企业发展的根本

胡锦涛总书记在党的十七大上强调，要全心全意依靠工人阶级，完善以职工代表大会为基本形式的企事业单位民主管理制度，推进厂务公开，支持职工参与管理，维护职工合法权益。习近平同志在全国构建和谐劳动关系先进表彰暨经验交流会上指出，构建和谐劳动关系，要坚持以人为本，把解决广大职工最关心最直接最现实的利益问题，切实维护他们的经济权益、政治权益、文化权益、社会权益，作为根本出发点和落脚点，坚持促进企业发展和维护职工权益相统一。青岛港的实践证明，职工是企业发展的动力和源泉，职工中蕴藏着无穷的智慧和力量。只有坚持全心全意依靠职工办企业的方针，不断完善以职代会为基本形式的民主管理制度，尊重职工的主人翁地位，维护职工的合法权益，充分保护、调动和发挥职工的积极性、主动性和创造性，才能确保劳动关系长期和谐稳定，打造企业可持续发展的核心竞争力。

（二）培育先进的企业文化职工文化、激励职工爱岗敬业是企业前进的动力

党的十七届六中全会提出了建设社会主义文化强国的发展目标。企业文化和职工文化作为社会主义文化的重要支撑，是企业产生核心竞争力和凝聚力的重要源泉。青岛港“自强不息，厚德载物，廉洁奉公，团结一致，实干兴港，以诚待人”的文化理念，既包含了浓厚的中华民族传统文化特色，又体现出强烈的现代文明色彩，是民族优良传统、社会主义精神和现代企业治理理念相结合的产物，是青岛港生产经营的宗旨和企业价值观的集中体现，是“文化兴企、文化强企”的生动范本。实践证明，只有建设先进企业文化职工文化，用先进文化培育和谐的劳动关系，以企业文化“软实力”推动经济“硬发展”，社会主义文化才能根深叶茂、蓬勃发展，企业基业长青、职工全面发展才能始终保持强大的精神内驱力。

（三）建立健全科学制度机制、强化执行能力是企业兴盛的关键

青岛港以 64 人集团机关有效管理 2.4 万多名职工，通过民主渠道凝聚职工智慧，其奥妙之一就在于制定完善了一系列制度机制，以“一点也不能差，差一点也不行”为标准，建立健全越绩效管理框架体系，探索出“管理重心下移，队为核心”的全新管理方略，创建“五级管理”格局，筑牢了港口管理基础，极大提升了管理效能，使青岛港用较短时间走过了发达国家港口上百年的历程，无论是管理效率还是生产效率都居世界先进港口水平。实践证明，提升国有企业管理水平、提高制度的执行力，是确保企业成功的基石。搞好企业，必须练好内功，集中经营者与职工的智慧，促进企业决策的科学化民主化和经营管理的制度化规范化，为实现企业发展壮大奠定坚实的制度基础、群众基础。

（四）打造德才兼备领导团队、提升班子领导力是企业发展的保证

青岛港领导班子始终坚持与党中央保持高度一致，保持与职工群众的血肉联系，坚持身先士卒，实干兴港，一级带着一级干，一级干给一级看，用真理的力量启迪人心，用人格的力量激励人心，用情感的力量温暖人心，用民主的力量凝聚人心，按照政治素质好、经营业绩好、团结协作好、作风形象好的要求加强自身建设。青岛港的经验告诉我们，国有企业的领导班子应该具有共产党人之德和市场经济之才，具备政治意识、大局意识、责任意识和忧患意识，做到思想上清醒、政治上坚定、作风上务实，增强战略决策能力、经营管理能力、市场应变能力、开拓创新能力、风险防御能力和驾驭复杂局面能力。只有这样，才能团结带领广大职工，心往一处想、劲往一处使，同心同德干事业、群策群力谋发展。

全国工会“面对面、心贴心、实打实服务职工在基层”活动开展情况的报告*

中共中华全国总工会党组

为做好新形势下职工群众工作，积极为党的十八大胜利召开营造良好环境，全国总工会把开展“面对面、心贴心、实打实服务职工在基层”活动作为2012年工作主线，精心部署、迅速行动，取得了积极进展，得到了广大职工的欢迎。现将活动开展情况报告如下：

一、开展活动的主要做法和成效

各级工会围绕开展调查研究、宣传政策法规、促进企业发展、推动解决困难、推进重点工作等五项任务，努力做到职工队伍状况在一线掌握、工会维权帮扶在一线实施、构建和谐劳动关系在一线推进、工会工作任务在一线落实、创先争优活动在一线开展等“五个在一线”，切实把推进服务职工活动的过程变成与广大职工“面对面”“心贴心”“实打实”的过程。

（一）全员参与、全会动员、全面覆盖，坚持做到“面对面”。全总成立了由全总党组书记任组长，全总领导班子其他成员为副组长的全国工会服务职工活动领导小组，全总机关组成24个服务职工工作组，深入到31个省（区、市）和新疆生产建设兵团、122个地市、271家企业，与9019名一线职工、企业经营者和基层工会干部面对面交流，个案访谈1788人。各级工会通过召开工作推进会议、督促检查、专题汇报会等多种方式，层层发动、广泛动员，共成立5.15万个工作组，组织103.03万名工会干部，采取领导带队包片、干部蹲点入户的方式，深入到40.14万家企业特别是

---

* 本文收入《面对面心贴心实打实——中国工会服务职工在基层》一书，中国工人出版社2012年1月出版，收入本书时个别文字有改动。

中小企业、非公有制企业、改制企业、生产经营困难企业和劳动密集型企业，召开26.06万场次座谈会，与757.85万名一线职工、企业经营者和基层工会干部面对面交流，个案访谈81.67万名职工，努力做到走访不留空白、工作不留死角，实现工会干部对服务职工活动的全员参与，服务职工活动对建会企业和职工的全面覆盖。广大工会干部围绕涉及企业发展和职工利益等问题深入调研，通过进车间、访班组，入宿舍、到食堂，坐罐笼、下矿井，与职工群众“零距离”接触，同吃同住同劳动，既听“顺耳话”，也听“逆耳言”，了解职工在想什么、干什么、盼什么，全总机关和各省级工会共形成140多篇调研报告，为党和政府科学决策、做好职工群众工作提供了重要依据。

（二）带着嘱托、带着责任、带着感情，充分体现“心贴心”。广大工会干部坚持在思想上尊重职工群众、在感情上亲近职工群众、在工作上贴近职工群众，细致入微地做职工的思想工作，大力宣传党的十六大以来取得的巨大成就及党和政府惠民生、促发展各项政策措施，宣讲中国特色社会主义工会发展道路的科学内涵，普及劳动法律法规，积极回应职工关心的热点问题，做好释疑解惑工作，让广大职工切身感受到党和政府的关怀，坚定永远跟党走的政治信念。各级工会共举办辅导报告、宣讲活动8100多场，组织近120万人次参加，发放学习材料46.8万册。全总机关发放《职工劳动权益手册》近30万册，帮助企业建立职工书屋示范点1000家，配送价值3000万元的图书。一些地方工会在职工帮扶中心和社区、工业园区建设“心灵驿站”，开展“职工阅读——提升素质超越自我”主题活动，举办读书讲座下基层、“流动图书馆”进企业、外来工读书沙龙等活动，满足广大职工特别是新生代农民工的精神文化需求。针对互联网等新兴媒体对职工思想和行为方式影响日益加深的实际，全总和地方工会通过建立6万多人的网络宣传员队伍、设立工会工作宣传员QQ群、开通工会官方微博和地方工会主要领导个人微博等方式，及时掌握职工思想动态，努力引导网络舆情。

（三）服务大局、服务企业、服务职工，努力实现“实打实”。各级工会按照开展服务职工活动“关键在于解决问题”的要求，坚持从服务党和国家工作大局高度思考问题，从企业实际出发开展活动，根据职工群众意愿谋划工作，把问题解决得如何作为衡量活动是否收到成效的重要标准，做到活动开展到哪里、问题就解决到哪里，哪里开展活动、哪里就有新变化。一是在服务大局方面，围绕做好十八大前维稳工作、促进职工队伍和社会和谐稳定，建立了职工队伍稳定情况定期分析研判机制、紧急信息报送制度、舆情信息监测处理机制，并通过组织劳资矛盾调解员队伍、设立工会劳动争议调解室、组建职工法律援助团等方式，为困难职工和农民工提供法律援助。全国建立各类劳动争议调解组织 67.98 万个，调解人员 200 多万人，发挥了工会在劳动争议调处中“第一道防线”的作用，有力维护了职工队伍的稳定。二是在服务企业方面，围绕科学发展主题、转变经济发展方式主线，组织开展了形式多样的劳动竞赛活动，引导广大职工勤奋劳动、诚实劳动、创新劳动。今年上半年，劳动竞赛企事业单位覆盖面为 77.8%，职工参与率为 73.3%，开展岗位练兵的企事业单位占总数 70% 以上，在增强企业竞争能力、实现转型升级中充分发挥了工人阶级主力军作用；针对经济下行压力较大、中小企业发展困难较多的情况，积极向党委政府反映，推动解决企业用电、用地和政策扶持等问题，通过为企业提供小额贷款贴息服务、依托“劳模基金”为中小型企业提供担保贷款和资金扶持、召开“银企对接会”、联系金融机构与部分劳模所在企业建立合作关系等方式，帮助企业解决融资难、招工难、留人难问题。三是在服务职工方面，坚持一手办实事，一手抓机制。走访困难职工和劳模 91.35 万户，发放各类慰问金和救助金 8.55 亿元，为职工解决突出问题 9.5 万多件，其中全总机关走访 1281 户困难职工，慰问 160 名劳模，支援困难企业和困难职工帮扶中心 4287.5 万元；突出为职工送岗位，开展“全国工会就业援助月”活动，组织专场招聘会 5973 场次，提供免费就业服务 419.4 万人次，成功介绍就业 111.8 万人次，跨地区组织劳务输出 53.9 万人；指导规模以上企业及非公企业较多的工业园区、经济开发区等建立工会维权帮扶救助站点，开办工会“爱心超市”“爱心学校”、发放职工服务卡、向车间班组赠送“关爱箱”、实施项目化帮扶等，为职工提供高效便捷的服务；主动与政府召开联席会议、举行三方会议，从政策制度层面推动解决影响职工权益的共性问题，做到事事有交代、件件有着落，切实取信于基层和职工群众。

通过开展服务职工活动，各级工会全面了解了职工队伍的新情况新变化，有效纾解了职工的实际困难，有力促进了职工队伍稳定，切实激发了工会组织活力。一些年轻工会干部深有感触地说，通过下基层长了见识，接地气长了灵气，办实事长了本事，访职工增了感情，对于提升素质、锤炼作风大有益处，希望能长期坚持下去。

二、通过开展活动了解到的职工队伍新情况新变化

在开展服务职工活动中，我们了解到，当前劳动关系整体和谐，职工队伍总体稳定，广大职工积极向上，普遍对中国特色社会主义事业充满信心，支持党和政府各项改革措施，积极为推动经济社会又好又快发展作贡献。同时我们也了解到，劳动关系领域和职工队伍出现了一些新情况新变化，给维护职工权益、做好新形势下职工群众工作带来一系列新情况新问题，主要表现在以下几个方面：

（一）国际金融危机和国内经济下行对职工权益维护工作提出了新任务。国际金融危机以来，党和政府采取了一系列稳增长、调结构的政策措施，保持了经济平稳较快发展。但也要看到，随着国际金融危机的持续及欧债危机的加剧，我国经济发展中不平衡、不协调、不可持续的矛盾和问题仍很突出，经济增长下行压力和物价上涨压力并存，一些中小企业订单减少、成本升高，煤炭、钢铁、建筑、汽车等行业效益下滑，部分跨国企业大规模裁员，对职工就业、收入、社会保障等权益实现造成不利影响。根据全总对宁波、温州、东莞、泉州、郑州、绵阳等6个城市及其60家样本企业进行的监测显示，就业服务机构的求人倍率，从2010年第二季度末的1.74—2.61，逐步下降到今年第二季度末的1.08—1.22，用工市场的供求关系明显趋紧。拖欠工资现象有所抬头，根据人力资源社会保障部统计，2011年全国发生拖欠工资案件20万起，而2012年仅1—8月就已达16.1万起。困难职工数量有所增加，生活负担有所加重，截至2012年9月，工会系统统计的在档困难职工家庭达509万户，比2011年底增加了17万户。湖北省总工会在活动中了解到，当前企业职工普遍有“五盼”：一盼企业增效大发展，二盼劳动就业要稳定，三盼工资收入能增长，四盼物价房价莫乱涨，五盼养老看病有保障。安徽省总工会了解到，部分农民

工生产生活有“四难”：子女就学难、社会保险接续难、住房难、就医难。内蒙古自治区总工会了解到，职工权益问题呈现“三突出”：非公有制企业职工权益实现问题突出、转制企业遗留问题突出、农民工和劳务派遣工问题突出。这些新情况新问题，对职工权益维护工作提出了新任务。

（二）经济结构调整与经济发展方式转变对职工素质提高提出了新要求。随着经济发展方式转变、经济结构调整的步伐不断加快，传统的劳动密集型产业逐步萎缩，要素投入对经济增长的作用日益减弱，技术进步对劳动关系的影响更加直接，迫切要求建设一支高素质的职工队伍。但目前职工文化技术水平总体仍然偏低，高技能工人不足，结构性短缺日趋严重，目前我国初、中、高级工占技术工人比例为60%、35%、5%，而发达国家三者比例为15%、50%、35%。同时，职业培训的覆盖面还较窄，水平还有待提高，据国家统计局农民工调查监测报告显示，2011年既没有参加农业技术培训也没有参加非农职业技能培训的农民工占68.8%，职业培训体系建设的相对滞后难以适应现实需求。随着落后产能淘汰力度的进一步加大，难以适应企业新要求的低技能农民工、“4050”城镇下岗职工、部分专业技能不对口的大中专毕业生等结构性失业人员可能增多。

（三）职工来源多元、信息传播渠道多样对做好职工思想政治工作提出了新课题。当前全国3.21亿职工中，企业职工为2.69亿人，其中非公企业职工2.37亿人，占企业职工总数的88.10%，成为工人阶级的主体。农民工、劳务派遣工群体不断壮大，全国农民工总量为2.53亿人，其中外出农民工1.58亿人；劳务派遣工约3700万人，占企业职工总数的13%左右。职工队伍结构的这些新变化，导致职工利益诉求多样，职工尤其是新生代农民工自主意识、维权意识不断增强；同时，互联网、手机、微博、QQ群等新兴媒体日益成为影响企业职工生活的重要因素，网络的虚拟性、隐蔽性、扩散性、非理性等特点，给职工思想和行为方式带来了新变化，给工会组织做好职工思想政治工作提出了新要求。

（四）劳动关系复杂，对维护职工队伍与社会稳定提出了新挑战。随着外资加速向我国流入，劳动关系运行不断受到国际经贸规则、国际工人运动、国际劳工标准等因素的影响，目前全球500家大公司中已有一半以上在我国设立了企业或机构，外商、港澳台商投资企业职工数占企业职工总数的12.3%，外商特别是跨国公司试图用所谓全球规则而不是我国法律来规制企业劳动关系，给劳动关系的运行带来了新挑战。

三、下一步深化活动的打算

下一步，我们要在总结活动经验的基础上，继续深化认识，加强成果运用，切实提高工作水平，始终坚持工会在职工群众工作中的主导地位，充分体现做职工群众工作的主体作用。

一是深化服务职工活动，努力做好党的十八大前维护职工队伍稳定工作。进一步认识当前形势下深化服务职工活动的重要性和紧迫性，继续深入开展好服务职工活动，切实为职工做好事、办实事、解难事。在党的十八大前，选派一批工会干部沉到基层、融入职工，着力推动解决企业和职工群众的实际问题。深入研判国际国内复杂形势对职工队伍带来的影响，及时排查影响职工队伍稳定的倾向性、苗头性因素，建立健全应急处置预案，落实工作责任。对于经济形势对职工就业等权益产生的影响，进行具体分析研究并积极主动向党政沟通；对生产经营困难的企业，做好职工思想工作和帮扶工作，发动职工与企业共渡难关，让职工切身感受到工会组织在实打实地为他们解决困难，以实际行动维护劳动关系和职工队伍和谐稳定。

二是建立健全工会组织联系职工、服务职工长效机制。把握做好新形势下职工群众工作的特点和规律，从理论和实践的结合上总结服务职工活动的经验做法，提升为普遍推行的制度规范。抓紧制定建立健全工会组织服务职工长效机制的意见，坚持做到对困难和问题集中的企业和职工“必访”，对企业生产发展和职工权益实现情况“必清”，进一步加强和改进工会信访、12351职工维权热线等工作，推进工会领导干部接待职工群众来访工作，坚持领导干部亲自处理职工信访中提出的重要问题。通过建立群众工作室（站）、员工诉求中心、在律师事务所和工会帮扶中心设立“职工维权岗”、发放服务职工联系卡（服务卡）等形式，及时收集反馈基层和职工的信息，畅通工会联系职工、服务职工的渠道，切实推动服务职工活动制度化、规范化、常态化。

三是进一步激发基层工会活力，切实提高做好职工群众工作的能力和

水平。加强对基层工会工作的指导和服务，尊重基层首创精神，及时总结各地新鲜经验，切实激发基层工会组织活力。不断推动完善组织体制、转变运行机制、创新活动方式，坚持工会干部多下基层，多从职工群众角度思考问题，多从基层实际出发开展活动，切实将工会资源和经费向基层倾斜。以加强工会能力建设为着力点，强化党的群众路线教育，加大政策法规、业务知识和岗位技能培训力度，努力解决思想、作风、能力、素质等方面与形势发展要求不符合不适应的问题，提高做好新形势下职工群众工作的能力和水平。

我们将继续深入开展“面对面、心贴心、实打实服务职工在基层”活动，不断总结经验，努力提高活动成效和水平，坚定不移地走中国特色社会主义工会发展道路，以优异的成绩迎接党的十八大胜利召开！

中国企业员工福利保障指数调研报告（2012・大中城市）*

平安养老保险股份有限公司、中华全国总工会劳动关系研究中心

一、调研说明

（一）调研内容

本次项目调研内容包括企业员工福利保障体系的覆盖广度、保障深度等客观状况，以及企业员工对当前福利保障体系的满意度评价及企业对现有福利保障体系的投入产出效益评价。同时，本次调研还包括企业福利保障方案的未来规划和员工对福利保障项目的需求等内容。

（二）调查对象

调查对象为在中国内地经营的企业，主要受访者为企业员工以及企业人力资源部门负责人。通过整合分析多维度信息，从多方视角观测中国企业员工福利保障的现状和未来发展趋势。

（三）概念界定

企业员工福利保障体系：指企业员工所享有的各类福利及保障项目，包括社会保险、住房公积金、商业补充保障和非保险类福利四大类。

企业员工福利保障覆盖广度：指企业员工福利保障所覆盖的人群的多少。

企业员工福利保障覆盖深度：指企业所提供的员工福利保障项目的多少。

---

* 本文刊登于《中国工运》2013 年第 1 期，收入本书时文字有个别改动。

企业员工福利保障满意度评价：指企业员工对所获得的各项福利保障的满意程度。

企业福利保障效益评价：指企业对其向员工所提供的各项福利保障所产生效益的评价（即企业员工福利保障投入回报效果评价）。

社会保险：指国家法律法规规定的强制性基本养老保险、基本医疗保险、工伤保险、失业保险、生育保险等。

住房公积金：指单位及其在职职工缴存的长期住房储金，是住房分配货币化、社会化和法制化的主要形式。

商业补充保障：指企业为员工提供的各种商业意外保险、商业性补充医疗保险、重大疾病保险、商业补充养老保险、企业年金以及家属保障等。

非保险类福利：指除社会保险、住房公积金和商业补充保障之外的其他福利（如企业福利假、津贴、培训、补充住房公积金等各项福利）。

二、调研发现

通过此次调研，对不同行业、不同企业类型和不同企业规模的企业员工福利保障状况进行了全面了解和指数化测量，对企业员工福利保障需求及企业对员工福利保障的投入意愿进行了分析，主要发现如下。

（一）2012 年中国企业员工福利保障状况处于基础水平

此次调研数据表明，2012 年中国企业员工福利保障指数为 65. 37，保障状况处于基础水平，保障体系初步构建。其中，企业员工福利保障广度指数为 61. 33，是员工福利保障指数中最为薄弱的部分，法定社会保险覆盖较广，但补充性福利保障覆盖人群较窄，获取门槛较高。企业员工福利保障深度指数为 64. 64，员工福利保障项目相对不足、不够丰富，主要存在保障项目单一、保障力度不均衡等问题。

企业员工对目前所获得的福利保障状况的满意度评价指数为 70. 15，高于其他指数，但仍未达到高位；企业对福利保障投入的效益评价指数为 66. 19，投入效果未达到较高预期，企业未来对员工福利保障投入的动力和积极性有待提高。

（二）不同行业间、不同企业类型间、不同企业规模间企业员工福利保障指数差异性较大

分行业来看，企业员工福利保障指数呈现离散程度偏高的特点，标准差为2.75。金融/银行/保险、能源矿产/石油化工和医药生物/医疗保健等行业企业员工福利保障指数排名前三；其中，金融/银行/保险行业企业员工福利保障深度指数为72.03，员工满意度评价指数为73.51，企业效益评价指数为71.72，这三项二级指标推高了该行业指数。酒店旅游和广告/传媒/印刷出版两个行业指数排名靠后。广告/传媒/印刷出版行业中，深度指数为56.56，企业效益评价指数为56.65，是该行业指数排名末位的最大影响因素。

分企业类型来看，企业员工福利保障指数呈现离散程度较高的特点，标准差为5.01。外商独资企业/代表处、合资企业和国有企业指数排名前三，港澳台资企业指数处于中位，民营企业指数以59.32排名最末。

分企业规模来看，企业员工福利保障指数离散程度最高，标准差为5.30。企业规模对企业员工福利保障指数影响较大，企业规模越大，企业员工福利保障指数越高。分企业规模来看，10000人及以上企业员工福利保障指数排名第一，1000—9999人和500—999人企业指数排名中位，500人以下企业指数排名最末。

（三）员工对福利保障的需求仍处在基础阶段，集中在最基本的保障项目上

此次调研数据表明，员工对福利保障需求主要集中在基本保障项目上。住房公积金方面福利、商业补充保障、非保险类福利、社会保险成为受访员工希望提高和增强的项目。

（四）受自身财务状况和政策支持等因素影响，企业增加员工福利保障投入动力不足

企业的员工福利保障政策主要受自身财务状况（78.5%）、相关政策支持（61.4%）、人力资源战略（47.5%）、同行比较（39.8%）、员工需

求（32.3%）的影响，其中自身财务状况和相关政策支持的影响程度最大。

三、指数分析

（一）企业员工福利保障总体情况分析

1. 企业员工福利保障总指数处于基础水平

2012年中国企业员工福利保障总指数为65.37。其中，企业员工福利保障广度指数最低，仅为61.33；企业员工福利保障深度指数相对较低，为64.64；企业员工对现有福利保障状况的满意度评价和企业对现有福利保障的效益评价指数分别为70.15和66.19，均略高于总指数。

2. 企业员工福利保障项目覆盖比例不均衡

中国企业员工福利保障各项目的覆盖比例表现不均衡，其中社会保险覆盖人群为91.8%，住房公积金为69.0%，非保险类福利为67.4%，商业补充保障为53.8%。商业补充保障覆盖比例最低，远低于企业员工福利保障体系的其他方面，且主要保障项目集中在商业意外保险、重大疾病保险和商业性补充医疗保险这三类险种上，存在覆盖比例低、保障项目较少的问题，值得关注。

3. 企业员工获得福利保障存在较多条件

企业员工获得福利保障有一定的门槛，如是否为正式全职员工、工作年限长短、工作表现、职级和是否为关键岗位等。其中，相较于社会保险和住房公积金而言，商业补充保障和非保险类福利的获得需要更多条件。

4. 七成以上企业员工对福利保障状况表示满意

总体上看，受访员工对目前的福利保障状况表示满意及非常满意的合计为72.7%，同时有25.7%的受访员工对目前的福利保障状况表示不满意、非常不满意。具体来看，企业员工对现有福利保障广度的满意率高于对深度的满意率。其中，受访员工对于企业员工福利保障广度表示满意和非常满意的共占72.9%，对企业员工福利保障深度表示满意和非常满意的共占67.8%。

5. 企业对员工福利保障投入的效益评价

（1）企业在商业补充保障和非保险类福利上投入后效益较突出。

企业提供商业补充保障和非保险类福利保障的主要目的是提高员工稳定性、降低人员流动率，同时更好地激励员工。73.7%的企业认为商业补充保障最显著的效益是转移可能出现的风险（意外、医疗等）；81.3%的企业认为非保险类福利在激励员工方面的效益突出。

（2）企业未向员工提供商业补充保障原因呈多样化特点。

未提供商业补充保障的企业中，选择“商业补充保障非必须提供”的企业为56.3%；“已提供社会保险，而无力承担额外的商业补充保障”的企业为53.6%。

（二）分行业企业员工福利保障情况分析

1. 分行业企业员工福利保障指数差异较大

在不同行业间，企业员工福利保障指数差异较大。其中，金融/银行/保险行业的企业员工福利保障指数最高，达到了70.26；酒店旅游和广告/传媒/印刷出版行业的指数较低，分别只有62.05 和61.06。

2. 分行业企业员工福利保障项目覆盖不均衡

能源矿产/石油化工行业在社会保险和住房公积金方面覆盖情况最好，金融/银行/保险行业在非保险类福利和商业补充保障方面指数最高；与之相对的是，广告/传媒/印刷行业在社会保险、住房公积金和非保险类福利三项覆盖情况上均排名末位，而商业补充保障方面覆盖较差的行业是消费零售/贸易/交通物流行业。

3. 分行业企业员工获得福利保障的条件

除社会保险和住房公积金两项法定福利保障之外，各行业在提供员工商业补充保障和非保险类福利保障的前提条件按重要性排列，依次为是否为正式全职员工、工作年限、工作表现、职级和是否在关键岗位或部门。

4. 金融/银行/保险行业的企业员工福利保障状况满意率最高

金融/银行/保险行业的企业员工福利保障状况满意率最高，为79.0%；消费零售/贸易/交通物流行业的员工对现有福利保障状况的满意率评价最低，仅为65.8%，需引起该行业企业的重视。

（三）分企业类型企业员工福利保障情况分析

1. 分企业类型企业员工福利保障指数差异明显

从不同类型企业来看，外商独资企业/代表处企业员工福利保障指数最高，达71.74。民营企业虽然是国民经济的重要组成部分，但是企业员工福利保障指数最低，只有59.32，与其他类型企业相比，差异明显。

2. 分企业类型企业员工福利保障项目覆盖不均衡

不同企业类型中，外商独资企业/代表处较为均衡地构建了企业员工福利保障体系，与其他企业相比，更重视商业补充保障和非保险类福利的投入，覆盖情况分别为75.1%和68.8%；国有企业的社会保险和住房公积金覆盖情况明显好于其他企业，达到了94.2%和85.3%；而民营企业在企业员工福利保障各个项目上均落后于其他类型企业，所有指标都低于总体水平，需着力提升和完善。

3. 分企业类型企业员工获得福利保障主要依据是是否为正式全职员工

除社会保险和住房公积金两项法定福利保障之外，不同企业类型间，对于员工获得商业补充保障和非保险类福利保障设置的前提条件，按重要性排序基本一致。

4. 国有企业员工对福利保障状况满意率较高

国有企业员工对福利保障状况满意率较高，达78.1%；民营企业最低，仅为63.8%。

（四）分企业规模企业员工福利保障情况分析

1. 分企业规模企业员工福利保障指数差异明显，与规模大小成正比

企业规模与企业员工福利保障水平成正比。10000人及以上企业的企业员工福利保障指数最高，为75.76；500人以下的企业员工福利保障指数最低，仅为63.26。

2. 分企业规模企业员工福利保障项目覆盖情况不均衡

分企业规模来看，除社会保险之外，住房公积金、非保险类福利和商

业补充保障的覆盖比例随着企业规模增大而提高。

3. 分企业规模企业员工获得福利保障条件多样化，以是否正式员工为主要考量因素

除社会保险和住房公积金两项法定福利保障之外，分企业规模来看，相较于500人以下企业，500人以上企业在提供员工商业补充保障时，职级考虑的优先程度高于工作表现；在提供非保险类福利保障时，1000人以上企业更侧重于将职级的重要性排列于工作表现之前。

4. 500人以下企业员工福利保障状况满意率最低

分企业规模来看，500人以下企业员工福利保障状况满意率最低，仅为68.4%；其他规模企业中，500—999、1000—9999和10000及以上企业员工，福利保障状况满意度率分别为78.7%、77.9%和78.5%，差异不大。

四、企业员工福利保障需求及企业投入意愿

（一）企业员工福利保障需求

员工对福利保障需求处于基础水平，对住房、养老、医疗等基本保障项目的需求较强。此次调研中，62.3%的被访员工表示希望提高住房公积金的缴纳额度；有60.4%的受访员工希望增加商业补充保障的种类和额度；希望企业能够增加非保险类福利种类及额度和社会保险方面额度的员工比例分别为46.5%和40.9%。

在希望增加社会保险的被访员工中，45.0%的受访者希望增加基本养老保险额度，32.6%的受访员工希望增加基本医疗保险额度；在商业补充保障方面，希望增加重大疾病保险的员工比例达到24.6%；员工最希望增加的非保险类福利依次是企业福利假（22.5%）、补充住房公积金（19.7%）和过节津贴或礼品（15.6%）。

（二）企业对企业员工福利保障的投入意愿

1. 影响企业对企业员工福利保障投入的主要因素是企业自身财务状况

企业在设计企业员工福利保障体系时会衡量多种因素，在制定企业员

工福利保障政策时会受自身财务状况是否允许、相关政策是否支持、自身人力资源战略特征、与竞争对手或同行的比较状况和员工是否存在需求这五方面因素的影响。其中，企业自身财务状况是决定企业是否投入的首要因素，影响最大；同时政府相关政策的支持也在很大程度上影响企业决策，有超过6成的企业表示增加企业员工福利保障投入时会考虑这方面的情况。企业在决策时，也会考虑员工的福利保障需求，但这一考虑因素目前仍处于相对弱势的地位。

2. 未来愿意增加企业员工福利保障投入的企业不足五成

企业作为企业员工福利保障的直接提供者，影响了企业员工福利保障的未来趋势。42.5%的受访企业表示会进一步加大对企业员工福利保障的投入，35.3%的受访企业未确定是否会增加对企业员工福利保障的投入。同时也分别有11.3%和10.9%的受访企业表示在企业员工福利保障体系方面不会增加投入和保持现有投入规模不变。

五、对策建议

结合此次调研结果，对完善中国企业员工福利保障体系提出建议如下：

1. 在国家政策层面，加强福利保障体系建设的政策支持力度，通过政策引导，提高企业员工福利保障水平。

此次调研数据表明，目前中国企业员工福利保障状况仍处于基础水平，行业间、企业间差距很大，福利保障体系有待进一步完善。除社会保险之外的其他补充性福利保障（商业补充保障和非保险类福利）提升空间仍然很大。需要从人才、税收等相关政策上加强引导，增强企业对企业员工福利保障投入的动力，鼓励和引导相关企业提高企业员工福利保障力度，完善现有保障体系。比如，对企业年金、商业养老保险、健康保险等与民生密切相关的保障性项目给予个人所得税的税收优惠。

2. 在企业管理层面，应结合行业及自身人力资源特点，深入研究人力资本投入产出的机制，通过优化企业员工福利保障体系来提升人才竞争力和企业生产效率。

此次调研数据表明，企业员工福利保障投入效益并未充分达到期望，企业进一步提高保障投入的动力不足、积极性不够。企业应进一步深入调研，积极探索，采取各种有效措施：一方面，对人力资本投入和产出机制进行研究，提升投入有效性；另一方面，也可通过有效满足员工需求和期望，尤其是在福利保障享受门槛上，进行合理的设置，从而有效提升员工归属感和认同度，提高员工的生产积极性，助力企业的长远发展。

3. 对企业员工而言，应该提升自身的福利保障意识，提高对自身保障权益的关注度。

此次调研数据表明，员工对福利保障的满意度相对较高，但对福利保障的需求仍停留在基础水平。这是因为中国过去经济基础薄弱、福利保障整体水平不高，员工对福利保障期望较低且容易满足，对自身福利保障权益的认识也不够深入。员工应加强对有关法规政策的了解，提高对福利保障的认知水平和保障意识，适时地对自身现有福利保障进行有效补充。

坚持法治思维　运用法治方式
以改革精神推动基层工会建设取得新突破*

——上海市宝山区顾村镇加强基层工会建设的经验做法

全国总工会调研组

顾村镇位于上海市宝山区，镇域面积41.7平方公里，实有人口32.8万人（其中户籍人口10.4万人），工会会员1.5万余人，是上海市总工会确定的非公有制企业工会改革试点单位。自今年7月以来，顾村镇总工会认真落实中央、市委党的群团工作会议精神和上级工会要求，以贯彻落实习近平总书记关于加强基层工会建设“三个着力”的重要批示精神为指导，在区委、镇党委的坚强领导和市、区总工会的悉心指导下，坚持运用法治思维和法治方式，积极推进工会改革向基层延伸，着力扩大工会有效覆盖，打通联系服务职工的“最后一公里”，推动非公有制企业工会建起来、转起来、活起来，增强了职工群众对工会改革的获得感。

一、坚持问题导向，认真谋划加强基层工会建设的改革思路

顾村镇现有非公有制企业工会114家，占基层工会组织总数的94%，非公有制企业工会组织已成为镇基层工会的主体。从该镇非公有制企业工会建设情况看，在一定程度上存在企业建会难、会员意识弱、经费保障不足等突出问题，而且企业工会干部多为兼职，在履职中容易发生角色冲突，导致工会组织在职工群众中凝聚力不强，作用发挥不明显。现实表明，加强基层工会建设、增强基层工会活力，非公有制企业工会首当其冲，必须首先进行改革破题。

为此，上海市总工会在推进工会改革过程中，将非公有制企业工会改

* 本文系中华全国总工会办公厅文件（总工办发〔2016〕40号），2016年12月27日下发。

革作为重要内容，赋予顾村镇率先开展改革试点的重大任务，加强全程跟踪、全程指导、全程服务，并将由点及面、积极稳妥逐步在全市各区进行推广。宝山区委全力推进非公有制企业工会改革试点工作，构建与改革试点需要相配套的组织架构和岗责体系，做到“领导有力、支持有力、保障有力”。顾村镇总工会因势利导、抢抓机遇，精心谋划、周密部署，在党委领导和政府支持下，从强化服务入手，依法规范非公有制企业工会运行机制和活动方式，通过开展网上申请入会、建立会员发展“蓄水池”、实施建会“两书”制度、建立镇总工会财务结算中心、明晰基层工会职责为基层减负等措施，着力破解基层工会特别是非公有制企业工会建设难题，并分阶段分步骤制定出台了一系列改革试点文件，打出了一套加强非公有制企业工会建设的“组合拳”，逐步实现了工会改革在基层落地生根。自7月11日召开顾村镇非公有制企业工会改革试点动员大会以来，短短5个月时间，改革试点工作已取得了阶段性成效。目前，全镇114家非公有制企业工会，已全部纳入改革试点范围，其中26家企业工会已完成阶段任务，改革效果不断凸显，工会组织的吸引力凝聚力明显增强。

二、坚持“四个依法”，切实落实加强基层工会建设的改革举措

（一）坚持党的领导，坚持改革正确方向。一是强化组织领导。在区层面，区委书记专题会、区委常委会多次研究部署非公有制企业工会改革试点工作，成立工作领导小组，明确由区委副书记牵头，区总工会、顾村镇党委、顾村镇总工会参与，负责统筹领导、督促落实；在镇层面，由镇党委书记为第一责任人，党委副书记分管协调，总工会主席牵头推进。二是注重协同配合。上海市总工会多次深入顾村镇调研指导，专题研究改革试点事宜。区、镇两级设立工作组，落实协调、沟通、配合、支撑机制。同时建立政府和工会联席会议制度，积极争取党委和政府在政策、人员、经费等方面的支持。镇总工会还将镇域划分为3个网格区，包干到人、责任到人，确保改革措施落地。三是坚持党工共建。在酝酿人大代表、政协委员、工商联执委等具有政治身份人士和各类评先评优活动、财政资助项目中，主动征询工会对非公有制企业人选的意见。在维护职工合法权益的同时，通过楼宇、园区、街面、租住地等工会形式，努力将工会服务领域

拓展到所有职工、所有“两新”组织，积极参与社会治理创新等重点工作。

（二）坚持职工主体地位，拓展依法建会路径。一是吸引职工自愿入会。坚持服务为先，聚焦职工需求有针对性地开展入会宣传，实施普惠性服务、精准化服务，激发职工的入会愿望。以会员服务卡为载体，开展会员实名制信息采集，加强会员会籍管理。将依法交纳会费作为职工自愿入会的主要标志，并实行会费增值措施，在工会经费中安排会员个人交纳会费额的150%—200%用于直接惠及会员的项目，形成会员与非会员的区别效应，变职工“被入会”为“要入会”。二是拓展职工入会渠道。以“依法合规、职工为本、就近入会、循序渐进”原则，依托村居、园区、街面、楼宇、服务站等工会作为“蓄水池”吸收未建会企业的职工入会。发挥“网上入会”快捷通道作用，利用上海市总工会申工社APP、微信公众号等网络平台，使符合条件、有入会意愿的职工快速、便捷加入工会组织。三是推动和倒逼企业建会。将企业外入会和网上入会工作有效对接，当会员积累到一定数量后，派人深入会员所在企业帮助指导筹建工会。对阻挠或拖延建会的企业，通过推行工会组建法律监督整改意见书和法律监督整改建议书“两书”制度责令其改正。对仍不改正的上报上级工会，将其违法信息在上海市公共信用信息服务平台曝光，依法维护职工参加和组织工会的权益，切实摆脱和改变建会依赖企业的窘境。

（三）加强“以上代下”工作力度，增强依法维权实效。一是建立“以上代下”维权机制。牢固树立维权基本职责理念，合理界定基层工会工作职责，为非公有制企业工会“瘦身”减负。明确将非公有制企业工会主要职责定为发展会员、服务职工、协商协调和沟通报告四项，改变工会职责任务“上下一般粗”的状况。明确非公有制企业工会在服务中实现维权、上级工会在维权中实现服务的工作定位，加大“以上代下”工作力度，依法破解非公有制企业工会不敢维权、不愿维权问题。明确在发生劳动关系矛盾纠纷时，非公有制企业工会要当好第一发现人、第一知情人、第一报告人，协助配合上级工会化解纠纷；上级工会主动与企业直接沟通谈判，当好第一协调人，积极为职工争取权益。二是加强服务阵地建设。以职工维权“条块化”为抓手，对接全区升级版“红帆港”党群服务三级体系，在镇、开发区建立职工援助服务分中心和服务站，培育扶持职工服务类社会组织，并依托微信公众号、QQ群、服务热线等方式，延伸工作手臂，延长服务时间，畅通职工诉求表达和权益维护渠道，打造“全天候、立体型、零门槛”的职工服务网络。建立法律援助志愿者队伍，发挥区职工法律援助服务中心、劳动人事争议仲裁院职工法律援助站、法院诉调对接渠道等平台作用，扩大工会法律援助惠及面。

（四）加强干部队伍建设，提升依法履职能力。一是建立社会化工会工作者队伍。成立顾村公惠职工服务社，通过购买服务、社会招募等方式，建立专职、兼职和志愿者三支工会工作者队伍。目前，镇总工会和下属职工服务中心共有11名专职工会干部、16名兼职工会干部和6名职工服务志愿者。同时推行规范招聘录用、健全薪酬管理、开展绩效考评等制度，有效破解基层工会工作力量薄弱难题。同时探索规模企业配备专职工会干部制度，并通过外派专职人员协助非公有制企业工会主席开展工会工作等方式，逐步推进工会干部职业化进程。二是完善工会干部激励机制。遵循依法规范、公开公正的原则，规范完善工会主席选举制度，逐步扩大直接选举的范围，选优配强非公有制企业工会主席。制定与非公有制企业工会主要职责相匹配的考核办法，建立非公有制企业兼职工会干部岗位补贴制度，结合职工满意度测评等方式，根据会员规模大小和履职考核情况，给工会干部发放一定金额的岗位补贴，为其履职创造必要的条件。三是加大工会干部培训力度。通过精心设计课程、挑选优质师资、拓展交流平台等措施，加大对工会干部的初任培训、年度轮训和专题培训，不断提高非公有制企业工会干部的履职能力和综合素养。

（五）加强经费使用管理，强化依法管会理念。一是坚持工会经费向基层和职工倾斜。镇总工会调整工会经费分成比例，将80%以上的所收经费下拨给基层工会，上级工会留存不超过20%，把更多的工会经费留在基层、服务职工，并用好用足上级工会经费保障政策，解决非公有制企业工会无钱办事的问题。二是建立先收后返经费收缴制度。在非公有制企业工会自愿的基础上，对暂未设立工会专项账户的工会组织，实行“以上代下”财务集中核算。确立镇总工会为收费主体，建立镇总工会财务结算中心，配备专门人员，以上代下收缴工会经费。强化预算编制和预算执行管理，监督、服务和指导非公有制企业工会依法合理使用工会经费，并定期进行审计，确保账目明晰、管理规范、公开透明。三是实行差异化管理。根据企业的经营状况、发展特点，实行工会经费上缴留存差异化管理，破解非公有制企业工会经费收缴难题。对生产经营稳定、劳动关系稳定的企业，依法按工资总额2%收缴工会经费；对确有困难的企业，可通过提出书面申请，经镇总工会审核同意后以先收后返的形式在一定期限内缓交或少交；对非单独建会、职工在25人以下的微利企业，减半收缴并全额返还；对“两非、一无”（非正规就业、非标准劳动关系的职工和无工会组织的企业）的会员，按会员交纳的会费、市总工会经费补助、市区财政补贴1∶1∶1.5比例筹措会员项目经费；对无正当理由拖延或者拒不拨缴工会经费的企业，经宣传教育、沟通协商无效的，依法向法院申请支付令。截至目前，镇总工会对延交工会经费的9家企业发出了整改通知书，对其中1家拒不整改的企业向法院申请了支付令，依法追缴了工会经费。

三、坚持有序推进，不断彰显加强基层工会建设的改革成效

顾村镇总工会自开展非公有制企业工会改革试点工作以来，坚持根据改革流程图和任务分解表倒排进度、把握节点，一项一项抓落实、求特色、上水平，保证了改革试点工作的有序有力推进。其成效主要体现在四个方面。

一是工会组织覆盖面进一步扩大。通过先服务职工再发展会员、先活动覆盖再组织覆盖、先体制外入会再单独建会等方式，形成“横向到边、纵向到底、上下贯通”的工会组织网络化格局，基本实现了工会组建全覆盖。目前，顾村镇企业建会率动态保持在90%以上。

二是职工主动入会积极性不断提高。借助推行“惠利会员项目”，形成会员与非会员的区别效应，大大提升了职工的归属感和获得感，增强了工会组织的吸引力和凝聚力，最大限度地把游离在组织外的职工吸收到工会中来。目前，顾村镇职工入会率达到90%，通过网上入会和企业体制外入会的会员达420人。改革试点期间，自愿交纳会费的会员已近2000人。

三是服务职工水平显著提高。通过优化法律援助、法律监督、集体协商和民主管理“四位一体”工会维权体系，畅通职工诉求表达和权益维护

渠道，工会主业主责进一步凸显。今年以来，经过上级工会和企业工会的联动处理，已调解劳动争议49起，成功率95%以上。通过健全完善职工服务网络，做强做精工会服务职工实事项目，工会服务职工惠及面进一步扩大，今年以来，共有7584人参加市总工会组织的职工互助保障计划，共有61人获得高级工以上技能人才奖励。

四是非公有制企业工会活力持续激发。依托向基层倾斜的工会经费收缴使用制度，确保了基层工会有钱办事。改革试点以来，顾村镇总工会已向非公有制企业工会返还经费21.2万元，并将根据年终考核结果为非公有制企业兼职工会主席发放岗位补贴，极大地调动了基层工会干部的工作积极性。通过改革试点，非公有制企业工会参与和推进改革，心系职工、服务职工的氛围日益增强，职工对工会工作和工会活动的参与度明显提升，工作有效覆盖面进一步扩大，工会改革成效正逐步显现出来。

顾村镇推进非公有制企业工会改革的成功实践，给我们带来了诸多启示：

一是加强基层工会建设，必须坚持党的领导。坚持党的领导，是工会工作始终保持正确的政治方向，工会改革有序推进的根本保证。只有在党的领导下，主动争取党政领导支持，广泛动员社会资源，构建开放式、社会化格局，才能保证工会改革任务顺利完成，更好地提升基层工会服务职工群众的能力水平。

二是加强基层工会建设，必须秉持法治精神。依法开展工会工作，是贯彻落实依法治国精神的客观需要，是推进工会组织健康发展的重要保障。只有将法治思维和法治方式贯穿于入会、建会、办会等各个环节，融入到工会工作的全过程，才能真正有效地推进工会改革、切实加强基层工会建设。

三是加强基层工会建设，必须坚持服务为先。工会改革的出发点和落脚点是服务职工群众。只有站稳职工立场，扎扎实实地为职工群众做好事、办实事、解难事，密切与职工群众的联系，围绕服务建工会、狠抓服务办工会、提升服务强工会，才能更好地吸引和凝聚职工，切实发挥基层工会作用。

四是加强基层工会建设，必须强化保障机制。健全完善的机制是做好基层工会工作的有效保障。只有着眼于“党委政府在想什么，职工群众在盼什么，要求工会组织干什么”的思维模式，积极探索符合时代发展的新的运行保障机制，才能充分激发基层工会的生机与活力，提高工会的吸引力凝聚力战斗力，不断夯实工会基层基础。

推进产业工人队伍建设改革的有力抓手*

——关于湖南省资兴市“一户一产业工人”培养工程的调研

全国总工会研究室调研组

一边是“用工荒”，一边是“就业难”，这既反映了目前我国产业工人队伍结构不尽合理的现状，也凸显加强职业教育培训的紧迫性。湖南省2012年在资兴市率先实施、2015年在全省推广的“一户一产业工人”培养工程，以“培养一人、就业一人、脱贫一家、带动一方”为目标，探索出了一条精准培训、有效施策、全面提升劳动者素质的新路子，为推进新时期产业工人队伍建设改革提供了有益经验。近日，全国总工会研究室调研组对此进行了深入调研。现将有关情况报告如下。

一、“一户一产业工人”培养工程的主要做法

2012年，资兴市为适应大湘南承接产业转移的新要求，顺应职工群众盼富求富的新期待，在全国率先启动了“一户一产业工人”培养工程，让在岗职工技能得到提升，让下岗职工实现再就业，为经济新常态下产业转型升级、推动产业工人队伍不断壮大，提供了宝贵经验。

（一）精准切入，抓住素质提升这个关键

资兴是革命老区，也是资源枯竭型城市。2012年，随着武广高铁开通、京广高铁贯通，资兴市委、市政府抓住沿海产业大转移的契机，大力招商引资，引进了一大批高科技企业，兴建了众多工业园区，经济活力开始迸发，但用工趋紧的问题也显现出来。资兴市对企业用工状况进行调研，发现园区内80%的企业存在不同程度的“用工荒”。但这种“用工

---

* 本文刊登于《工人日报》2017年7月11日第7版，收入本书时个别文字有改动。

荒”，并非“数量荒”，而是“结构荒”“技工荒”。根据调查摸底，全市劳动力195286人中，专业型、技能型人才不足10%；初中及初中以下文化程度占比达74%。大部分职工表现为文化程度低、接受劳动技能培训比例低的“双低”现象。

资兴市委、市政府经过深入调查研究，决定启动实施“一户一产业工人”培养工程，把以往的“民工经济”转变为“技工经济”，为全市城乡新增劳动力、下岗失业、特困群体、自由择业的每个家庭培养一名产业工人，培养1~2项就业技能和致富本领，力争用3年时间，培养4.5万名高素质产业工人。“一户一产业工人”培养工程在资兴市取得了显著实效。湖南省总工会及时总结推广了这一经验，决定把“一户一产业工人”培养工程作为推进产业工人队伍建设的切入点。在省委、省政府的重视和支持下，湖南省各级工会大力开展技能培训。据统计，通过“一户一产业工人”培养工程，仅2015年以来，湖南省就培训农民工32万多人次，带动13万农民进城务工，帮助24.5万人实现就业、2.6万人自主创业、3.5万人脱贫解困。

（二）高位推动，破除职业培训条块分割

技能培训资金分散、政出多门、缺乏针对性的问题在我国很多地方存在已久。曾经较长时间，资兴市也苦于“15个部门却培养不出企业需要的实用人才”。资兴市委、市政府深刻认识到，15个部门管不好一个劳动力培训的背后，是技能培训存在条块分割严重、培训资金“撒胡椒面”的情况，问题的根源是政出多门的权力格局和难以割舍的部门利益。劳动力要出生产力，政府就要“革自己的命”，就要主动将部门利益最小化，将群众利益最大化，就要整合部门、资金，简化程序、手续。2012年，资兴市设立“一户一产业工人”培养工程领导小组，由市委书记任顾问、市长任组长，从各部门抽调精干力量组建，具体负责全市产业工人培养工作的统筹协调、督查考核等工作。对原来有培训任务的劳动、人事、农业、教育、科技、工会、残联等多达15个部门进行整合，统筹这15个部门的人、财、物资源，统一组织协调、统一培训基地、统一培训计划、统一劳务信息、统一资金管理、统一考核考评，原来审批的15个章变成了1个章，从

根本上解决体制不顺问题。

同时，资兴市委、市政府整合公办、民办各类职业教育资源，组建市职教中心，先后投入3200万元改善教学条件，提升办学能力。针对全市职业教育师资结构不合理、专业配置不科学、培训方式与现实需求脱节等突出问题，组织在职职教人员再培训，提高职教人员的教学水平。广揽各类专业人才，以市政府名义特聘48位专家学者组成专家讲师团，有效解决了热门专业的师资短缺问题，形成了职业教育中心的拳头优势，大职教格局的规模效应凸显。

（三）财政保障，实现职业培训“零门槛”

资兴市建立职业培训经费保障机制，用政府买单等优惠政策吸引群众参加培训。市财政每年安排5000万元以上专项经费用于职业培训。职业培训“免培训费、生活费、住宿费，给误工补贴”，中职生“零费用”上学。库区移民每人给予1000至1500元培训补助，拿到技能培训合格证就业上岗者，再发放300元的就业上岗补助。为保障“全免费”落到实处，市里明确每年安排30%的城市教育附加费足额用于职教，并按全市总人口人均1元安排专项职教工作经费，给广大职工参加各项技能培训消除了后顾之忧。

除了职业培训免补政策外，资兴市还实施扶持创业带动就业。发布创新创业“六免六补两优先”政策和“大学生创业五条鼓励措施”，“六免”指免费创业指导、免费培训、免费物业管理、创业贷款免息2年、税费减免、减免企业养老保险费；“六补”即创业、房租、水电、社保、岗位、就业见习补贴；“两优先”指优先入住公租房，优先创业落户、子女入学。只要是年满18岁的创业者，有合适的创业项目，都可以享受相关扶持政策。一个符合条件的大学生来资兴创业，最高可以得到40万元的补贴和10万元的免息贷款。公共就业服务质量不断提升，基本实现职业培训“零门槛”。

（四）双向对接，提升职业培训实效

2011年10月，国家发改委正式批复郴州、衡阳、永州为大湘南承接

产业转移示范区。大湘南要在承接产业转移上抢占制高点，不但需要优惠的政策、良好的环境，更需要承接产业转移的一个最基本的因素——产业工人。实施“一户一产业工人”培养工程，目的就是要快速培养、储备一大批与转移产业相匹配的产业工人，实现的根本途径就是要不断创新体制机制，重点在实用、实效上下功夫。地处湘南的资兴市探索出了一条“按需定培”的路子，切实做好两个“主动对接”。一是主动对接职工需求。对每一名职工“一人一策”量身定制培养计划，采取“微培训”、手机平台等多种形式，为职工提供岗位技能提升培训、岗前培训、就业能力提升培训、农业实用技能培训、创业技能培训和创业扶持行动等多元培训项目。创新“校企合作、院校合作、订单培训、车间实习、基地实践”等培训模式，把职业技能培训班办到田间地头、工厂车间、产业基地、乡村农家，极大地增强了职工群众参加培训的积极性和就业竞争力。二是主动对接企业需求。资兴市立足产业发展、园区发展和企业发展实际，针对不断变化的市场需求，不断调整培训科目。建立用人单位与社区、乡镇、院校联合培训网络，坚持市场需要什么就培训什么，开设电焊工、汽修工、酒店服务、家政服务、病房陪护、月嫂、电子商务等多个市场需求量大、培训见效快、职工易掌握的实用技术培训，有效提升了培训工作的针对性和适用性。

从 2013 年起，资兴市政府每年安排专项经费用于开展群众性劳动技能大赛，由资兴市“一户一产业工人”培养工程领导小组办公室、市劳动竞赛委员会牵头，市总工会和人社局积极配合，开展农业、工业、特色产业、特种技能等方面比赛，以检验职业培训效果。比赛发挥了展示精湛技术技能、激发职工学习热情、扩大产业工人影响、促进就业创业的积极作用。

二、“一户一产业工人”培养工程的主要成效

通过几年来的实践，“一户一产业工人”培养工程取得了阶段性成效，既提升了职工队伍整体素质，又加快了经济社会发展。截至 2017 年 6 月，培养工程已举办电焊、电工、计算机、旅游、特色厨师、竹木根雕、家政服务等各类实用技术培训 1108 期，培训人数 54197 人，实现新增就业

22321 人，扶贫帮困 5312 户，带动了 3 万多个家庭增收致富。

（一）提升了当地综合竞争力，可持续发展能力不断增强

资兴市是湖南的一个县级市，煤炭资源曾经是该市的经济发展支柱，37 万人口中约 3.5 万人是煤矿工人。但多年开采后，资兴已成为资源枯竭型城市。通过“一户一产业工人”培养工程，资兴技工成为吸引众多企业项目落户资兴的“吸铁石”。资兴市探索出一条变“黑色经济”为“绿色经济”的发展道路，经济社会发展各项主要指标位列“湖南第一方阵”，转型发展焕发出新的活力。

（二）提高了职工队伍素质，实现“苦力型”向“技术型”的转变

资兴市通过“一户一产业工人”培养工程大力发展职业教育，使“资兴技工”品牌成为湖南的一张响亮名片，走向全国。自 2013 年以来，资兴市每月举办一场招聘会，广东、福建及省内许多企业慕名求“贤”，数以万计的新培训技工先后被招聘上岗。“资兴技工”成了各地企业眼中的“香饽饽”，一些人甚至走向了海外。通过鼓励有技术的人员创新创业，资兴市普通农民、职校学生在内的劳动力逐步实现务业型向创业型转变，大众创新万众创业高潮迭起，成为改革最大的红利。

（三）改善了当地民生，城镇化水平不断提高

湖南是农民工大省，以前离土打工的农民，一旦由于年龄、健康等原因，无法继续从事体力劳动，很可能返贫。资兴市以“一户一产业工人”培养工程为带动，向以农民为主体的近 20 万名劳动力要“人才”，使农民工掌握一技之长，完成“农夫—农工—农商”的转变，让农民成为改革的重要参与者，从田地里转移出来，在城市里也能立得住。针对城乡发展不平衡、区域发展不协调、城乡居民贫富差距较大的现状，资兴市强化以工促农、以城带乡，按照就近城镇化、就地市民化原则，着力统筹城区、库区、山区协调发展，实现了城乡共建共荣。

（四）弘扬了劳模精神、劳动精神、工匠精神，形成了干事创业的良好氛围

"一户一产业工人"培养工程实施以来，资兴市坚持大张旗鼓开展宣传，教育广大职工充分认识产业工人素质与经济社会发展的必然联系，引导学生和家长走出重学历教育、轻职业教育的误区，鼓励企业从重员工使用转向重员工培训。定期举办"创业达人"大赛，以比赛形式挖掘、发现、培育创新创业人才，为创新创业者搭建广阔舞台。通过电视、网络等宣传手段，把创业故事、创业典型搬上电视荧屏，让寻常百姓感受创业氛围，坚定创业信心，一方面让广大产业工人获得出彩机会；另一方面也大大增强产业工人在社会生活中的荣誉感和获得感。

三、"一户一产业工人"培养工程的重要启示

2017 年 4 月，中共中央、国务院印发《新时期产业工人队伍建设改革方案》，首次对推进产业工人队伍建设改革作出重要部署。这是事关改革发展稳定大局、事关国家和民族长远大业、事关亿万产业工人根本利益和整体利益的大事。湖南省总工会把做深做实"一户一产业工人"培养工程作为推进产业工人队伍建设改革的有力举措来抓，取得了一定成效，给推进产业工人队伍建设改革以有益启示。

（一）适应新的形势任务、加快推进产业工人队伍建设改革是一项重要而紧迫的战略任务

回顾资兴市的改革历程，其经济社会发展的成就无不与不断发展的产业工人队伍密切相关，充分证明产业工人是创造社会财富的中坚力量，是创新驱动发展的骨干力量，是实施制造强国战略的有生力量，对生产制造领域的革新攻关、转型升级起着决定性作用。要站在党和国家工作大局的高度，站在巩固党的执政基础的高度，站在促进我国经济社会持续健康发展的高度，认真学习贯彻习近平总书记系列重要讲话精神特别是关于产业工人队伍建设的重要论述，深刻认识推进产业工人队伍建设改革的重要性、必要性和紧迫性，把思想和行动统一到党中央的决策部署上来。

（二）发挥党政主导作用、整合社会各方资源是产业工人队伍建设改革的有力保障

推进产业工人队伍建设改革是一项系统工程，涉及到各种公共资源的调整分配。资兴市通过强化组织领导、整合全市资源、统一协调管理等有效措施，彻底扭转了“九龙治水”局面，充分说明推进产业工人队伍建设改革，必须坚持党委统一领导，政府有关部门各司其职，打破部门界限，统筹各方资源，突破体制瓶颈。各级工会要结合实际，在同级党委领导下，参加贯彻落实协调机制，按照统一部署，认真履行指导、推动、督查的职责，搞好协调配合，主动开展工作，努力推动改革举措落地见效。对推进改革中遇到的问题，要主动向党委、政府汇报反映，积极协助党委、政府予以解决。

（三）完善服务政策、健全长效机制是产业工人队伍建设改革的强大支撑

推进产业工人队伍建设改革的重要着力点，就是推动涉及产业工人思想引领、技能提升、作用发挥、支撑保障等方面体制机制的改革，建立培养体系完善、评价和使用机制科学、激励和保障措施健全的产业工人建设新机制，营造有利于产业工人成长和发挥作用的制度环境。资兴市在实施“一户一产业工人”培养工程中，注重体制机制创新，做了很多有益的探索。比如，在组织管理上，推行“一联会”“六统一”的工作运行机制；在保障政策上，构建了“七补两贷三扶持”等政策保障体系；在技能培养上，形成“技能培训—技能鉴定—推荐就业—扶持创业”一条龙服务机制。这些体制机制的创新实践，不仅确保了职工群众想来学、学得到、干得好、留得住，而且形成了支撑改革的制度基础，把队伍建设引入了持续发展轨道。

（四）贴近产业发展需求、开展特色专业培训是产业工人队伍建设改革的重要切入点

资兴市把“一户一产业工人”培养工程与承接产业转移、产业转型升

级、统筹城乡发展相结合，做到培训内容与市场需求对接，培训方式与各种群体生产作业方式对接，培训专业与乡镇产业对接，突出旅游管理、家政服务、观光农业实用技术、园区企业高技能人才、困难群体就业 5 大重点，不仅培训了一批特色产业工人，也致富了一批产业工人，更促进了当地特色产业的发展。我国幅员辽阔，各地之间自然条件、社会环境和经济发展水平差别很大。资兴市的改革经验充分说明，做大做强产业工人队伍，必须推进职业教育与产业需求深度契合，与地方特色深度融合，与发展水平相吻合。只有随着经济发展方式转变而动，跟着产业升级而走，围绕企业技能人才需要而转，适应市场需求变化而变，因地制宜、因企施策，才能寻找到精准到位、行之有效的改革措施，形成各地产业工人的独特优势，构筑我国产业工人队伍建设百花齐放的新格局。

附　录

改革开放以来工会调研工作大事记

1978 年

10 月 11—21 日，中国工会第九次全国代表大会召开。邓小平代表中共中央、国务院致题为《工人阶级要为实现四个现代化作出优异贡献》的祝词。

10 月 21 日，党中央印发《关于认真做好劳动保护工作的通知》。

11 月，全总向党中央报送《关于全国总工会机构设置和定员编制的请示报告》，全总机关拟设办公厅、中国工运史研究室等部门。11 月 25 日，决定恢复全总干部学校。

12 月 18—22 日，中国共产党第十一届中央委员会第三次全体会议在京举行，作出把党和国家工作中心转移到经济建设上来，实行改革开放的历史性决策。

1979 年

1 月，针对企业管理混乱、职工伤亡事故和职业病频发状况，全总组织开展劳动保护调研。在调研基础上，同月发出《关于贯彻执行〈中共中央关于认真做好劳动保护工作的通知〉的通知》。

8 月 25 日，全总党组向党中央报送《关于做好劳动保护工作的意见》。

9 月，全总向党中央上报内蒙古增产节约运动和工会工作情况的调查报告，中央领导同志作批示。10 月 27 日，全总转发给中央的报告和中央领导同志批示并发通知，要求深入实际调查研究。

9 月 17 日，国家建委、建筑工程总局、劳动总局、中国人民建设银行和全国总工会向国务院报送《关于创全优工号竞赛在京津唐开展情况和今后意见的报告》。

9 月，国家劳动总局、全国总工会、煤炭工业部共同组织对全国煤矿进行安全大检查，历时 40 多天。

10 月 20 日，国家劳动总局、全国总工会、全国妇联、卫生部发出《关于调查女工劳动保护情况的联合通知》，要求对女工保护工作进行一次调查。

11—12 月，全总与吉林省总工会、天津市总工会参与调查处理吉林省和天津市接连发生通化矿务局松树镇煤矿瓦斯爆炸、海洋石油勘察局“渤海二号”钻井船翻沉、煤气公司液化气罐爆炸等 3 起恶性事故。12 月 30 日，全总向党中央、国务院报送了《关于最近三起重大事故的报告》。1980 年 8 月 25 日，国务院作出《关于处理“渤海二号”事故的决定》。

1980 年

3 月 1 日，全总党组向党中央报送《关于天津市依靠职工群众，发挥工会作用的情况报告》。

4 月 12 日，全总转发对北京电信局的调查报告，要求各级工会到基层去蹲点，进行调查研究。

9 月 20—28 日，全总在北京召开工会理论座谈会和工运史工作座谈会，研究中国工人运动和工会工作的历史经验，提出新时期工运史研究工作的历史任务。

10 月，全总开展职工生活大检查。

10 月 25 日，国家建委、全国总工会、国家建工总局报送《关于京津唐三市开创全优工程竞赛情况和今后意见的报告》。

1981 年

2 月，全总开展“五讲四美”活动调研。2 月 25 日，全总等 9 个单位联合发出《关于开展文明礼貌活动的倡议》，倡议在全国人民特别是青少年中，开展以讲文明、讲礼貌、讲卫生、讲秩序、讲道德和心灵美、语言美、行为美、环境美为内容的“五讲”“四美”文明礼貌活动。

3月30日，全总党组向党中央报送《关于恢复全国总工会国际工运研究室》的请示报告。6月2日，中组部批复同意。

5月29日—6月8日，全总、中央组织部、国家经委在北京联合召开全国企业民主管理座谈会，讨论通过了《国营工业企业职工代表大会暂行条例》。7月13日，党中央、国务院批准并转发了《国营工业企业职工代表大会暂行条例》（中发〔1981〕24号）。

7月27日，全总法律顾问委员会成立。

8月11日，全总党组向中央书记处报送《关于停产半停产城镇集体所有制企业职工生活困难问题的报告》。

8月15日，党中央发出《关于关心人民群众文化生活的指示》。同日，全总党组向中央书记处报送《关于开展职工生活工作检查的情况报告》。

8月19日，全总党组向中央书记处转报纺织工会分党组《关于充分调动纺织工人积极性问题的报告》。

8月31日，全总转发上海市总工会加强劳动纪律的调查材料并发通知。

9月26日，全总党组向中央书记处转报化学工会全委会分党组《关于目前化工企业防尘防毒和职业病防治工作进行情况和今后意见》。

1982年

1月20日，全总党组向中央书记处报送北京建材局《民主选举厂长中着重解决的几个问题》和北京特殊钢厂《真心实意地支持职工当家作主》两篇材料。

1月28日，全总党组向中央书记处报送邯郸第二建筑公司《一支特别能战斗的建筑施工队伍》的调查报告。

3—5月，由中央书记处研究室牵头，全总和国务院有关部委参加，对全国11个重点企业的职工队伍状况进行了调查。这是改革开放以来对全国职工队伍状况进行的第一次调查，形成《关于当前我国工人阶级队伍状况的调查报告》。

3月20日，全总党组向党中央、国务院报送《关于在厂矿企业防止重大灾害事故的报告》。

4月30日，卫生部、国家劳动总局、全国总工会向国务院报送《关于加强职业病防治工作的报告》。

8月4日，全总发出《关于学习〈关于当前我国工人阶级状况的调查报告〉的通知》。

8月26日，全总党组向中央书记处报送《关于检查知识分子工作情况的报告》。

8月，全总九届四次执委会议决定全总机关机构改革后，全总工运史研究室保留名义，并入全总干部学校，国际工运研究所并入全总国际部。

1983年

1月7—22日，中央书记处委托中央宣传部、中央组织部、中央书记处研究室、国家经委、全总、共青团中央、全国妇联联合召开全国职工思想政治工作会议，制定《国营企业职工思想政治工作纲要（试行)》，1月18日，成立全国职工思想政治工作研究会。

4月，全总党组向中央书记处报送《关于部分企业在改革中发生有损职工合法利益的情况和我们的意见的报告》。

5月，全总向党中央报送《关于在职工中开展读书活动的报告》。6月10日，党中央对全总党组报告作出批复。

6月8日，全总向党中央报送《关于保证职工基本生活不受物价上涨影响的报告》。

7月25日，全总党组向中央书记处报送《关于对外进行技术交流引进智力的情况报告》。

8月31日，全总党组向中央书记处报送《关于加强劳动保护工作的报告》。

11月，全总召开职工教育理论研究工作座谈会。

1984 年

4 月，全总对上海市“振兴中华读书活动”和湖北等地的读书活动进行调研。

5 月，全总下发《关于整顿工会基层组织，开展建设“职工之家”活动的决定》。同月，全总党组向中央书记处报送《关于整顿基层工会组织开展建设“职工之家”活动的报告》。

5 月 12 日，全总党组向中央书记处报送《关于全国小企事业单位生活福利工作经验交流会的情况报告》。

7 月 19 日，全总党组向中央书记处报送《关于在城市经济体制改革中加强工会工作的情况报告》。

9 月 18 日，全总党组向中央书记处报送《关于解决当前退休职工生活问题的几点建议》。

10 月 8 日，全总工人运动研究会成立。

12 月，全总开展关于发挥工会在中外合资、合作和外商独资企业中作用的调研。

1985 年

2 月 16 日，全国总工会召开经济特区、沿海开放城市中外合资企业工会工作座谈会，讨论修改《关于中外合资、合作企业和外商独资企业工会暂行条例》。

3 月 9 日，全总党组向中央书记处报送《关于进一步开展对外技术交流，引进智力，为四化建设服务的报告》。

6 月 15 日，全总党组向中央书记处报送《关于开展地区间职工技术协作活动的情况报告》《关于当前企业伤亡事故问题和改进意见的报告》。

8 月，全总党组上报党中央、国务院《关于工会参加党和政府的有关会议和工作机构的请示》。

11 月 5 日，中央办公厅、国务院办公厅转发全总党组《关于工会参加党和政府有关会议和工作机构的请示》。

1986 年

1 月 8 日，全总部署第二次全国职工队伍状况调查工作。3—5 月，对 519 个企业的 80 多万名职工进行调查，形成《全国总工会关于当前我国职工队伍基本状况的调查报告》。

7 月 10 日，全总党组向中央书记处报送《关于加强退休职工管理服务工作的报告》。

9 月，国务院公布《国营企业实行劳动合同制暂行规定》《国营企业招用工人暂行规定》《国营企业辞退违纪职工暂行规定》《国营企业职工待业保险暂行规定》。全总参与了规定制定和实施的调研，12 月 2 日，印发《关于工会积极推进劳动制度改革工作的意见》。

9—12 月，全总、国家经委经过深入调研，联合下发《关于加强工业企业班组建设的意见》和《关于加强企业班组长培训工作的意见》。

10 月 31 日，全总向国务院和国务院企业工资改革研究小组报送《关于企业工资制度改革的若干建议》。

12 月 30 日，全总召开中国工运研究所成立大会。

1987 年

1 月，全总发出《关于改革和加强工会职工教育工作的意见》。

4 月，全总召开“工会在发展中的作用”国际研讨会。

4 月，全总向国务院报送《关于加强企业退休职工管理服务工作的报告》。

4 月 20—22 日，全总召开全国工会理论政策研究工作会议。

5 月 7 日，国际劳工局首次在中国举办“九十年代教育面临的挑战——亚太地区工人教育讨论会”。

5 月 19 日，全总党组向中央书记处报送《关于在党政机关建立工会组织的报告》。

7 月 18 日，国家科委党组、国家经委党组、全总党组、中国科协党组向党中央、国务院报送《关于从工人农民及其他劳动者中发现和培养科技人才并充分发挥他们作用的意见报告》。

7 月 30 日，全总向中央书记处、国务院报送《关于实行基本生活费用与相应的价格指数挂钩的建议》的报告。

8 月 14 日，全国工会学研究会成立，是中国科学社会主义学会的分支学会和团体会员。

1988 年

4 月 11—15 日，全国工会干部管理制度改革研讨会在河北省唐山市召开。

5 月 23 日，全总向国务院建议，提出解决低收入职工的社会保障问题已成为当务之急。

7 月，中国工运研究所会同全总工运研究会在湖南慈利召开全国工会理论政策大型研讨会，为中国工会十一大召开作理论政策准备。

8 月 15 日，全总向党中央、国务院报送《关于鼓励和扶持职工合作建房的建议》。

8 月 16 日，中央办公厅转发经过中央书记处审议同意的《关于加强工会、妇联在女职工工作中密切合作的几点意见》。

8 月，全总开展最低工资调研，形成《关于在我国建立最低工资制度的探讨》。

10 月，全总围绕兴办经济事业开展调研，会同国家经委、财政部等 5 单位联合发出《关于工会兴办为职工服务的第三产业的通知》。

10 月 5—9 日，全总十届六次执委会议通过《工会改革的基本设想》。

1989 年

11 月，全总就全民所有制企业停工待工人员有关问题开展调研。

12 月 9 日，全总联合劳动部、财政部、国家体改委发出《关于切实安排好元旦、春节期间国营企业停工待工人员生活问题的通知》。

12 月 21 日，党中央印发《关于加强和改善党对工会、共青团、妇联工作领导的通知》（中发〔1989〕12号文件）。

1990年

1月，全总进行贫困职工生活状况专题调查。

2月，全总就停产、半停产企业职工生活问题向党中央报告，向国务院提出建议。

4月8日，全总印发《关于加强全国产业工会建设的若干问题的意见》。

4月12—15日，全总十一届六次主席团会议通过《全国总工会贯彻执行〈中共中央关于加强和改善党对工会、共青团、妇联工作领导的通知〉的意见》。

1991年

1月，全总进行贫困职工生活状况的专题调查。

5月，全总在上钢三厂召开工人阶级问题理论研讨会。

6月11—14日，党中央召开工青妇工作座谈会。

6月26日，中央办公厅批转全总党组《关于进一步发挥工人阶级主力军作用需要解决的几个问题的报告》（中办〔1991〕6号文件）。

9月，全总、团中央和全国妇联首次联合召开工青妇工作理论研讨会。

1992年

1月7—17日，全总组成送温暖慰问团，同各级工会一起开展“进万家门、知万家情、解万家难、暖万家心”的送温暖活动，并形成《关于全总开展送温暖活动的情况报告》上报党中央。从1992年起，送温暖活动成为全总的品牌活动。

4月3日，七届全国人大五次会议通过《中华人民共和国工会法》。

上半年，全总对外商投资企业工会工作进行调查研究，向党中央、国务院上报《关于外商投资企业中侵害职工权益和组建工会问题的报告》，在此基础上形成《加快外商投资企业工会组建步伐和加强工会工作的意见》。

6月—（1993年）4月，全国工会开展第三次职工队伍状况调查，形成《向社会主义市场经济转变过程中的中国工人阶级——关于全国工人阶级队伍状况的调查报告》。

1993年

6月，全总配合有关部门，围绕《劳动法》适用范围、劳动合同、集体合同、裁减职工、工作时间等问题进行全国大调研，提出意见建议。

11月10日，经过调研，全总印发《关于加强乡镇企业工会工作的意见》。

12月16日，全总向党中央上报《关于当前职工生活中存在的紧迫问题及我们的建议》，中央领导同志作出批示。

1994年

1月，全总通过调研，上报《关于外商投资企业劳动关系和组建工会情况的报告》，中央领导同志作出批示。4月16日，中央办公厅、国务院办公厅转发报告。

1月20日，全总成立现代企业制度试点协调领导小组，起草《百家国有企业进行现代企业制度试点中工会工作和职工民主管理的实施意见》《关于在国有企业中建立平等协商、签订集体合同制度的意见》

2月，全总下发《1994年全国总工会调研课题及协调方案》，重点对从计划经济向社会主义市场经济转变过程中工会工作的若干问题进行调查和研究。

3月7日，全总党组向党中央上报《关于送温暖活动情况和建议的报告》。4月19日，全总下发《关于实施“送温暖工程”的通知》，正式提出“送温暖工程”。

6月，全总政策研究室调查组形成《鲜明的职工利益代表者的身份和作用——关于蛇口工业区工会工作模式的调查报告》。中央领导同志对报告作出批示。

7月5日，全国人民代表大会常务委员会第八次会议通过《中华人民共和国劳动法》，定于1995年1月1日起施行。

8月1—4日，全国工会研究室主任会议在西安召开，讨论形成《关于建立社会主义市场经济体制过程中工会工作若干问题的意见》。

9—10月，全总组织9个调查组，分赴19个省（区、市）就外商投资企业组建工会工作进行调研。

11月29日，全总工运研究会等单位在京主办“社会主义市场经济与职工当家作主论坛”。

12月，全总十二届二次执委会议审议通过《全国总工会关于贯彻实施〈劳动法〉的决定》，确定了“以贯彻实施《劳动法》为契机和突破口，带动工会各项工作，推动自身改革和建设，努力把工会工作提高到一个新水平，在改革、发展、稳定中更好地发挥作用”的工会工作总体思路。

1995年

2月19日，全总在深圳市蛇口工业区召开全国工会蛇口工业区工会工作模式理论与实践研讨会。

3—4月，全总调研组赴河北辛集、河南新乡、江苏连云港等地就平等协商和集体合同试点工作开展调研，形成《关于推行平等协商和集体合同制度情况的调查》。

4月25—28日，全总在天津召开外商投资企业工会工作国际研讨会。

5月，全总、经贸委、劳动部联合在南京召开国有大中型企业富余职工分流、企业办社会转制问题研讨会。

7—8月，全总、经贸委、劳动部联合对辽宁等9省市双停亏损企业状况进行调查，形成《企业停工停产情况调查报告》并上报国务院。

9月7—9日，在陕西省西安市联合召开困难企业职工生活保障和分流安置工作座谈会。

12月14—18日，全国总工会十二届三次执委会议提出，在公有制和非公有制企业落实党的全心全意依靠工人阶级根本指导方针应当分别坚持“六个必须”。

1996年

1月，全总在深入调研的基础上，与劳动部等部门联合发出通知，对进一步做好困难企业职工生活保障、生产自救和分流安置工作提出政策措施。

2月13日，全总机关召开1995年度优秀调研成果表彰会议，对71项调研成果进行表彰。

4月1日，全总、国家经贸委和国家体改委联合提出《关于国务院确定的百家现代企业制度试点中工会工作和职工民主管理的实施意见》。

4月17—20日，全总工运研究会等在河南举行职工民主选择企业经营者座谈会。

5月17日，劳动部、全总、国家经贸委、中国企业家协会联合印发《关于逐步实行集体协商和集体合同制度的通知》。

6月24—25日，全总与中央党校、《求是》杂志社联合在北京人民大会堂召开全心全意依靠工人阶级的理论与实践研讨会。

7月12—13日，全总在上海第一钢铁（集团）有限公司召开全心全意依靠职工办企业现场经验交流会。

8月，全总印发《关于工会促进失业职工再就业和企业富余职工分流安置的意见》。

8月，全总向国务院报送《关于建立城市最低生活保障制度的建议》。

9月，全总在深入调研基础上，形成《关于送温暖工程基金使用管理办法》《关于建立和完善领导干部联系生活困难职工户制度的意见》等文件。

9月26日，全总印发《全国总工会关于全心全意依靠职工群众搞好企业若干问题的意见》。

11月7日、12月29日，中央领导同志在全总呈报的深圳市宝安区新经济组织工会工作模式调查情况的报告上作出批示。

12 月，全总党组向中央书记处上报《关于进一步建立健全民主监督企业领导干部制度的报告》，中央领导同志作出批示。

1997 年

3 月，全总制定《关于企业集团建立工会组织的试行办法》。

3 月，全总、广东省总、深圳市总联合调查组形成《全新的区、镇、村经济发展公司三级工会网络体系——关于深圳宝安区新经济组织工会工作模式的调查报告》。27—29 日，全总在深圳市宝安区召开宝安工会工作模式理论与实践研讨会。

5 月，全总成立 5 个调查组，分赴上海、青岛等 10 个优化资本结构试点城市，对兼并破产企业职工安置和工会参与“再就业工程”情况进行调研。之后，全总等 11 部委联合下发《关于进一步做好企业职工解困和再就业工作的通知》。

5—6 月，全总对各地贯彻落实工会工作总体思路的情况进行全面调研和检查，形成《关于工会工作总体思路的理论研究与实践探索》一书。

8 月 15 日，中央领导同志对全总《关于工会解困和促进再就业工作的报告》作出批示。

8 月 28—30 日，全总在邯郸钢铁集团有限责任公司召开全心全意依靠职工办好企业现场经验交流会。

9—10 月，全国工会开展第四次职工队伍状况调查。

10 月 24—26 日，全总在齐鲁石化公司召开全国工会改革和建设座谈会。

10 月，全总政研室、辽宁省总工会联合调查组形成《工会工作格局的创新——关于葫芦岛市工会工作经验的调查报告》。中央领导同志对辽宁省葫芦岛市工会工作的经验作出批示。11 月 1—3 日，全国工会葫芦岛市工会工作经验理论与实践研讨会在辽宁省葫芦岛市召开。

11 月，中央领导同志对辽宁省葫芦岛市工会工作的经验作出批示。

11 月 18 日，全总发出《关于推进工会改革和建设问题的意见（试行)》。

1998年

1月，全总对产业工会工作开展调研。

1—4月，全总与各省（区、市）总工会对104个县级工会进行全面调查，形成《关于全国百县工会工作情况的调查报告》，研究制定进一步加强县级工会工作的意见。

5月19—23日，全总在浙江台州召开新经济组织工会领导体制研讨会，形成《关于建立新经济组织工会领导体制的调查和思考》调查报告。

6月，为贯彻中共中央、国务院下发《关于切实做好国有企业下岗职工基本生活保障和再就业工作的通知》（中发〔1998〕10号），全总和各省级工会深入调研国有企业下岗职工基本生活保障和再就业问题，在建立和进入再就业服务中心、“两个确保”等政策制定上提出政策建议。

7月，全总政研室、吉林省总、四平市总联合调查组形成《强化自身 突出维护 努力推动农业大县向经济强县迈进——关于吉林省四平市梨树县工会工作经验的调查报告》，中央领导同志作出批示。27—29日，全国工会“梨树工会工作经验”理论与实践研讨会在吉林四平市召开。

8月10—30日，全总组成调研组，分赴31个省（区、市）对62个县域改制企业和工会工作情况进行蹲点调查，形成《关于全国县（市、区）域国有、集体企业改制和工会工作情况的调查报告》。

8月，根据中央领导同志的指示，全总成立调查组2次赴石家庄天同拖拉机有限公司进行调研，形成《企业民主政治建设的一条新路》调研报告。9月2日，中央领导同志作出批示。

8月12—15日，全总、《求是》杂志社、中国职工思想政治工作研究会联合在长沙铁路总公司召开贯彻学习邓小平理论工作会议精神暨全国职工学理论现场经验交流会。

9月2日，全总对辽宁抚顺特殊钢（集团）有限责任公司实行的民主议事制度进行调研，形成《企业民主管理制度的一个创举》调研报告。中央领导同志作出批示。

9月，全总在深入调查基础上，印发《关于建立职工补充保障体系的意见》。

8—10 月，全总先后赴河北、天津、辽宁、福建等地就厂务公开工作开展调研，形成《坚持和不断完善企业民主监督民主管理制度》调研报告。

10 月，全总与中央纪委联合召开厂务公开、民主监督、民主管理研讨会，讨论修改《关于实行厂务公开，加强企业民主监督、民主管理的意见》。

1999 年

1 月 11 日，中央纪委、国家经贸委、全总联合成立全国厂务公开协调小组，统一协调指导全国厂务公开工作。

2 月，中央纪委、国家经贸委、全总印发《关于推行厂务公开制度的通知》，全总开展以厂务公开为重要内容的职代会制度建设调研。

3 月，全总党组召开第 7 次（扩大）会议，决定将“全总工人运动研究会”更名为“全总工会理论研究会”，作为全总机关内设机构。

4 月 5—10 日，全总、国家经贸委、监察部、劳动和社会保障部组成联合工作组，赴深圳市就外来工的劳动卫生、社会保障等进行联合调查。

4 月 12—14 日，中组部、国家经贸委、人事部、全总联合召开全国加强国有企业领导班子建设座谈会。

4 月 18—19 日，全总、中央纪委、国家经贸委在天津联合召开全国厂务公开经验交流会。

8 月 1—22 日，全总组成调研组，分赴 22 个省（区、市），就下岗职工基本生活保障和再就业、建立健全平等协商制度、加强厂务公开、加强基层工会组织建设等 4 项重点工作进行调研和检查。

10 月，全总十三届三次主席团会议提出要实现工会工作的“五突破一加强”。

12 月，全总十三届二次执委会提出“三个最大限度”工作要求。

2000 年

2 月 22 日，全总召开 1999 年度调研工作成果总结表彰会议。

5 月，全总组织课题组对非公有制企事业职工民主管理进行调研。

7—8 月，全总在辽宁省大连市中山区、河北省石家庄市辛集市、广东省中山市西区和南朗镇，开展全国工会组织基本状况普查试点工作。

10 月 17 日—11 月 4 日，全总等全国厂务公开协调领导小组 6 个成员单位赴山东、上海、四川等地进行调研，形成《厂务公开调研检查情况综合报告》。

11 月 11—12 日，全国新建企业工会组建工作会议在浙江省宁波市召开，各省、自治区、直辖市分管工会工作的党委副书记或常委参加会议。

11 月 21—28 日，全总工作组对浙江诸暨李字集团严重侵犯职工合法权益事件进行调查，形成报告上报中央书记处，中央领导同志作出批示。

2001 年

2 月 15 日，全总召开 2000 年度调研工作成果总结表彰会议。

3 月 27—30 日，全总赴上海、沈阳、西安调研，征求对全总机关机构改革方案的意见。

8 月 3 日，国家协调劳动关系三方会议成立暨第一次会议在京召开，通过《关于建立国家协调劳动关系三方会议制度的意见》。

9 月 7 日，全总召开专题调研工作会议，研究和部署“保持党同群众血肉联系”课题的调研任务。9 月 17—26 日，全总调研组赴 13 个省（区、市）进行调研。

10 月 27 日，第九届全国人大常委会第二十四次会议审议通过《关于修改〈中华人民共和国工会法〉的决定》。

11 月 20—21 日，全总与劳动和社会保障部等 4 部门，在江苏省南京市联合召开全国贯彻实施《劳动法》《工会法》，推进集体合同、劳动合同工作经验交流会议。

12 月 23 日，全总启动调查全国劳动模范状况的工作。

2002 年

5 月，全总对非公有制企事业职工民主管理进行调研，形成调研报告和工作意见。

6 月 3 日，中央办公厅、国务院办公厅下发《关于在国有企业、集体企业及其控股企业深入实行厂务公开制度的通知》。

7—12 月，全国工会开展第五次职工队伍状况调查，形成《社会主义市场经济条件下的中国职工队伍——2002 年第五次全国职工队伍状况调查总报告》。

9 月，党中央、国务院下发《关于进一步做好下岗失业人员再就业工作的通知》。

10 月，全总编纂出版《中国工会运动史料全书》。

2003 年

7 月，全总对建设职工之家活动进行调研，出台《中华全国总工会关于在新形势下深入开展建设职工之家活动的意见》。

7 月 9 日，《中华人民共和国工会法》司法解释由最高人民法院公布实施。

8 月，全总印发《关于切实做好维护进城务工人员合法权益工作的通知》。

11 月，全总就河南省信阳市和新县两级工会探索异地维权工作进行调研。

12 月 21 日，全总十四届三次主席团（扩大）会议确定 2004 年工会工作的重点是“组织起来、切实维权”。

2004 年

1 月，《中共中央、国务院关于促进农民增加收入若干政策的意见》印发，提出进城就业的农民工是产业工人的重要组成部分。

1 月，全总调研总结成都市总工会与石家庄等 3 市工会建立工会维权联动机制的经验做法。

1—10 月，全总开展“组织起来、切实维权”重点工作大调研。

2 月，全总就加强和改善党对工青妇工作的领导进行专题调研。

4 月 14 日，全国工会理论研究会召开 2003 年度课题研究成果表彰会。

6 月 12—13 日，全总召开“组织起来、切实维权”调研工作座谈会。

6 月 20 日，全总召开社会主义市场经济条件下劳动关系问题理论研讨会。

6 月，全总“非公有制经济单位工会组建工作”课题组，赴信阳市就“农民工入会与双向维权”问题进行了专题调研，形成《关于信阳农民工入会与维权工作的专题调研报告》。

8 月，全总调研组就社会主义市场经济条件下加强群众监督问题开展调研，形成《关于加强群众监督问题的调研报告》。

9 月 1 日，全国人大常委会工会法执法检查组分赴辽宁等 6 个省（区、市）进行执法检查，同时委托北京等 11 个省（区、市）对贯彻实施工会法进行检查。

10 月，全总就民营经济领域的劳资关系进行研究，向中办上报《我国民营企业劳资关系的现状以及存在的问题和建议》。

10 月 28 日—11 月 8 日，全国工会“组织起来、切实维权”大调研工作汇报会议在京召开，形成了《新形势下我国工会工作面临的新情况新问题及对策建议——2004 年全国工会“组织起来、切实维权”大调研总报告》。

11 月 10 日，中国经济社会研究会和全总联合在京召开企业社会责任标准研讨会。

12 月 15 日，国务院办公厅印发《关于深入贯彻工会法支持工会工作的通知》。

12 月 21—23 日，全总十四届二次执委会将“组织起来、切实维权”确定为工会工作方针，审议通过《关于进一步加强基层工会工作的决定》。

2005 年

1 月，全总党组向党中央报告全国工会“组织起来、切实维权”大调研情况及取得的成果。

2 月，全总调查组先后两次赴义乌调研创新维权工作机制，形成《创新法律维权机制，更好地服务职工群众——关于义乌市总工会法律维权工作的调查报告》。

3—12 月，全总组织专门力量，针对改革开放以来特别是工会十四大以来工会维权工作进行专题调研和深入论证，起草《关于加强协调劳动关系、切实维护职工合法权益、推动构建社会主义和谐社会的决定》，经 12 月召开的全总十四届三次执委会审议通过。

4—6 月，全总农民工权益保障问题调研组先后到北京、河北、山东、江苏、四川等省、市对农民工问题进行调研，委托了 12 个省、市总工会进行专题调研，向国务院研究室提交《关于农民工权益保障问题的调研报告》。

7 月 2—4 日，全总十四届六次主席团（扩大）会议审议通过《关于坚持走中国特色社会主义工会发展道路的决议》。

8—11 月，全总在北京等 9 个省市和铁路系统的 40 家国有大中型企业开展职工思想状况调查。

9 月 15—16 日，全国工会维权机制建设经验交流会议在浙江义乌市召开，总结推广义乌工会社会化维权经验。

10 月，全总调研总结四川省总工会与上海等 4 省、市建立省际工会维权联动机制的经验。

10 月，全总研究室课题组开展调研，形成《关于进城务工人员是工人阶级重要组成部分的理论与实践问题研究》。

10 月，全总研究室课题组就劳动关系问题开展专题研究，形成《中国特色社会主义新型劳动关系初步研究》。

2006 年

1 月 5 日，全总召开全国工会学习贯彻中央领导同志重要批示精神、进一步做好维护农民工合法权益工作电视电话会议。

1 月 10 日，全总召开第一次新闻发布会，宣布从 2006 年 1 月起实行新闻发言人制度。

2—3 月，全总组成 4 个课题组，赴 9 个省市，就维护农民工合法权益问题进行调研，形成《关于工会维护农民工合法权益问题的调研报告》，以全总党组名义向党中央报告。

4—8 月，全总在北京等 10 个省（区、市）调研，形成《关于当前企业职工思想状况和职工思想政治工作的调查报告》。

5 月 10—14 日，全国工会领导干部高级研讨班在京举行。

5 月，各全国产业工会、全总各部门报送 69 篇调研成果，参加 2005 年度全总机关优秀调研成果评选。

6 月 8—10 日，学习贯彻全国工会领导干部高级研讨班精神研讨会暨 2006 年全国工会研究室主任会议在湖南省长沙市召开。

6 月 19 日，国家协调劳动关系三方会议办公室设立常设办事机构，设在劳动和社会保障部。

7 月，全总就企业职工思想状况开展调研，在研究室建的石家庄等 10 个网点城市（区）500 个企业开展万名职工思想状况问卷调查，分赴辽宁等 5 省 10 个城市进行典型调查，形成《关于企业职工思想状况的调查报告》。

7 月 29 日，沃尔玛深国投百货有限公司晋江店工会成立暨第一次会员大会在福建泉州举行，标志着沃尔玛在中国建立了第一个工会组织。

7 月，全总对贯彻《企业工会工作条例（试行）》情况进行跟踪调研。

7—9 月，全总参加全国厂务公开协调小组办公室组织的第四次全国厂务公开民主管理工作调研检查，形成《第四次全国厂务公开民主管理工作调研检查总结报告》。

9 月，全总党组向党中央报送《关于当前影响职工队伍稳定的突出问题及建议的报告》。

12 月 8 日，全总十四届十一次主席团（扩大）会议提出“以职工为本，主动依法科学维权”的中国特色社会主义工会维权观。

12 月 9—11 日，全总十四届四次执委会议通过《企业工会工作条例》，提出“促进企业发展、维护职工权益”的企业工会工作原则。

2007 年

1—12 月，全国工会开展第六次职工队伍状况调查，形成《在构建社会主义和谐社会中充分发挥工人阶级主力军作用——关于第六次全国职工队伍状况调查情况的总报告》。

2 月，各全国产业工会、全总各部门报送 79 篇调研成果参加 2006 年度全总机关优秀调研成果评选。

3 月 29 日，全总召开学习贯彻中央领导同志重要批示精神、树立和落实中国特色社会主义工会维权观研讨会议。

3—8 月，全总对新形势下产业工会工作进行调研，形成《关于加强和改进产业工会工作的调研报告》。

3—4 月，全总调研组赴湖北等 6 省市，开展创建劳动关系和谐企业活动等问题调研，形成《关于开展创建劳动关系和谐企业活动的调研报告》。

4 月 25—26 日，2007 年全国职工队伍状况调查动员部署暨全国工会研究室主任会议在京召开。

6 月，全总组成工作组赴山西调查“黑砖窑”虐待农民工事件，形成《关于山西洪洞县曹生村黑砖窑案件的报告》。8 月 13 日，由劳动和社会保障部、公安部、全总组成的国务院联合工作组和山西省人民政府，在山西省太原市召开“山西黑砖窑事件”及打击违法犯罪专项行动进展情况新闻通气会。

6 月中旬，全总调研组赴上海市调研，形成《上海市工会推动建立工资增长机制的经验与启示》。

7 月，中国工运研究所课题组形成《我国职工民主管理制度和职代会问题研究》。

7 月，工会社会工作及社会工作人才队伍建设专题调研领导小组赴辽宁等 8 个省（区、市），对工会社会工作人才队伍现状及岗位设置问题进行调研，形成《关于工会社会工作和社会工作人才队伍建设情况及建议的调研报告》。

11 月，《求是》杂志 2007 年第 21 期刊登全总研究室调查组《关于上海市建立和完善企业职工工资正常增长机制的调查》。

2008 年

1 月 4 日，全总党组向党中央报送《关于学习贯彻胡锦涛总书记重要指示精神进一步做好工会帮扶工作的报告》。

2 月 27 日，企业职工工资分配理论与实践研讨会在京召开。

4 月 16—17 日，全国工会领导干部理论研讨会议在北京召开。

4 月，全总贯彻落实 2007 年 11 月中央领导同志总结推广浙江省温岭市新河镇羊毛衫行业工资集体协商机制的批示要求，开展调研，总结推广温岭等地工会工资集体协商工作经验。

5 月 13—15 日，全国工会研究室主任会议在厦门市召开。

11 月，全总就应对国际金融危机对职工队伍稳定影响开展调研。

12 月，中国工运研究所课题组围绕农村地区工会工作开展调研，形成《新形势下加强农村地区工会工作的研究——关于陕、冀、浙、渝四省（市）农村地区工会工作现状的调研报告》。

2009 年

1 月 16—17 日，深入学习贯彻中国工会十五大精神、加强工会协调劳动关系工作调研会在京召开。

2 月，全总下发《关于深入推进“共同约定行动”的意见》。

3—5 月，全总组成调研组并组织北京等 8 个省市总工会，围绕国际金融危机给职工权益和稳定带来的影响等情况进行调研。全国政协工会界政协委员组成调研组，赴广西、广东、辽宁调研国际金融危机对我国职工权益影响情况。

3—5 月，全总将向党政争取资源和手段问题作为重大课题，进行调研论证。8月向党中央报送《关于希望党政赋予工会组织更多资源和手段更好地推进工会工作的建议》。

5月，全总与中央党校等联合召开坚定不移地走中国特色社会主义工会发展道路理论与实践研讨会。

5—6月，全总研究室围绕国际金融危机背景下我国企业劳动关系状况和职工合法权益实现情况，选取北京市朝阳区等20个城市（区），进行抽样问卷调查，形成《国际金融危机背景下企业劳动关系和职工权益状况调查数据分析报告》。

5—6月，中国工运研究所形成《后金融危机时期〈劳动合同法〉需要进一步落实——对国际金融危机下〈劳动合同法〉所发挥作用的分析》。

6月，全总在深入调研基础上，向党中央报送《关于进一步加强和改进新形势下党对工会工作领导的建议》。

8—9月，全总书记处组织8个调研组分赴山西等10个省，就国有企业重组改制和关闭破产工作情况开展调研。

9月10—11日，全国工会理论研究工作座谈会暨2009年全国工会研究室主任会议在京召开。

9月，全总组织部、研究室、机关党委相关人员组成调研组，形成《关于加强新形势下机关工会工作的调研报告》。

10—12月，全总在10个城市抽取500家企业和5000名职工开展调研，形成《当前企业职工收入分配中存在的突出问题及对策建议》。

11月1日，全总印发《关于进一步加强工会理论研究工作的意见》。

2010年

3月，中国工运研究所、全总研究室、基层组织建设部、保障工作部等组成新生代农民工问题课题组，在对大连、深圳、东莞和福州等地调研基础上，形成了第一阶段研究成果——《关于新生代农民工问题的研究报告》。根据全总研究室2010年对全国25个城市（区）1000家已建工会企业进行的随机抽样问卷调查，2011年2月课题组提交第二阶段调研报告——《关于对新生代农民工现状的调查与对策建议》。

4—6 月，全总在北京等 9 个省市对 5000 名职工进行了思想状况问卷调查，形成《2010 年全国职工思想状况调查总报告》、调查数据分析及 14 篇相关省市调查报告。6 月 28 日，向中办上报《关于当前职工思想状况的报告和建议》。

4—7 月，全总宣教部先后赴北京等 6 个省（区、市），对工会实施《全国职工素质建设工程五年规划》、推进职工素质建设工程的基本情况进行实地调研。11 月，形成《全国职工素质建设工程启动之年成效显著——关于〈全国职工素质建设工程五年规划〉实施情况的报告》。

5 月 7—8 日，全国工会研究室主任会议在江西省井冈山市召开。

5 月，全总与人社部等组成联合调查组，实地调查深圳富士康公司职工连续跳楼事件。

5 月，全总研究制定《关于进一步加强建设职工之家工作充分发挥基层工会作用的意见》。

5 月，全总、人社部等联合调查省部级劳模社保和生活困难情况。

5—6 月，全总在 25 个城市（区）的 1000 家企业中随机抽选了 1 万名职工进行抽样问卷调查，形成《2010 企业新生代农民工劳动权益实现情况与思想动态分析报告》。

6 月，全总组织各级工会集中开展企业工会工作调研行动，形成《关于企业工会工作情况的调研报告》，印发《关于进一步加强企业工会建设充分发挥企业工会作用的紧急通知》。

7 月 25—26 日，全总十五届四次执委会议和十五届七次主席团会议审议通过《关于深入学习劳模精神、大力弘扬中国工人阶级伟大品格的决议》《关于进一步加强企业工会工作充分发挥企业工会作用的决定》。

7 月，中国工运研究所组成课题组，调研形成《当前企业劳动关系矛盾问题研究报告》。

7 月，全总开展“两个普遍”（推动企业依法普遍建立工会组织，依法普遍开展工资集体协商）调研。

9—10 月，中央政策研究室和全总联合对传化集团构建和谐劳动关系问题进行专题调研。《人民日报》2010 年 11 月 26 日刊登调研报告《用和谐音符弹奏美丽乐章——传化集团构建和谐劳动关系调查》。

10月，全总组成调研组，专题调研传化集团全心全意依靠职工办企业、构建和谐劳动关系等经验。

10月，全总法律工作部、中国工运研究所等联合召开农民工维权联动机制研讨会，2011年2月形成《工会维权联动机制情况调研报告》。

10月，全总、人力资源社会保障部、司法部、中企联督查组形成《关于对劳动人事争议调解工作意见实施情况督查调研的报告》。

2011年

1月18日，全总印发《2011—2013年推动企业普遍建立工会组织工作规划》和《2011—2013年深入推进工资集体协商工作规划》，提出了“两个普遍”的具体目标。

1—7月，全总对2005年以来江苏省邳州市总和板材行业工会在板材行业普遍推行工资集体协商制度进行调研总结。

2—3月，全总研究室赴北京市专题调研，形成《关于北京市工会多措并举做好维权维稳工作的调查报告》。

3月，全总下发《关于调查统计出租车企业组建工会情况的通知》。

4—6月，中央政策研究室、全总等6部委开展从浙江到全国、从民营企业到各类企业构建和谐劳动关系的经验调查。

4—7月，全总在安徽等9个省（区、市）对1万名职工进行思想状况调查，形成《关于当前职工思想状况的报告》。

5月，全总联合调研组走访国务院相关部委，实地考察外派劳务大省，形成《境外中资企业劳动关系现状及对策建议调研报告》。

5月，根据国务院农民工办要求，全总牵头，与共青团中央和全国妇联共同承担维护农民工权益和服务农民工的积极作用问题的调研，形成《关于发挥工会、共青团、妇联组织维护农民工权益和服务农民工的积极作用的调研报告》。

5月，全总研究室在全国选取25个城市（区）、1000家企业、1万名职工及1000名企业工会主席进行问卷调查，形成《当前企业劳动关系情况分析及对策建议》等10份调查分析报告。

6 月 15—17 日，全总研究室调研组会同山东省总工会，赴威海市进行专题调研，形成《威海市创新发展和谐劳动关系调研报告》。

6 月，全总与中国服装协会经过深入调研，下发《关于积极开展服装行业工资集体协商工作的指导意见》。

7 月，全总成立“十二五”劳动关系课题组，形成《关于“十二五”时期我国发展社会主义和谐劳动关系问题的研究》。

7 月，全总研究室和中国工运研究所组成中小企业状况课题组，通过组织上海等 6 省市总工会，对中小企业生产经营困难问题进行专项调研，形成《关于当前中小企业面临的困难及工会的对策建议》并上报中办、国办。

8 月，全总法律工作部、中国工运研究所牵头，全总研究室、保障工作部和各全国产业工会成立全总劳务派遣课题组，对劳务派遣情况进行调研，形成《当前我国劳务派遣用工的基本状况、存在问题及对策建议》。

8 月 15—16 日，全总、人力资源社会保障部、全国工商联、中国企业联合会、中央宣传部联合召开全国构建和谐劳动关系先进表彰暨经验交流会。

10 月，全总联合调研组赴青岛调研，形成《青岛港：中国特色国有企业发展之路的成功探索——青岛港实行民主管理构建和谐劳动关系经验调研报告》。2012 年 1 月，全总、中央纪委等 6 家全国厂务公开领导小组成员单位联合印发报告。

11 月，全总调研组对工会 20 年来送温暖活动和帮扶中心 10 年来建设情况进行专题调研，全总党组向党中央报送《关于全国工会开展送温暖活动和困难职工帮扶工作情况的报告》。

12 月 3—4 日，2011 年度全国工会理论研究工作暨研究室主任会议在京召开。

12 月 8 日，全总研究室和经济技术部组成调研组，赴中国第二重型机械集团公司进行专题调研，形成《劳动促进企业发展　创造职工美好生活——关于二重尊重劳动、尊重创造的调研》。

2012年

1月，全总十五届六次执委会通过《关于学习宣传实践中国特色社会主义工会发展道路的决议》。

1—3月，全总调研组形成《关于加强“四德建设”推进社会主义核心价值体系建设的调研报告》。

1—9月，全国工会开展“面对面、心贴心、实打实服务职工在基层”活动。

2—8月，由全总主办、全国工会干部教育培训网和中国第一汽车集团公司工会承办的“学习宣传实践中国特色社会主义工会发展道路网络有奖征文”活动，共收到来自全国394家单位2604篇稿件。

4月，全总对武汉市商贸金融烟草工会联合会与武汉餐饮业协会签订《武汉市餐饮行业工资专项集体合同》这一经验进行调研，并向中央报告。5月16日，全国餐饮行业工资集体协商工作推进会在湖北省武汉市召开。

5月，全总研究室调研组赴上海调研，形成《上海工会力推企业经营者政治安排与履行社会责任挂钩工作的调研报告》。

5月28日，全总向中办调研室报送《关于新形势下工会工作面临困难挑战及对策建议的简要报告》。

6月，《中直党建》刊登全总党组文章《在中国特色社会主义工会发展道路上阔步前进——党的十七大以来工会工作的创新发展》。

6月，全总联合调研组赴北京调研，形成《北京市总工会以三级服务体系为依托参与社会管理的实践与启示》。

7月，中国工运研究所组成就业问题课题组，赴广东等4省调研，形成《当前我国劳动就业和职业培训形势分析及对策建议》。

7—10月，全国工会开展第七次职工队伍状况调查，形成《在全面建成小康社会、夺取中国特色社会主义新胜利中充分发挥工人阶级主力军作用》的报告。

8月，全总办公厅印发《关于2011年度全国工会理论研究优秀论文和调研报告评选结果的通报》。

9月，中国工运研究所与全总国际联络部组成联合课题组，针对中美贸易对美国就业的影响等问题进行专题研究，形成《中美贸易对美国就业的影响分析——美国经济政策研究所〈中国代价〉辨析》。

10月，全总机关举办学习宣传实践中国特色社会主义工会发展道路研讨会。

10月，全总办公厅、组织部、基层组织建设部和中国工运研究所组成联合调研组，会同浙江省总工会赴浙江省嘉兴市调研，形成《中国特色社会主义工会发展道路的探索与实践——浙江省嘉兴市总工会加强镇（街道）工会建设调查》。报告作为全总办公厅业务工作通报（〔2013〕1号）印发，并在《工人日报》2013年1月15日刊登。

11月，全总研究室调研组赴湖北调研，形成《湖北省总领导班子赴市州工会开展现场调研办公活动的调研报告》。

11月，《求是》杂志（2012年21期）刊登全总党组文章《坚定不移地走中国特色社会主义工会发展道路——党的十六大以来工会理论创新与实践发展》。

2013年

3月14—15日，全总联合调研组赴江苏实地调研，形成《关于华东有色地质勘探局开展基层工会主席直选、创新工会工作的调研报告》。

4月10—11日，全总召开全国工会理论政策研究工作会议。

6月，全总课题组对中国劳动力成本的变动情况及其与通胀的关系问题进行研究，形成《中国劳动力成本上升与通胀关系问题研究》。

6月，中国工运研究所、中国机冶建材工会组成联合课题组，在机械制造行业开展专项调研，形成《劳动报酬增长和企业劳动生产率提高同步研究》。

6—10月，全总在全国工会系统开展信访工作大调研活动。

12月，全总成立“企业兼并重组与工会作用”联合课题组，调研形成《关于工会在企业兼并重组中发挥作用的调研报告》。

2014 年

2 月，中国财贸轻纺烟草工会通过调研，和中国烹饪协会等联合下发《2014 年餐饮行业工资福利工作指导意见》，这是我国首个年度行业性工资福利工作指导性文件。

2—6 月，全国工会系统开展以加强基层工会建设、发挥基层工会作用为主题的集中调研活动。7 月，全总形成《关于加强基层工会建设的调研报告》并上报党中央。9 月 8 日，中央领导同志对报告作出批示。

3—5 月，10 个全国产业工会分别组成调研组，就“加强产业工会工作、充分发挥产业工会作用”进行专题调研，形成《关于全国产业工会工作情况的调研报告》及调研分报告 10 篇。

4 月 1—2 日，全国工会研究室主任会议在江苏省徐州市召开。

4 月，全总研究室调研组就广东东莞裕元鞋厂因社保补缴引发劳资纠纷事件进行实地调研，形成《关于解决职工社保及公积金问题的调研报告》。

5 月，全总第十六届书记处第 17 次会议决定，全总工会理论研究会加挂“中国特色社会主义工会发展道路研究会”牌子。

8 月，全总成立中国工运研究所牵头，全总民主管理部、保障工作部、法律工作部参加的员工持股项目组，形成《关于员工持股制度与员工权益保障的初步研究》。

10 月，全总联合课题组调研形成《化解产能过剩与维护职工权益调研报告》。

2015 年

1 月 12 日，《2014 中国企业员工福利保障指数大中城市报告》在京发布，调研由全国总工会劳动关系研究中心、中国保险行业协会、中国社会科学研究院世界社保研究中心、平安养老保险股份有限公司共同实施。

1 月 28 日—2 月 2 日，全总调研组赴上海、南京等地就职代会制度开展调研，形成《建立健全集团公司职代会制度，深入贯彻落实党的“依靠”方针》调研报告。

1月，全总调研总结各地加强和改进党的群团工作的成功经验和做法。

1—6月，全总成立绿色就业课题组，形成《企业向绿色经济转型对就业的影响研究》。

2月3—4日，全国工会理论政策研究工作会议在湖南省长沙市召开。

5月，中国工运研究所与全总基层组织建设部、法律工作部、上海自贸区工会共同组成企业劳动关系研究中心联合组成课题组，对自贸区工会参与构建和谐劳动关系机制开展研究。2016年1月形成《关于自贸区工会参与构建和谐劳动关系机制的初步研究》。

6月16日，纪念中华全国总工会成立90周年理论研讨会在京举行。

7月，全总就开展中央群团机关改革试点、制定《全国总工会改革试点方案》进行调研。

11月9日，中央全面深化改革领导小组第十八次会议审议通过《全国总工会改革试点方案》。

12月，全总党组向党中央上报《关于贯彻习近平总书记“三个着力”重要批示 加强基层工会建设情况的报告》。

2016年

3月，全总就化解过剩产能过程中“失业、劳资纠纷”问题开展专项调研。

7月，印发《全总工会理论研究会（中国特色社会主义工会发展道路研究会）2015年度委托课题研究报告汇编》。

8月，全总牵头、会同有关部委，研究制定《新时期产业工人队伍建设改革方案》，开展实地调研，同时向各省（区、市）总工会和政府相关厅局发函进行书面调研。

8月20日，全总印发《中华全国总工会关于加强调查研究和理论研究的意见》。

9月，全总劳模兼职副主席许振超、郭明义、巨晓林分别带队，赴6省市开展专题调研。

9月22—23日，全国工会研究室主任会议在重庆市召开。

10月，全总党组向党中央上报《关于认真学习贯彻习近平总书记重要指示精神　大力弘扬工匠精神的情况汇报》。

12月，全总对上海市宝山区顾村镇加强基层工会建设开展调研，印发《上海市宝山区顾村镇加强基层工会建设的经验做法》。

2017年

1月，全总开展"强基层、补短板、增活力"行动、推广顾村镇等非公有制企业建会经验的专题调研。

1—8月，全国工会开展第八次全国职工队伍状况调查。

2月6日，中央全面深化改革领导小组第三十二次会议审议通过《新时期产业工人队伍建设改革方案》。4月14日，中共中央、国务院印发《新时期产业工人队伍建设改革方案》。

2—3月，全总就保障和改善民生问题进行调研，形成《加强保障和改善民生　助力全面建成小康社会》。

3月，全总研究室调研形成《深耕基层　激活"神经末梢"　最大限度凝聚和团结广大职工——关于深圳工会探索源头治理劳资纠纷试验区的调研报告》。

4月6日，全总工会理论研究会（中国特色社会主义工会发展道路研究会）常务理事会第一次全体会议在京召开。

5月26日，全国工会推广顾村经验观摩交流会在上海召开。

5月下旬—7月中旬，全国工会系统开展中央改革重点任务落实情况专项督查，督查的主要内容是工会改革进展和贯彻落实《新时期产业工人队伍建设改革方案》工作进展情况。

5月，全总研究室、权益保障部、中国农林水利气象工会和人民日报社政治文化部组成联合调研组，对南田农场神泉集团进行了调研，形成《向持续改革要动力　以职工为本求发展——来自（海南）南田农场神泉集团脱贫致富的经验与启示》。

5 月，全总调研组调研形成《在融合并进中拓展党建工建新空间——关于广东肇庆高新区探索“党工共建”模式的调研报告》。

7 月，全总调研组调研形成《新时期产业工人队伍建设改革的有力抓手——关于湖南资兴“一户一产业工人”培养工程的调研报告》。

7 月 26—27 日，省部级主要领导干部“学习习近平总书记重要讲话精神，迎接党的十九大”专题研讨班在北京举行。

9 月 14—15 日，全国工会理论政策研究工作会议在山东省青岛市召开。

10 月 18—24 日，中国共产党第十九次全国代表大会在北京召开。大会明确宣示中国特色社会主义进入了新时代，进一步确立了习近平同志在党中央和全党的核心地位，将习近平新时代中国特色社会主义思想确立为党的指导思想，这在我们党和国家的发展进程中具有极其重大的历史意义。

中文核心期刊基本情况

中文核心期刊是期刊中学术水平较高的刊物，是北京大学、南京大学等国内几所大学的图书馆以及部分科研机构根据期刊的引文率、转载率、文摘率等指标确定的。调研成果转化本身是调研工作的重要组成部分和关键环节，既包括作为决策参考转化为政策，也包括公开发表影响舆论，还包括在核心期刊发表上升为学术理论。工会调研工作者适当了解一下中文核心期刊这一调研成果转化的重要媒介，是必要的。

一、中文核心期刊的发展历程

20 世纪 80 年代末期，由于期刊品种大量增加、期刊价格连续上涨，图书经费严重不足，图书情报部门只能裁减期刊订购的数量和品种，因此特别需要对学术期刊进行评价的参考工具，以帮助确定必须订购期刊和可以裁减期刊的名单。该种参考工具在图书情报部门的期刊导读工作中也十分需要。当时虽然已有一些零星的单学科核心期刊研究成果，但在对我国出版的全部中文学术期刊进行评价方面仍是空白。于是，研究和编制一种兼具科学性、客观性、实用性的中文学术期刊评价工具，便成为图书情报部门期刊工作者的共同责任和心愿。

1990 年，北京大学图书馆与北京高校期刊工作研究会共同发起了中文核心期刊研究工作，北京 40 多所高校的两百多位期刊工作者参加了研究，研究成果《中文核心期刊要目总览》以工具书的形式正式出版。经过不断地修订完善，目前已出版《中文核心期刊要目总览》第七版（2014 年版）。《中文核心期刊要目总览》的主要成果是：

1. 验证了布拉德福文献分布定律

1931 年，著名文献学家布拉德福首先揭示了文献集中与分散规律，发现某时期某学科 1/3 的论文刊登在 3.2% 的期刊上；1967 年联合国教科文组织研究了二次文献在期刊上的分布，发现 75% 的文献出现在 10% 的期刊中；1971 年，SCI 的创始人加菲尔德统计了参考文献在期刊上的分布情况，发现24%的引文出现在1.25%的期刊上。这些研究都表明期刊存在“核心效应”，从而衍生了“核心期刊”的概念。

中文核心期刊研究工作者通过大规模文献计量统计，证明了所有学科的学术论文的载文量、被摘量、被引量、流通量、被摘率、影响因子等多种因素在中文学术期刊中的分布均遵循布拉德福文献分布定律，从而进一步证明了布氏定律所揭示的学术论文分布规律是客观存在的。因而，以布氏定律为理论依据，通过文献计量统计筛选各学科核心期刊表，是对中文学术期刊进行客观评价的切实可行的方法。

2. 建立了科学的评价指标体系

理论依据和总体评价方法确定以后，建立科学的评价指标体系是期刊评价能否成功的关键。为了使评价结果更加符合客观实际，《中文核心期刊要目总览》采用多指标评价体系，从多角度对期刊进行比较全面的评价。建立指标体系的原则是：选择能够反映期刊学术水平的（主要考虑论文被引用的情况）、核心效应明显的、适合大部分学科的、具有可操作性的、有较好的统计源的因素作为核心期刊评价指标。根据这一原则，《中文核心期刊要目总览》对评价指标体系进行了不断的修改和完善。

之后，国内一些大学和研究机构也开展了中文核心期刊研究工作，并形成了成果，比如，南京大学“中文社会科学引文索引（CSSCI）来源期刊”，中国社会科学院文献信息中心“中国人文社会科学核心期刊”等。一般而言，核心期刊上刊载的研究成果要比一般期刊文章更有权威性、科学性、可靠性、时效性，可作为一些领域的数据指导和参考。

二、中文核心期刊的遴选体系

国内有七大核心期刊遴选体系：

1. 北京大学图书馆“中文核心期刊”；

2. 南京大学“中文社会科学引文索引（CSSCI）来源期刊”；

3. 中国科学技术信息研究所“中国科技论文统计源期刊”（又称“中国科技核心期刊”）；

4. 中国社会科学院文献信息中心“中国人文社会科学核心期刊”；

5. 中国科学院文献情报中心“中国科学引文数据库（CSCD）来源期刊”；

6. 中国人文社会科学学报学会“中国人文社科学报核心期刊”；

7. 万方数据股份有限公司“中国核心期刊遴选数据库”。

如果一种期刊同时被两种核心期刊遴选体系认定为核心期刊，那么该期刊就是双核心期刊。比如，同时入选京大中文核心期刊和南大 CSSCI 核心期刊的期刊即为通常意义的双核心期刊。

三、核心期刊与其他几个概念的辨析

1.“国家级”期刊、“省级”期刊

从严格意义上说，期刊并无国家级、省级的区分标准。根据原国家新闻出版总署的声明：中国的出版物，只有正式和非正式之分，没有所谓国家级、省级等的等级。但在日常用语中，“国家级”期刊、“省级”期刊经常会出现，这种划分的标准，大致是：

“国家级”期刊，即由党中央、国务院及所属各部门，或中国科学院、中国社会科学院、各民主党派和全国性人民团体主办的期刊及国家一级专业学会主办的会刊。另外，刊物上明确标有“全国性期刊”“核心期刊”字样的刊物也可视为国家级刊物。

“省级”期刊，即是由各省、自治区、直辖市的各部门、委办、厅、局、所，省级社会团体和机构以及各高等院校主办，在新闻出版部门有登记备案，国内外公开发行的学术期刊。

2. A 类期刊、B 类期刊、C 类期刊等

“A 类期刊”“B 类期刊”“C 类期刊”等是在高校或其他研究机构论文答辩、科研项目申报、学术水平评估等场合经常出现的提法，容易与核心期刊相混淆。

从国家层面，并没有对期刊的此类划分。A 类期刊、B 类期刊等的划分是各单位根据相关政策文件，结合自身研究优势，从国内外核心期刊数据库进行筛选，把和本单位研究方向结合最近的、办刊质量好的刊物，划归为 A 类期刊，其次为 B 类期刊，再次为 C 类期刊，以此类推。有些单位

也有 D 类期刊，还有些单位则划分为一、二、三类期刊。

因此，A 类期刊等是各个单位根据自己的科研考核标准制定的，不同单位标准也不同。A 类期刊等并不一定是核心期刊，在有些单位，没有被任何核心数据库收录的报刊也会被划为本单位的 A 类期刊，比如《人民日报》《光明日报》《经济日报》等。

3. CN 类刊物、ISSN 类刊物

所谓 CN 类刊物，是指在我国境内注册、国内公开发行的刊物。该类刊物的刊号均标注有 CN 字母，通常被称为 CN 类刊物。

根据国家有关法律规定，在国内发行的连续出版物（如期刊、报纸等）必须有国家有关部门颁发的 CN 刊号；否则视为非法出刊。国外的期刊、报纸等要进入国内发行，也必须先取得 CN 刊号。

所谓 ISSN 类刊物，是指国际连续出版物（如期刊、报纸等）。ISSN（国际标准连续出版物编号，International Standard Serial Number）是根据国际标准 ISO3297 制定的连续出版物国际标准编码，其目的是使世界上每一种不同题名、不同版本的连续出版物都有一个国际性的唯一代码标识。该类刊物的刊号前标注有 ISSN 字母。

ISSN 由设在法国巴黎的国际 ISDS 中心管理。一些不在国内发行的刊物通常没有 CN 刊号，但会有 ISSN 刊号。部分重要的国际学术刊物，通常只有 ISSN 刊号，却没有 CN 刊号。也就是说 CN 刊号是中国的发行通行证。

4. “C 刊”

“C 刊”是南京大学“中文社会科学引文索引（CSSCI）来源期刊”的简称，与 C 类期刊不同。C 类期刊是各单位根据本单位考核标准制定的内部分类，而“C 刊”则专指 CSSCI 期刊。

南京大学“中文社会科学引文索引（CSSCI）来源期刊”是核心期刊目录的一种，目前是各高校认可度最高的核心期刊目录之一，得到了学术界的广泛认同。从影响力来讲，其等级属国内同类划分中最权威的一种，入选难度高于北京大学图书馆“中文核心期刊”。

5. 一级期刊、二级期刊

所谓一级期刊，一般是指被业内专家认可、具有较大影响的期刊。一级期刊大多由国家有关部委或国家一级学会（协会）主办。一级期刊的外文版可视为一级期刊。

由于国家对哪些期刊属于一级期刊没有明确的规定，也没有相应的评价机制，因而很多单位在一级期刊的取舍标准上存在分歧。1991 年 6 月 5 日，原国家科学技术委员会、新闻出版总署联合发布《科学技术期刊管理办法》，其第六条规定，“科学技术期刊，按其主管部门分为全国性期刊和地方性期刊。全国性期刊是指国务院所属各部门、中国科学院、各民主党派和全国性人民团体主管的期刊；地方性期刊是指省、自治区、直辖市各委、厅、局主管的期刊”。《科学技术期刊管理办法》只给科学期刊划分“全国性”和“地方性”二级，不再使用“一级期刊”和“二级期刊”的概念。

标点符号用法

（中华人民共和国国家质量监督检验检疫总局、中国国家标准化管理委员会2011年12月30日发布，2012年6月1日实施。）

前　言

本标准按照GB/T 1.1—2009给出的规则起草。

本标准代替GB/T 15834—1995，与GB/T 15834—1995相比，主要变化如下：

——根据我国国家标准编写规则（GB/T1.1—2009），对本标准的编排和表述做了全面修改；

——更换了大部分示例，使之更简短、通俗、规范；

——增加了对术语“标点符号”和“语段”的定义（2.1/2.5）；

——对术语“复句”和“分句”的定义做了修改（2.3/2.4）；

——对句末点号（句号、问号、叹号）的定义做了修改，更强调句末点号与句子语气之间的关系（4.1.1/4.2.1/4.3.1）；

——对逗号的基本用法做了补充（4.4.3）；

——增加了不同形式括号用法的示例（4.9.3）；

——省略号的形式统一为六连点“……”，但在特定情况下允许连用（4.11）；

——取消了连接号中原有的二字线，将连接号形式规范为短横线“-”、一字线“—”和浪纹线“~”，并对三者的功能做了归并与划分（4.13）；

——明确了书名号的使用范围（4.15/A.13）；

——增加了分隔号的用法说明（4.17）；

——“标点符号的位置”一章的标题改为“标点符号的位置和书写形式”，并增加了使用中文输入软件处理标点符号时的相关规范（第5章）；

——增加了“附录”：附录 A 为规范性附录，主要说明标点符号不能怎样使用和对标点符号用法加以补充说明，以解决目前使用混乱或争议较大的问题。附录 B 为资料性附录，对功能有交叉的标点符号的用法做了区分，并对标点符号误用高发环境下的规范用法做了说明。

本标准由教育部语言文字信息管理司提出并归口。

本标准主要起草单位：北京大学。

本标准主要起草人：沈阳、刘妍、于泳波、翁姗姗。

本标准所代替标准的历次版本发布情况为：

——GB/T 15834—1995。

1 范围

本标准规定了现代汉语标点符号的用法。

本标准适用于汉语的书面语（包括汉语和外语混合排版时的汉语部分）。

2 术语和定义

下列术语和定义适用于本文件。

2.1 **标点符号** punctuation

辅助文字记录语言的符号，是书面语的有机组成部分，用来表示语句的停顿、语气以及标示某些成分（主要是词语）的特定性质和作用。

注：数学符号、货币符号、校勘符号、辞书符号、注音符号等特殊领域的专门符号不属于标点符号。

2.2 **句子** sentence

前后都有较大停顿、带有一定的语气和语调、表达相对完整意义的语言单位。

2.3 **复句** complex sentence

由两个或多个在意义上有密切关系的分句组成的语言单位，包括简单复句（内部只有一层语义关系）和多重复句（内部包含多层语义关系）。

2.4 **分句** clause

复句内两个或多个前后有停顿、表达相对完整意义、不带有句末语气和语调、有的前面可添加关联词语的语言单位。

2.5　**语段** expression

指语言片段，是对各种语言单位（如词、短语、句子、复句等）不做特别区分时的统称。

3　标点符号的种类

3.1　**点号**

点号的作用是点断，主要表示停顿和语气。分为句末点号和句内点号。

3.1.1　句末点号

用于句末的点号，表示句末停顿和句子的语气。包括句号、问号、叹号。

3.1.2　句内点号

用于句内的点号，表示句内各种不同性质的停顿。包括逗号、顿号、分号、冒号。

3.2　**标号**

标号的作用是标明，主要标示某些成分（主要是词语）的特定性质和作用。包括引号、括号、破折号、省略号、着重号、连接号、间隔号、书名号、专名号、分隔号。

4　标点符号的定义、形式和用法

4.1　**句号**

4.1.1　定义

句末点号的一种，主要表示句子的陈述语气。

4.1.2　形式

句号的形式是“。”

4.1.3　基本用法

4.1.3.1　用于句子末尾，表示陈述语气。使用句号主要根据句段前后有较大停顿、带有陈述语气和语调，并不取决于句子的长短。

示例1：北京是中华人民共和国的首都。

示例2：（甲：咱们走着去吧？）乙：好。

4.1.3.2　有时也可以表示较缓和的祈使语气和感叹语气。

示例1：请您稍等一下。

示例2：我不由地感到，这些普通劳动者也同样是很值得尊敬的。

4.2　问号

4.2.1　定义

句末点号的一种，主要表示句子的疑问语气。

4.2.2　形式

问号的形式是“？”。

4.2.3　基本用法

4.2.3.1　用于句子末尾，表示疑问语气（包括反问、设问等疑问类型）。使用问号主要根据语段前后有较大停顿、带有疑问语气和语调，并不取决于句子的长短。

示例1：你怎么还不回家去呢？

示例2：难道这些普通的战士不值得歌颂吗？

示例3：（一个外国人，不远万里来到中国，帮助中国的抗日战争。）这是什么精神？这是国际主义的精神。

4.2.3.2　选择问句中，通常只在最后一个选项的末尾用问号，各个选项之间一般用逗号隔开。当选项较短且选项之间几乎没有停顿时，选项之间可不用逗号。当选项较多或较长，或有意突出每个选项的独立性时，也可每个选项之后都用问号。

示例1：诗中记述的这场战争究竟是真实的历史描述，还是诗人的虚构？

示例2：这是巧合还是有意安排？

示例3：要一个什么样的结尾：现实主义的？传统的？大团圆的？荒诞的？民族形式的？有象征意义的？

示例4：（他看着我的作品称赞了我。）但到底是称赞我什么：是有几处画得好？还是什么都敢画？抑或只是一种对于失败者的无可奈何的安慰？我不得而知。

示例5：这一切都是由客观的条件造成的？还是由行为的惯性造成的？

4.2.3.3 在多个问句连用或表达疑问语气加重时，可叠用问号。通常应先单用，再叠用，最多叠用三个问号。在没有异常强烈的情感表达需要时不宜叠用问号。

示例：这就是你的做法吗？你这个总经理是怎么当的？？你怎么竟敢这样欺骗消费者？？？

4.2.3.4 问号也有标号的用法，即用于句内，表示存疑或不详。

示例1：马致远（1250？—1321），大都人，元代戏曲家、散曲家。

示例2：钟嵘（？—518），颍川长社人，南朝梁代文学批评家。

示例3：出现这样的文字错误，说明作者（编者？校者？）很不认真。

4.3 **叹号**

4.3.1 定义

句末点号的一种，主要表示句子的感叹语气。

4.3.2 形式

叹号的形式是"！"。

4.3.3 基本用法

4.3.3.1 用于句子末尾，主要表示感叹语气，有时也可表示强烈的祈使语气、反问语气等。使用叹号主要根据语段前后有较大停顿、带有感叹语气和语调或带有强烈的祈使、反问语气和语调，并不取决于句子的长短。

示例1：才一年不见，这孩子都长这么高啦！

示例2：你给我住嘴！

示例3：谁知道他今天是怎么搞的！

4.3.3.2 用于拟声词后，表示声音短促或突然。

示例1：咔嚓！一道闪电划破了夜空。

示例2：咚！咚咚！突然传来一阵急促的敲门声。

4.3.3.3 表示声音巨大或声音不断加大时，可叠用叹号；表达强烈语气时，也可叠用叹号，最多叠用三个叹号。在没有异常强烈的情感表达需要时不宜叠用叹号。

示例1：轰！！在这天崩地塌的声音中，女娲猛然醒来。

示例2：我要揭露！我要控诉！！我要以死抗争！！！

4.3.3.4　当句子包含疑问、感叹两种语气且都比较强烈时（如带有强烈感情的反问句和带有惊愕语气的疑问句），可在问号后再加叹号（问号、叹号各一）。

示例1：这么点困难就能把我们吓倒吗?!

示例2：他连这些最起码的常识都不懂，还敢说自己是高科技人才?!

4.4　**逗号**

4.4.1　定义

句内点号的一种，表示句子或语段内部的一般性停顿。

4.4.2　形式

逗号的形式是“,”。

4.4.3　基本用法

4.4.3.1　复句内各分句之间的停顿，除了有时用分号（见4.6.3.1），一般都用逗号。

示例1：不是人们的意识决定人们的存在，而是人们的社会存在决定人们的意识。

示例2：学历史使人更明智，学文学使人更聪慧，学数学使人更精细，学考古使人更深沉。

示例3：要是不相信我们的理论能反映现实，要是不相信我们的世界有内在和谐，那就不可能有科学。

4.4.3.2　用于下列各种语法位置：

a）较长的主语之后。

示例1：苏州园林建筑各种门窗的精美设计和雕镂功夫，都令人叹为观止。

b）句首的状语之后。

示例2：在苍茫的大海上，狂风卷集着乌云。

c）较长的宾语之前。

示例3：有的考古工作者认为，南方古猿生存于上新世至更新世的初期和中期。

d）带句内语气词的主语（或其他成分）之后，或带句内语气词的并列成分之间。

示例4：他呢，倒是很乐观地、全神贯注地干起来了。

示例5：（那是个没有月亮的夜晚。）可是整个村子——白房顶啦，白树木啦，雪堆啦，全看得见。

e）较长的主语中间、谓语中间和宾语中间。

示例6：母亲沉痛的诉说，以及亲眼看到的实事，都启发了我幼年时期追求真理的思想。

示例7：那姑娘头戴一顶草帽，身穿一条绿色的裙子，腰间还系着一根橙色的腰带。

示例8：必须懂得，对于文化传统，既不能不分青红皂白统统抛弃，也不能不管精华糟粕全盘继承。

f）前置的谓语之后或后置的状语、定语之前。

示例9：真美啊，这条蜿蜒的林间小路。

示例10：她吃力地站了起来，慢慢地。

示例11：我只是一个人，孤孤单单的。

4.4.3.3 用于下列各种停顿处：

a）复指成分或插说成分前后。

示例1：老张，就是原来的办公室主任，上星期已经调走了。

示例2：车，不用说，当然是头等。

b）语气缓和的感叹语、称谓语和呼唤语之后。

示例3：哎哟，这儿，快给我揉揉。

示例4：大娘，您到哪儿去啊？

示例5：喂，你是哪个单位的？

c）某些序次语（“第”字头、“其”字头及“首先”类序次语）之后。

示例6：为什么许多人都有长不大的感觉呢？原因有三：第一，父母总认为自己比孩子成熟；第二，父母总要以自己的标准来衡量孩子；第三，父母出于爱心而总不想让孩子在成长的过程中走弯路。

示例7：《玄秘塔碑》所以成为书法的范本，不外乎以下几方面的因素：其一，具有楷书点画、构体的典范性；其二，承上启下，成为唐楷的极致；其三，字如其人，爱人及字，柳公权高尚的书品、人品为后人所崇仰。

示例8：下面从三个方面讲讲语言的污染问题：首先，是特殊语言环境中的语言污染问题；其次，是滥用缩略语引起的语言污染问题；再次，是空话和废话引起的语言污染问题。

4.5　顿号

4.5.1　定义

句内点号的一种，表示语段中并列词语之间或某些序次语之后的停顿。

4.5.2　形式

顿号的形式是“、”。

4.5.3　基本用法

4.5.3.1　用于并列词语之间。

示例1：这里有自由、民主、平等、开放的风气和氛围。

示例2：造型科学、技艺精湛、气韵生动，是盛唐石雕的特色。

4.5.3.2　用于需要停顿的重复词语之间。

示例：他几次三番、几次三番地辩解着。

4.5.3.3　用于某些序次语（不带括号的汉字数字或“天干地支”类序次语）之后。

示例1：我准备讲两个问题，一、逻辑学是什么？二、怎样学好逻辑学？

示例2：风格的具体内容主要有以下四点，甲、题材；乙、用字；丙、表达；丁、色彩。

4.5.3.4　相邻或相近两数字连用表示概数通常不用顿号。若相邻两数字连用为缩略形式，宜用顿号。

示例1：飞机在6000米高空水平飞行时，只能看到两侧八九公里和前方一二十公里范围内的地面。

示例2：这种凶猛的动物常常三五成群地外出觅食和活动。

示例3：农业是国民经济的基础，也是二、三产业的基础。

4.5.3.5　标有引号的并列成分之间、标有书名号的并列成分之间通常不用顿号。若有其他成分插在并列的引号之间或并列的书名号之间（如引语或书名号之后还有括注），宜用顿号。

示例1：“日”“月”构成“明”字。

示例2：店里挂着“顾客就是上帝”“质量就是生命”等横幅。

示例3：《红楼梦》《三国演义》《西游记》《水浒传》，是我国长篇小说的四大名著。

示例4：李白的“白发三千丈”（《秋浦歌》）、“朝如青丝暮成雪”（《将进酒》）都是脍炙人口的诗句。

示例5：办公室里订有《人民日报》（海外版）、《光明日报》和《时代周刊》等报刊。

4.6 **分号**

4.6.1 定义

句内点号的一种，表示复句内部并列关系分句之间的停顿，以及非并列关系的多重复句中第一层分句之间的停顿。

4.6.2 形式

分号的形式是“；”。

4.6.3 基本用法

4.6.3.1 表示复句内部并列关系的分句（尤其当分句内部还有逗号时）之间的停顿。

示例1：语言文字的学习，就理解方面说，是得到一种知识；就运用方面说，是养成一种习惯。

示例2：内容有分量，尽管文章短小，也是有分量的；内容没有分量，即使写得再长也没有用。

4.6.3.2 表示非并列关系的多重复句中第一层分句（主要是选择、转折等关系）之间的停顿。

示例1：人还没看见，已经先听见歌声了；或者人已经转过山头望不见了，歌声还余音袅袅。

示例2：尽管人民革命的力量在开始时总是弱小的，所以总是受压的；但是由于革命的力量代表历史发展的方向，因此本质上又是不可战胜的。

示例3：不管一个人如何伟大，也总是生活在一定的环境和条件下；因此，个人的见解总难免带有某种局限性。

示例4：昨天夜里下了一场雨，以为可以凉快些；谁知没有凉快下来，反而更热了。

4.6.3.3　用于分项列举的各项之间。

示例：特聘教授的岗位职责为：一、讲授本学科的主干基础课程；二、主持本学科的重大科研项目；三、领导本学科的学术队伍建设；四、带领本学科赶超或保持世界先进水平。

4.7　冒号

4.7.1　定义

句内点号的一种，表示语段中提示下文或总结上文的停顿。

4.7.2　形式

冒号的形式是“：”。

4.7.3　基本用法

4.7.3.1　用于总说性或提示性词语（如“说”“例如”“证明”等）之后，表示提示下文。

示例1：北京紫禁城有四座城门：午门、神武门、东华门和西华门。

示例2：她高兴地说：“咱们去好好庆祝一下吧！”

示例3：小王笑着点了点头：“我就是这么想的。”

示例4：这一事实证明：人能创造环境，环境同样也能创造人。

4.7.3.2　表示总结上文。

示例：张华上了大学，李萍进了技校，我当了工人：我们都有美好的前途。

4.7.3.3　用在需要说明的词语之后，表示注释和说明。

示例1：（本市将举办首届大型书市。）主办单位：市文化局；承办单位：市图书进出口公司；时间：8月15日—20日；地点：市体育馆观众休息厅。

示例2：（做阅读理解题有两个办法。）办法之一：先读题干，再读原文，带着问题有针对性地读课文。办法之二：直接读原文，读完再做题，减少先入为主的干扰。

4.7.3.4　用于书信、讲话稿中称谓语或称呼语之后。

示例1：广平先生：……

示例2：同志们、朋友们：……

4.7.3.5　一个句子内部一般不应套用冒号。在列举式或条文式表述中，如不得不套用冒号时，宜另起段落来显示各个层次。

示例：第十条　遗产按照下列顺序继承：

第一顺序：配偶、子女、父母。

第二顺序：兄弟姐妹、祖父母、外祖父母。

4.8　**引号**

4.8.1　定义

标号的一种，标示语段中直接引用的内容或需要特别指出的成分。

4.8.2　形式

引号的形式有双引号““””和单引号“‘’”两种。左侧的为前引号，右侧的为后引号。

4.8.3　基本用法

4.8.3.1　标示语段中直接引用的内容。

示例：李白诗中就有“白发三千丈”这样极尽夸张的语句。

4.8.3.2　标示需要着重论述或强调的内容。

示例：这里所谓的“文”，并不是指文字，而是指文采。

4.8.3.3　标示语段中具有特殊含义而需要特别指出的成分，如别称、简称、反语等。

示例1：电视被称作“第九艺术”。

示例2：人类学上常把古人化石统称为尼安德特人，简称“尼人”。

示例3：有几个“慈祥”的老板把捡来的菜叶用盐浸浸就算作工友的菜肴。

4.8.3.4　当引号中还需要使用引号时，外面一层用双引号，里面一层用单引号。

示例：他问：“老师，‘七月流火’是什么意思?”

4.8.3.5　独立成段的引文如果只有一段，段首和段尾都用引号；不止一段时，每段开头仅用前引号，只在最后一段末尾用后引号。

示例：我曾在报纸上看到有人这样谈幸福：

“幸福是知道自己喜欢什么和不喜欢什么。……

“幸福是知道自己擅长什么和不擅长什么。……

“幸福是在正确的时间做了正确的选择。……”

4.8.3.6　在书写带月、日的事件、节日或其他特定意义的短语（含简称）时，通常只标引其中的月和日；需要突出和强调该事件或节日本身时，也可连同事件或节日一起标引。

示例1：“5·12”汶川大地震

示例2：“五四”以来的话剧，是我国戏剧中的新形式。

示例3：纪念“五四运动”90周年

4.9　**括号**

4.9.1　定义

标号的一种，标示语段中的注释内容、补充说明或其他特定意义的语句。

4.9.2　形式

括号的主要形式是圆括号“（）”，其他形式还有方括号“［ ］”、六角括号“〔〕”和方头括号“【】”等。

4.9.3　基本用法

4.9.3.1　标示下列各种情况，均用圆括号：

a）标示注释内容或补充说明。

示例1：我校拥有特级教师（含已退休的）17人。

示例2：我们不但善于破坏一个旧世界，我们还将善于建设一个新世界！（热烈鼓掌）

b）标示订正或补加的文字。

示例3：信纸上用稚嫩的字体写着：“阿夷（姨），你好！”。

示例4：该建筑公司负责的建设工程全部达到优良工程（的标准）。

c）标示序次语。

示例5：语言有三个要素：（1）声音；（2）结构；（3）意义。

示例6：思想有三个条件：（一）事理；（二）心理；（三）伦理。

d）标示引语的出处。

示例7：他说得好：“未画之前，不立一格；既画之后，不留一格。”（《板桥集·题画》）

e）标示汉语拼音注音。

示例8：“的（de）”这个字在现代汉语中最常用。

4.9.3.2　标示作者国籍或所属朝代时，可用方括号或六角括号。

示例1：[英] 赫胥黎《进化论与伦理学》

示例2：〔唐〕杜甫著

4.9.3.3　报刊标示电讯、报道的开头，可用方头括号。

示例：【新华社南京消息】

4.9.3.4　标示公文发文字号中的发文年份时，可用六角括号。

示例：国发〔2011〕3号文件

4.9.3.5　标示被注释的词语时，可用六角括号或方头括号。

示例1：〔奇观〕奇伟的景象。

示例2：【爱因斯坦】物理学家。生于德国，1933年因受纳粹政权迫害，移居美国。

4.9.3.6　除科技书刊中的数学、逻辑公式外，所有括号（特别是同一形式的括号）应尽量避免套用。必须套用括号时，宜采用不同的括号形式配合使用。

示例：〔茸（róng）毛〕很细很细的毛。

4.10　**破折号**

4.10.1　定义

标号的一种，标示语段中某些成分的注释、补充说明或语音、意义的变化。

4.10.2　形式

破折号的形式是“——”。

4.10.3　基本用法

4.10.3.1　标示注释内容或补充说明（也可用括号，见4.9.3.1；二者的区别另见B.1.7）。

示例1：一个矮小而结实的日本中年人——内山老板走了过来。

示例2：我一直坚持读书，想借此唤起弟妹对生活的希望——无论环境多么困难。

4.10.3.2　标示插入语（也可用逗号，见4.4.3.3）。

示例：这简直就是——说得不客气点——无耻的勾当！

4.10.3.3 标示总结上文或提示下文（也可用冒号，见4.7.3.1、4.7.3.2）。

示例1：坚强，纯洁，严于律己，客观公正——这一切都难得地集中在一个人身上。

示例2：画家开始娓娓道来——

数年前的一个寒冬，……

4.10.3.4 标示话题的转换。

示例：“好香的干菜，——听到风声了吗？”赵七爷低声说道。

4.10.3.5 标示声音的延长。

示例：“嘎——”传过来一声水禽被惊动的鸣叫。

4.10.3.6 标示话语的中断或间隔。

示例1：“班长他牺——”小马话没说完就大哭起来。

示例2：“亲爱的妈妈，你不知道我多爱您。——还有你，我的孩子！”

4.10.3.7 标示引出对话。

示例：——你长大后想成为科学家吗？

——当然想了！

4.10.3.8 标示事项列举分承。

示例：根据研究对象的不同，环境物理学分为以下五个分支学科：

——环境声学；

——环境光学；

——环境热学；

——环境电磁学；

——环境空气动力学。

4.10.3.9 用于副标题之前。

示例：飞向太平洋

——我国新型号运载火箭发射目击记

4.10.3.10 用于引文、注文后，标示作者、出处或注释者。

示例1：先天下之忧而忧，后天下之乐而乐。——范仲淹

示例2：乐浪海中有倭人，分为百余国。——《汉书》

示例3：很多人写好信后把信笺折成方胜形，我看大可不必。（方胜，指古代妇女戴的方形首饰，用彩绸等制作，由两个斜方部分叠合而成。——编者注）

4.11　**省略号**

4.11.1　定义

标号的一种，标示语段中某些内容的省略及意义的断续等。

4.11.2　形式

省略号的形式是“……”。

4.11.3　基本用法

4.11.3.1　标示引文的省略。

示例：我们齐声朗诵起来：“……俱往矣，数风流人物，还看今朝。”

4.11.3.2　标示列举或重复词语的省略。

示例1：对政治的敏感，对生活的敏感，对性格的敏感，……这都是作家必须要有的素质。

示例2：他气得连声说：“好，好……算我没说。”

4.11.3.3　标示语意未尽。

示例1：在人迹罕至的深山密林里，假如突然看见一缕炊烟，……

示例2：你这样干，未免太……

4.11.3.4　标示说话时断断续续。

示例：她磕磕巴巴地说：“可是……太太……我不知道……你一定是认错了。”

4.11.3.5　标示对话中的沉默不语。

示例：“还没结婚吧？”

“……”他飞红了脸，更加忸怩起来。

4.11.3.6　标示特定的成分虚缺。

示例：只要……就……

4.11.3.7　在标示诗行、段落的省略时，可连用两个省略号（即相当于十二连点）。

示例1：从隔壁房间传来缓缓而抑扬顿挫的吟咏声——

床前明月光，疑是地上霜。

…………

示例2：该刊根据工作质量、上稿数量、参与程度等方面的表现，评选出了高校十佳记者站。还根据发稿数量、提供新闻线索情况以及对刊物的关注度等，评选出了十佳通讯员。

…………

4.12　**着重号**

4.12.1　定义

标号的一种，标示语段中某些重要的或需要指明的文字。

4.12.2　形式

着重号的形式是“ . ”标注在相应文字的下方。

4.12.3　基本用法

4.12.3.1　标示语段中重要的文字。

示例1：诗人需要表现，而不是证明。

示例2：下面对本文的理解，不正确的一项是：……

4.12.3.2　标示语段中需要指明的文字。

示例：下边加点的字，除了在词中的读法外，还有哪些读法？

着急　子弹　强调

4.13　**连接号**

4.13.1　定义

标号的一种，标示某些相关联成分之间的连接。

4.13.2　形式

连接号的形式有短横线“-”、一字线“—”和浪纹线“～”三种。

4.13.3　基本用法

4.13.3.1　标示下列各种情况，均用短横线：

a）化合物的名称或表格、插图的编号。

示例1：3-戊酮为无色液体，对眼及皮肤有强烈刺激性。

示例2：参见下页表2-8、表2-9。

b）连接号码，包括门牌号码、电话号码，以及用阿拉伯数字表示年月日等。

示例3：安宁里东路26号院3－2－11室

示例4：联系电话：010－88842603

示例5：2011－02－15

c）在复合名词中起连接作用。

示例6：吐鲁番－哈密盆地

d）某些产品的名称和型号。

示例7：WZ－10直升机具有复杂天气和夜间作战的能力。

e）汉语拼音、外来语内部的分合。

示例8：shuōshuō－xiàoxiào（说说笑笑）

示例9：盎格鲁－撒克逊人

示例10：让－雅克·卢梭（“让－雅克”为双名）

示例11：皮埃尔·孟戴斯－弗朗斯（“孟戴斯－弗朗斯”为复姓）

4.13.3.2　标示下列各种情况，一般用一字线，有时也可用浪纹线：

a）标示相关项目（如时间、地域等）的起止。

示例1：沈括（1031—1095），宋朝人。

示例2：2011年2月3日—10日

示例3：北京—上海特别旅客快车

b）标示数值范围（由阿拉伯数字或汉字数字构成）的起止。

示例4：25～30 g

示例5：第五～八课

4.14　间隔号

4.14.1　定义

标号的一种，标示某些相关联成分之间的分界。

4.14.2　形式

间隔号的形式是“·”。

4.14.3　基本用法

4.14.3.1　标示外国人名或少数民族人名内部的分界。

示例1：克里丝蒂娜·罗塞蒂

示例2：阿依古丽·买买提

4.14.3.2　标示书名与篇（章、卷）名之间的分界。

示例：《淮南子 · 本经训》

4.14.3.3　标示词牌、曲牌、诗体名等和题名之间的分界。

示例1：《沁园春 · 雪》

示例2：《天净沙 · 秋思》

示例3：《七律 · 冬云》

4.14.3.4　用在构成标题或栏目名称的并列词语之间。

示例：《天 · 地 · 人》

4.14.3.5　以月、日为标志的事件或节日，用汉字数字表示时，只在一、十一和十二月后用间隔号；当直接用阿拉伯数字表示时，月、日之间均用间隔号（半角字符）。

示例1："九一八"事变"五四"运动

示例2："一 · 二八"事变"一二 · 九"运动

示例3："3 · 15"消费者权益日"9 · 11"恐怖袭击事件

4.15　书名号

4.15.1　定义

标号的一种，标示语段中出现的各种作品的名称。

4.15.2　形式

书名号的形式有双书名号"《》"和单书名号"〈〉"两种。

4.15.3　基本用法

4.15.3.1　标示书名、卷名、篇名、刊物名、报纸名、文件名等。

示例1：《红楼梦》（书名）

示例2：《史记 · 项羽本纪》（卷名）

示例3：《论雷峰塔的倒掉》（篇名）

示例4：《每周关注》（刊物名）

示例5：《人民日报》（报纸名）

示例6：《全国农村工作会议纪要》（文件名）

4.15.3.2　标示电影、电视、音乐、诗歌、雕塑等各类用文字、声音、图像等表现的作品的名称。

示例1：《渔光曲》（电影名）

示例2：《追梦录》（电视剧名）

示例3：《勿忘我》（歌曲名）

示例4：《沁园春·雪》（诗词名）

示例5：《东方欲晓》（雕塑名）

示例6：《光与影》（电视节目名）

示例7：《社会广角镜》（栏目名）

示例8：《庄子研究文献数据库》（光盘名）

示例9：《植物生理学系列挂图》（图片名）

4.15.3.3　标示全中文或中文在名称中占主导地位的软件名。

示例：科研人员正在研制《电脑卫士》杀毒软件。

4.15.3.4　标示作品名的简称。

示例：我读了《念青唐古拉山脉纪行》一文（以下简称《念》），收获很大。

4.15.3.5　当书名号中还需要书名号时，里面一层用单书名号，外面一层用双书名号。

示例：《教育部关于提请审议〈高等教育自学考试试行办法〉的报告》

4.16　**专名号**

4.16.1　定义

标号的一种，标示古籍和某些文史类著作中出现的特定类专有名词。

4.16.2　形式

专名号的形式是一条直线，标注在相应文字的下方。

4.16.3　基本用法

4.16.3.1　标示古籍、古籍引文或某些文史类著作中出现的专有名词，主要包括人名、地名、国名、民族名、朝代名、年号、宗教名、官署名、组织名等。

示例1：孙坚人马被刘表率军围得水泄不通。（人名）

示例2：于是聚集冀、青、幽、并四州兵马七十多万准备决一死战。（地名）

示例3：当时乌孙及西域各国都向汉派遣了使节。（国名、朝代名）

示例4：从咸宁二年到太康十年，匈奴、鲜卑、乌桓等族人徙居塞内。（年号、民族名）

4.16.3.2　现代汉语文本中的上述专有名词，以及古籍和现代文本中的单位名、官职名、事件名、会议名、书名等不应使用专名号。必须使用标号标示时，宜使用其他相应标号（如引号、书名号等）。

4.17　**分隔号**

4.17.1　定义

标号的一种，标示诗行、节拍及某些相关文字的分隔。

4.17.2　形式

分隔号的形式是“/”。

4.17.3　基本用法

4.17.3.1　诗歌接排时分隔诗行（也可使用逗号和分号，见4.4.3.1/4.6.3.1）。

示例：春眠不觉晓/处处闻啼鸟/夜来风雨声/花落知多少。

4.17.3.2　标示诗文中的音节节拍。

示例：横眉/冷对/千夫指，俯首/甘为/孺子牛。

4.17.3.3　分隔供选择或可转换的两项，表示“或”。

示例：动词短语中除了作为主体成分的述语动词之外，还包括述语动词所带的宾语和/或补语。

4.17.3.4　分隔组成一对的两项，表示“和”。

示例1：13/14次特别快车

示例2：羽毛球女双决赛中国组合杜婧/于洋两局完胜韩国名将李孝贞/李敬元。

4.17.3.5　分隔层级或类别。

示例：我国的行政区划分为：省（直辖市、自治区）/省辖市（地级市）/县（县级市、区、自治州）/乡（镇）/村（居委会）。

5　标点符号的位置和书写形式

5.1　横排文稿标点符号的位置和书写形式

5.1.1　句号、逗号、顿号、分号、冒号均置于相应文字之后，占一个字位置，居左下，不出现在一行之首。

5.1.2　问号、叹号均置于相应文字之后，占一个字位置，居左，不出现在一行之首。两个问号（或叹号）叠用时，占一个字位置；三个问号（或叹号）叠用时，占两个字位置；问号和叹号连用时，占一个字位置。

5.1.3 引号、括号、书名号中的两部分标在相应项目的两端，各占一个字位置。其中前一半不出现在一行之末，后一半不出现在一行之首。

5.1.4 破折号标在相应项目之间，占两个字位置，上下居中，不能中间断开分处上行之末和下行之首。

5.1.5 省略号占两个字位置，两个省略号连用时占四个字位置并须单独占一行。省略号不能中间断开分处上行之末和下行之首。

5.1.6 连接号中的短横线比汉字“一”略短，占半个字位置；一字线比汉字“一”略长，占一个字位置；浪纹线占一个字位置。连接号上下居中，不出现在一行之首。

5.1.7 间隔号标在需要隔开的项目之间，占半个字位置，上下居中，不出现在一行之首。

5.1.8 着重号和专名号标在相应文字的下边。

5.1.9 分隔号占半个字位置，不出现在一行之首或一行之末。

5.1.10 标点符号排在一行末尾时，若为全角字符则应占半角字符的宽度（即半个字位置），以使视觉效果更美观。

5.1.11 在实际编辑出版工作中，为排版美观、方便阅读等需要，或为避免某一小节最后一个汉字转行或出现在另外一页开头等情况（浪费版面及视觉效果差），可适当压缩标点符号所占用的空间。

5.2 竖排文稿标点符号的位置和书写形式

5.2.1 句号、问号、叹号、逗号、顿号、分号和冒号均置于相应文字之下偏右。

5.2.2 破折号、省略号、连接号、间隔号和分隔号置于相应文字之下居中，上下方向排列。

5.2.3 引号改用双引号“﹃”“﹄”和单引号“﹁”“﹂”，括号改用“︵”“︶”，标在相应项目的上下。

5.2.4 竖排文稿中使用浪线式书名号“﹏”，标在相应文字的左侧。

5.2.5 着重号标在相应文字的右侧，专名号标在相应文字的左侧。

5.2.6 横排文稿中关于某些标点不能居行首或行末的要求，同样适用于竖排文稿。

附录A

（规范性附录）

标点符号用法的补充规则

A.1 句号用法补充规则

图或表的短语式说明文字，中间可用逗号，但末尾不用句号。即使有时说明文字较长，前面的语段已出现句号，最后结尾处仍不用句号。

示例1：行进中的学生方队

示例2：经过治理，本市市容市貌焕然一新。这是某区街道一景

A.2 问号用法补充规则

使用问号应以句子表示疑问语气为依据，而并不根据句子中包含有疑问词。当含有疑问词的语段充当某种句子成分，而句子并不表示疑问语气时，句末不用同号。

示例1：他们的行为举止、审美趣味，甚至读什么书，坐什么车，都在媒体掌握之中。

示例2：谁也不见，什么也不吃，哪儿也不去。

示例3：我也不知道他究竟躲到什么地方去了。

A.3 逗号用法补充规则

用顿号表示较长、较多或较复杂的并列成分之间的停顿时，最后一个成分前可用“以及（及）”进行连接，“以及（及）”之前应用逗号。

示例：压力过大、工作时间过长、作息不规律，以及忽视营养均衡等，均会导致健康状况的下降。

A.4 顿号用法补充规则

A.4.1 表示含有顺序关系的并列各项间的停顿，用顿号，不用逗号。下例解释“对于”一词用法，“人”“事物”“行为”之间有顺序关系（即人和人、人和事物、人和行为、事物和事物、事物和行为、行为和行为等

六种对待关系），各项之间应用顿号。

示例：［对于］表示人，事物，行为之间的相互对待关系。（误）

［对于］表示人、事物、行为之间的相互对待关系。（正）

A.4.2 用阿拉伯数字表示年月日的简写形式时，用短横线连接号，不用顿号。

示例：2010、03、02（误）

2010－03－02（正）

A.5 分号用法补充规则

分项列举的各项有一项或多项已包含句号时，各项的末尾不能再用分号。

示例：本市先后建立起三大农业生产体系：一是建立甘蔗生产服务体系。成立糖业服务公司，主要给农民提供机耕等服务；二是建立蚕桑生产服务体系。……；三是建立热作服务体系。……。（误）

本市先后建立起三大农业生产体系：一是建立甘蔗生产服务体系等服务。成立糖业服务公司，主要给农民提供机耕等服务。二是建立蚕桑生产服务体系。……。三是建立热作服务体系。……。（正）

A.6 冒号用法补充规则

A.6.1 冒号用在提示性话语之后引起下文。表面上类似但实际不是提示性话语的，其后用逗号。

示例1：郦道元《水经注》记载："沼西际山枕水，有唐叔虞祠。"（提示性话语）

示例2：据《苏州府志》载，苏州城内大小园林约有150多座，可算名副其实的园林之城。（非提示性话语）

A.6.2 冒号提示范围无论大小（一句话、几句话甚至几段话），都应与提示性话语保持一致（即在该范围的末尾要用句号点断）。应避免冒号涵盖范围过窄或过宽。

示例：艾滋病有三个传播途径：血液传播，性传播和母婴传播，日常接触是不会传播艾滋病的。（误）

艾滋病有三个传播途径：血液传播，性传播和母婴传播。日常接触是不会传播艾滋病的。（正）

A. 6. 3　冒号应用在有停顿处，无停顿处不应用冒号。

示例1：他头也不抬，冷冷地问："你叫什么名字?"（有停顿）

示例2：这事你得拿主意，光说"不知道"怎么行?（无停顿）

A. 7　引号用法补充规则

"丛刊""文库""系列""书系"等作为系列著作的选题名，宜用引号标引。当"丛刊"等为选题名的一部分时，放在引号之内，反之则放在引号之外。

示例1："汉译世界学术名著丛书"

示例2："中国哲学典籍文库"

示例3："20 世纪心理学通览"丛书

A. 8　括号用法补充规则

括号可分为句内括号和句外括号。句内括号用于注释句子里的某些词语，即本身就是句子的一部分，应紧跟在被注释的词语之后。句外括号则用于注释句子、句群或段落，即本身结构独立，不属于前面的句子、句群或段落，应位于所注释语段的句末点号之后。

示例：标点符号是辅助文字记录语言的符号，是书面语的有机组成部分，用来表示语句的停顿、语气以及标示某些成分（主要是词语）的特定性质和作用。（数学符号、货币符号、校勘符号等特殊领域的专门符号不属于标点符号。）

A. 9　省略号用法补充规则

A. 9. 1　不能用多于两个省略号（多于 12 点）连在一起表示省略。省略号须与多点连续的连珠号相区别（后者主要是用于表示目录中标题和页码对应和连接的专门符号）。

A. 9. 2　省略号和"等""等等""什么的"等词语不能同时使用。在需要读出来的地方用"等""等等""什么的"等词语，不用省略号。

示例：含有铁质的食物有猪肝、大豆、油菜、菠菜……等。（误）

含有铁质的食物有猪肝、大豆、油菜、菠菜等。（正）

A. 10　着重号用法补充规则

不应使用文字下加直线或波浪线等形式表示着重。文字下加直线为专名号形式（4. 16）；文字下加浪纹线是特殊书名号（A. 13. 6）。着重号的形式统一为相应项目下加小圆点。

示例：下面对本文的理解，不正确的一项是（误）

下面对本文的理解，不正确的一项是（正）

A.11　连接号用法补充规则

浪纹线连接号用于标示数值范围时，在不引起歧义的情况下，前一数值附加符号或计量单位可省略。

示例：5公斤~100公斤（正）

5~100公斤（正）

A.12　间隔号用法补充规则

当并列短语构成的标题中已用间隔号隔开时，不应再用“和”类连词。

示例：《水星·火星和金星》（误）

《水星·火星·金星》（正）

A.13　书名号用法补充规则

A.13.1　不能视为作品的课程、课题、奖品奖状、商标、证照、组织机构，会议、活动等名称，不应用书名号。下面均为书名号误用的示例：

示例1：下学期本中心将开设《现代企业财务管理》《市场营销》两门课程。

示例2：明天将召开《关于“两保两挂”的多视觉理论思考》课题立项会。

示例3：本市将向70岁以上（含70岁）老年人颁发《敬老证》。

示例4：本校共获得《最佳印象》《自我审美》《卡拉OK》等六个奖杯。

示例5：《闪光》牌电池经久耐用。

示例6：《文史杂志社》编辑力量比较雄厚。

示例7：本市将召开《全国食用天然色素应用研讨会》。

示例8：本报将于今年暑假举行《墨宝杯》书法大赛。

A.13.2　有的名称应根据指称意义的不同确定是否用书名号。如文艺晚会指一项活动时，不用书名号；而特指一种节目名称时，可用书名号。

再如展览作为一种文化传播的组织形式时，不用书名号；特定情况下将某项展览作为一种创作的作品时，可用书名号。

示例1：2008年重阳联欢晚会受到观众的称赞和好评。

示例2：本台将重播《2008年重阳联欢晚会》。

示例3："雪域明珠——中国西藏文化展"今天隆重开幕。

示例4：《大地飞歌艺术展》是一部大型现代艺术作品。

A. 13. 3　书名后面表示该作品所属类别的普通名词不标在书名号内。

示例：《我们》杂志

A. 13. 4　书名有时带有括注。如果括注是书名、篇名等的一部分，应放在书名号之内，反之则应放在书名号之外。

示例1：《琵琶行（并序）》

示例2：《中华人民共和国民事诉讼法（试行）》

示例3：《新政治协商会议筹备会组织条例（草案）》

示例4：《百科知识》（彩图本）

示例5：《人民日报》（海外版）

A. 13. 5　书名、篇名末尾如有叹号或问号，应放在书名号之内。

示例1：《日记何罪！》

示例2：《如何做到同工又同酬？》

A. 13. 6　在古籍或某些文史类著作中，为与专名号配合，书名号也可改用浪线式"﹏"，标注在书名下方。这可以看作是特殊的专名号或特殊的书名号。

A. 14　分隔号用法补充规则

分隔号又称正斜线号，须与反斜线号"\"相区别（后者主要是用于编写计算机程序的专门符号）。使用分隔号时，紧贴着分隔号的前后通常不用点号。

附录 B
（资料性附录）
标点符号若干用法的说明

B. 1 易混标点符号用法比较

B. 1. 1 逗号、顿号表示并列词语之间停顿的区别

逗号和顿号都表示停顿，但逗号表示的停顿长，顿号表示的停顿短。并列词语之间的停顿一般用顿号，但当并列词语较长或其后有语气词时，为了表示稍长一点的停顿，也可用逗号。

示例 1：我喜欢吃的水果有苹果、桃子、香蕉和菠萝。

示例 2：我们需要了解全局和局部的统一，必然和偶然的统一，本质和现象的统一。

示例 3：看游记最难弄清位置和方向，前啊，后啊，左啊，右啊，看了半天，还是不明白。

B. 1. 2 逗号、顿号在表列举省略的“等”“等等”之类词语前的使用

并列成分之间用顿号，末尾的并列成分之后用“等”“等等”之类词语时，“等”类词前不用顿号或其他点号；并列成分之间用逗号，末尾的并列成分之后用“等”类词时，“等”类词前应用逗号。

示例 1：现代生物学、物理学、化学、数学等基础科学的发展，带动了医学科学的进步。

示例 2：写文章前要想好：文章主题是什么，用哪些材料，哪些详写，哪些略写，等等。

B. 1. 3 逗号、分号表示分句间停顿的区别

当复句的表述不复杂、层次不多，相连的分句语气比较紧凑、分句内部也没有使用逗号表示停顿时，分句间的停顿多用逗号。当用逗号不易分清多重复句内部的层次（如分句内部已有逗号），而用句号又可能割裂前后关系的地方，应用分号表示停顿。

示例 1：她拿起钥匙，开了箱上的锁，又开了首饰盒上的锁，往老地方放钱。

示例2：纵比，即以一事物的各个发展阶段作比；横比，则以此事物与彼事物相比。

B. 1. 4　顿号、逗号、分号在标示层次关系时的区别

句内点号中，顿号表示的停顿最短、层次最低，通常只能表示并列词语之间的停顿；分号表示的停顿最长、层次最高，可以用来表示复句的第一层分句之间的停顿；逗号介于两者之间，既可表示并列词语之间的停顿，也可表示复句中分句之间的停顿。若分句内部已用逗号，分句之间就应用分号（见 B. 1. 3 示例2）。用分号隔开的几个并列分句不能由逗号统领或总结。

示例1：有的学会烤烟，自己做挺讲究的纸烟和雪茄；有的学会蔬菜加工，做的番茄酱能吃到冬天；有的学会蔬菜腌渍、窖藏，使秋菜接上春菜。

示例2：动物吃植物的方式多种多样，有的是把整个植物吃掉，如原生动物；有的是把植物的大部分吃掉，如鼠类；有的是吃掉植物的要害部位，如鸟类吃掉植物的嫩芽。（误）

动物吃植物的方式多种多样：有的是把整个植物吃掉，如原生动物；有的是把植物的大部分吃掉，如鼠类；有的是吃掉植物的要害部位，如鸟类吃掉植物的嫩芽。（正）

B. 1. 5　冒号、逗号用于“说”“道”之类词语后的区别

位于引文之前的“说”“道”后用冒号。位于引文之后的“说”“道”分两种情况：处于句末时，其后用句号；“说”“道”后还有其他成分时，其后用逗号。插在话语中间的“说”“道”类词语后只能用逗号表示停顿。

示例1：他说：“晚上就来家里吃饭吧。”

示例2：“我真的很期待。”他说。

示例3：“我有件事忘了说……”他说，表情有点为难。

示例4：“现在请皇上脱下衣服，”两个骗子说，“好让我们为您换上新衣。”

B. 1. 6　不同点号表示停顿长短的排序

各种点号都表示说话时的停顿。句号、问号、叹号都表示句子完结，停顿最长。分号用于复句的分句之间，停顿长度介于句末点号和逗号之

间，而短于冒号。逗号表示一句话中间的停顿，又短于分号。顿号用于并列词语之间，停顿最短。通常情况下，各种点号表示的停顿由长到短为：句号＝问号＝叹号＞冒号（指涵盖范围为一句话的冒号）＞分号＞逗号＞顿号。

B. 1. 7　破折号与括号表示注释或补充说明时的区别

破折号用于表示比较重要的解释说明，这种补充是正文的一部分，可与前后文连读；而括号表示比较一般的解释说明，只是注释而非正文，可不与前后文连读。

示例 1：今年——农历虎年，必须取得比去年更大的成绩。

示例 2：哈雷在牛顿思想的启发下，终于认出了他所关注的彗星（该星后人称为哈雷彗星）。

B. 1. 8　书名号、引号在“题为……”“以……为题”格式中的使用

“题为……”“以……为题”中的“题”，如果是诗文、图书、报告或其他作品可作为篇名、书名看待时，可用书名号；如果是写作、科研、辩论、谈话的主题，非特定作品的标题，应用引号。即“题为……”“以……为题”中的“题”应根据其类别分别按书名号和引号的用法处理。

示例 1：有篇题为《柳宗元的诗》的文章，全文才 2000 字，引文不实却达 11 处之多。

示例 2：今天一个“地球·人口·资源·环境”为题的大型宣传活动在此间举行。

示例 3：《我的老师》写于 1956 年 9 月，是作者应《教师报》之约而写的。

示例 4：“我的老师”这类题目，同学们也许都写过。

B. 2　两个标点符号连用的说明

B. 2. 1　行文中表示引用的引号内外的标点用法

当引文完整且独立使用，或虽不独立使用但带有问号或叹号时，引号内句末点号应保留。除此之外，引号内不用句末点号。当引文处于句子停顿处（包括句子末尾）且引号内未使用点号时，引号外应使用点号；当引文位于非停顿处或者引号内已使用句末点号时，引号外不用点号。

示例 1：“沉舟侧畔千帆过，病树前头万木春。”他最喜欢这两句诗。

示例2：书价上涨令许多读者难以接受，有些人甚至发出“还买得起书吗?”的疑问。

示例3：他以“条件还不成熟，准备还不充分”为由，否决了我们的提议。

示例4：你这样“明日复明日”地要拖到什么时候?

示例5：司马迁为了完成《史记》的写作，使之“藏之名山”，忍受了人间最大的侮辱。

示例6：在施工中要始终坚持“把质量当生命”。

示例7：“言之无文，行而不远”这句话，说明了文采的重要。

示例8：俗话说：“墙头一根草，风吹两边倒。”用这句话来形容此辈再恰当不过。

B. 2. 2　行文中括号内外的标点用法

括号内行文末尾需要时可用问号、叹号和省略号。除此之外，句内括号行文末尾通常不用标点符号。句外括号行文末尾是否用句号由括号内的语段结构决定：若语段较长、内容复杂，应用句号。句内括号外是否用点号取决于括号所处位置：若句内括号处于句子停顿处，应用点号。句外括号外通常不用点号。

示例1：如果不采取（但应如何采取呢?）十分具体的控制措施，事态将进一步扩大。

示例2：3 分钟过去了（仅仅才 3 分钟!），从眼前穿梭而过的出租车竟达 32 辆!

示例3：她介绍时用了一连串比喻（有的状如树枝，有的貌似星海……），非常形象。

示例4：科技协作合同（包括科研、试制、成果推广等）根据上级主管部门或有关部门的计划签订。

示例5：应把夏朝看作原始公社向奴隶制国家过渡时期。（龙山文化遗址里，也有俯身葬。俯身者很可能就是奴隶。）

示例6：问：你对你不喜欢的上司是什么态度?

答：感情上疏远，组织上服从。（掌声，笑声）

示例7：古汉语（特别是上古汉语），对于我来说，有着常人无法想象的吸引力。

示例8：由于这种推断尚未经过实践的考验，我们只能把它作为假设（或假说）提出来。

示例9：人际交往过程就是使用语词传达意义的过程。（严格说，这里的“语词”应为语词指号。）

B. 2. 3　破折号前后的标点用法

破折号之前通常不用点号；但根据句子结构和行文需要，有时也可分别使用句内点号或句末点号。破折号之后通常不会紧跟着使用其他点号；但当破折号表示语音的停顿或延长时，根据语气表达的需要，其后可紧接问号或叹号。

示例1：小妹说：“我现在工作得挺好，老板对我不错，工资也挺高。——我能抽支烟吗？”（表示话题的转折）

示例2：我不是自然主义者，我主张文学高于现实，能够稍稍居高临下地去看现实，因为文学的任务不仅在于反映现实。光描写现存的事物还不够，还必须记住我们所希望的和可能产生的事物。必须使现象典型化。应该把微小而有代表性的事物写成重大的和典型的事物。——这就是文学的任务。（表示对前几句话的总结）

示例3：“是他——？”石一川简直不敢相信自己的耳朵。

示例4：“我终于考上大学啦！我终于考上啦——！”金石开兴奋得快要晕过去了。

B. 2. 4　省略号前后的标点用法

省略号之前通常不用点号。以下两种情况例外：省略号前的句子表示强烈语气、句末使用问号或叹号时；省略号前不用点号就无法标示停顿或表明结构关系时。省略号之后通常也不用点号，但当句末表达强烈的语气或感情时，可在省略号后用问号或叹号；当省略号后还有别的话、省略的文字和后面的话不连续且有停顿时，应在省略号后用点号；当表示特定格式的成分虚缺时，省略号后可用点号。

示例1：想起这些，我就觉得一辈子都对不起你。你对梁家的好，我感激不尽！……

示例2：他进来了，……一身军装，一张朴实的脸，站在我们面前显得很高大，很年轻。

示例3：这，这是……？

示例4：动物界的规矩比人类还多，野骆驼、野猪、黄羊……，直至塔里木兔、跳鼠，都是各行其路，决不混淆。

示例5：大火被渐渐扑灭，但一片片油污又旋即出现在遇难船旁……。清污船迅速赶来，并施放围栏以控制油污。

示例6：如果……，那么……。

B.3　序次语之后的标点用法

B.3.1　“第”“其”字头序次语，或“首先”“其次”“最后”等做序次语时，后用逗号（见4.4.3.3）。

B.3.2　不带括号的汉字数字或“天干地支”做序次语时，后用顿号（见4.5.3.2）。

B.3.3　不带括号的阿拉伯数字、拉丁字母或罗马数字做序次语时，后面用下脚点（该符号属于外文的标点符号）。

示例1：总之，语言的社会功能有三点：1. 传递信息，交流思想；2. 确定关系，调节关系；3. 组织生活，组织生产。

示例2：本课一共讲解三个要点：A. 生理停顿；B. 逻辑停顿；C. 语法停顿。

B.3.4　加括号的序次语后面不用任何点号。

示例1：受教育者应履行以下义务：（一）遵守法律、法规；（二）努力学习，完成规定的学习任务；（三）遵守所在学校或其他教育机构的制度。

示例2：科学家很重视下面几种才能：（1）想象力；（2）直觉的理解力；（3）数学能力。

B.3.5　阿拉伯数字与下脚点结合表示章节关系的序次语末尾不用任何点号。

示例：3　停顿

3.1　生理停顿

3.2　逻辑停顿

B.3.6　用于章节、条款的序次语后宜用空格表示停顿。

示例：第一课　春天来了

B. 3. 7　序次简单、叙述性较强的序次语后不用标点符号。

示例：语言的社会功能共有三点：一是传递信息；二是确定关系；三是组织生活。

B. 3. 8　同类数字形式的序次语，带括号的通常位于不带括号的下一层。通常第一层是带有顿号的汉字数字；第二层是带括号的汉字数字；第三层是带下脚点的阿拉伯数字；第四层是带括号的阿拉伯数字；再往下可以是带圈的阿拉伯数字或小写拉丁字母。一般可根据文章特点选择从某一层序次语开始行文。选定之后应顺着序次语的层次向下行文，但使用层次较低的序次语之后不宜反过来再使用层次更高的序次语。

示例：一、……

（一）……

1. ……

（1）……

①/a. ……

B. 4　文章标题的标点用法

文章标题的末尾通常不用标点符号，但有时根据需要可用问号、叹号或省略号。

示例 1：看看电脑会有多聪明，让它下盘围棋吧

示例 2：猛龙过江：本店特色名菜

示例 3：严防“电脑黄毒”危害少年

示例 4：回家的感觉真好——访大赛归来的本市运动员

示例 5：里海是湖，还是海？

示例 6：人体也是污染源！

示例 7：和平协议签署之后……

注　释

［1］“五突破一加强”：积极协助党政做好国有企业减员增效，下岗职工基本生活保障和再就业工作，深入实施送温暖工程，对帮扶特困职工承担“第一责任人”职责的工作要有新的突破；坚决维护职工的经济利益，进一步理顺关系，推行平等协商和集体合同制度的工作要有新的突破；切实保障职工的民主权利，坚持和完善以职工代表大会为基本形式的企业民主管理制度，实行厂务公开和民主评议企业领导人的工作要有新的突破；推动国有独资和国有控股公司的董事会、监事会中都要有职工代表参加的工作要有新的突破；加快新经济组织和改制企业工会组建步伐，最大限度地把职工组织到工会中来的工作要有新的突破；以改革的精神加强工会自身建设。

［2］“三个最大限度”：最大限度地把广大职工组织到工会中来，最大限度地维护广大职工的合法权益，最大限度地保护、调动和发挥广大职工的积极性、创造性。

［3］“六个环节”：签订集体合同必须依法经过平等协商、集体谈判；集体合同的内容必须依法突出本企业劳动关系的主要问题，并力求量化；集体合同草案必须提交职工代表大会讨论通过；职工劳动合同必须用集体合同规范，其标准不得低于集体合同；集体合同的实施必须依法进行检查监督，发现问题及时协商解决；集体合同的续签，必须提交职工代表大会讨论通过。

［4］“六个必须”：国有企业和集体企业，必须牢固树立依靠职工群众办好企业的思想，建设一个全心全意依靠职工群众推进企业改革和发展的好的领导班子，保障职工的企业主人翁地位；必须坚持和完善以职工代表大会为基本形式的职工民主管理和民主监督制度，不断探索新的实现途径，实现职工群众对企业的民主管理和对企业领导干部的有效监督；必须切实保障《劳动法》赋予劳动者的合法权益，通过平等协商和签订集体合

同，建立稳定协调的劳动关系；必须在企业的董事会和监事会中，有工会组织职工民主选举产生的职工代表，并逐步形成充分发挥职工代表作用的制度；必须尊重和支持工会依法独立自主地开展工作，履行维护的基本职责，保护和调动职工群众的积极性和创造精神，并将其引导到推进企业改革和发展上来；必须重视和加强职工队伍建设，不断提高职工的思想道德和科学文化技术素质。非公有制经济特别是外商投资和私营企业，必须依法保障职工参加和组织工会的权利，把广大职工吸引和组织到工会中来；必须落实《劳动法》等有关法律法规赋予职工的各项劳动权利，通过平等协商和签订集体合同，建立起调整劳动关系的有效机制，依法维护职工的合法权益，与经营者合作共事，共谋企业发展；必须保障职工的国家主人翁地位和权利，通过职工代表大会或会员代表大会、劳资协商会议以及工会代表参加或列席董事会、总经理办公会等多种形式，组织和代表职工民主参与和民主监督；必须关心职工生活，加强劳动安全卫生工作，不断改善职工的工作环境与生活条件，对侵犯职工合法权益的行为作坚决斗争；必须保障工会组织依法独立自主地开展工作，发挥工会在指导和帮助职工签订劳动合同、承担企业劳动争议调解委员会主任职责、参与劳动争议调处、监督企业执行国家有关劳动标准等法律法规方面的作用，保护工会的合法权益不受侵犯；必须重视和加强职工队伍建设，不断提高职工思想道德和科学文化技术素质。

［5］国家统计局：《2009 年农民工监测调查报告》，2010 年 3 月 19 日，http：//www. stats. gov. cn/tjfx/fxbg/t20100319_ 402628281. htm。

［6］广东省总工会：《新生代农民工群体特点与权益保护》，内部调研报告。

［7］国家统计局：《2009 年农民工监测调查报告》，2010 年 3 月 19 日，http：//www. stats. gov. cn/tjfx/fxbg/t20100319_ 402628281. htm。

［8］吴漾：《论新生代农民工的特点》，《东岳论丛》，2009 年第 8 期。

［9］国家统计局：《2009 年农民工监测调查报告》，2010 年 3 月 19 日，http：//www. stats. gov. cn/tjfx/fxbg/t20100319_ 402628281. htm。

［10］刘传江、程建林：《第二代农民工市民化：现状分析与进程测度》，《人口研究》，2008 年第 5 期。

［11］韩长赋:《关于“90 后”农民工》，人民网，2010 年 2 月 1 日。

［12］《80 后打工者逐渐成主流——仅两成以挣钱为主要目的》，2006 年 10 月 12 日，http：//www. sina. com. cn10：57。

［13］《从生存到发展：金融危机下的农民工问题》，《福建行政学院学报》，2009 年第 4 期。

［14］韩俊、崔传义、金三林:《现阶段我国农民工流动和就业的主要特点》，http：//www. hbzyw. gov. cn/xwxx. asp？id =10085。

［15］蔡禾等：《城市化进程中的农民工》，社会科学文献出版社，2009 年。

［16］中国青少年研究中心:《中国新生代农民工发展状况与代际对比研究报告》，2007 年。

参考文献

1. 习近平：《之江新语》，浙江人民出版社，2007年。

2. 《习近平总书记系列重要讲话读本》，学习出版社、人民出版社，2016年。

3. 巴战龙：《调查研究的理论与方法》（讲稿），2012年。

4. 陈昌文：《社会研究方法》，四川大学出版社，2000年。

5. 陈骥：《改革中的工会和工会的改革》，中国工人出版社，1999年。

6. 陈骥主编：《中国工会十五年（1978—1993）》，中国工人出版社，1993年。

7. 陈向明：《社会科学中的定性研究方法》，《中国社会科学》，1996年第6期。

8. 《当代中国工人阶级和工会运动》编辑委员会编：《当代中国工人阶级和工会运动》，当代中国出版社，1997年。

9. 董海军主编：《社会调查与统计》，武汉大学出版社，2015年。

10. 范伟达：《现代社会研究方法》，复旦大学出版社，2001年。

11. 范乡：《社会调查的理论与方法》，中国经济出版社，1991年。

12. 费孝通：《社会调查自白》，知识出版社，1985年。

13. 风笑天：《社会调查研究方法》，中国人民大学出版社，2013年。

14. 风笑天：《社会调查中的问卷设计》，中国人民大学出版社，2014年。

15. 高爱娣编著：《中国工人运动史》，中国劳动社会保障出版社，2008年。

16. 国务院研究室课题组编：《中国农民工问题调研报告》，中国言实出版社，2006年。

17. 郝大海：《社会调查研究方法》（第三版），中国人民大学出版社，2015年。

18. 胡正南:《选题是调查研究成功的前提》,《秘书之友》,1991 年第 6 期。

19. 贾俊平、何晓群、金勇进:《统计学》,中国人民大学出版社,2015 年。

20. 李沛良:《社会研究中的统计分析》,湖北人民出版社,1987 年。

21. 卢淑华编著:《社会统计学》,北京大学出版社,2009 年。

22. 全国总工会政策研究室编:《1997 中国职工状况调查》(综合卷),西苑出版社,1999 年。

23. 宋林飞:《社会调查研究方法》,上海人民出版社,1990 年。

24. 谭祖雪、周炎炎:《社会调查研究方法》,清华大学出版社,2013 年。

25. 汤秀丽:《社会调查理论与方法》,中国水利水电出版社,2014 年。

26. 唐玉良、王瑞峰主编:《中国工运大事记》,辽宁人民出版社,1990 年。

27. 王高飞、李梅主编:《社会调查理论与方法(实践)》,哈尔滨工程大学出版社,2016 年。

28. 王永玺、赵巧萍主编:《新编中国工会史》,中国工人出版社,2013 年。

29. 王永玺:《中国工会史》,中共党史出版社,1992 年。

30. 王永玺编:《中国工人运动史研究》,中国工人出版社,2013 年。

31. 王渔、李双寿、尚鸿志、张伯亭主编:《当代中国工人阶级和工会运动纪事》,辽宁大学出版社,1989 年。

32. 魏建国、卿菁、胡仕勇编著:《社会研究方法》,清华大学出版社,2016 年。

33. 吴增基、吴鹏森、苏振芳:《现代社会调查方法》,上海人民出版社,2009 年。

34. 席群:《社会调查基础理论与方法》,兰州大学出版社,1996 年。

35. 谢俊贵:《社会调查理论与方法》,湖南师范大学出版社,2003 年。

36. 邢占军、衣芳主编：《社会调查研究方法》，人民出版社，2010 年。

37. 徐经泽：《社会调查理论与方法》，高等教育出版社，2011 年。

38. 袁方主编：《社会调查原理与方法》，高等教育出版社，1990 年。

39. 袁方主编：《社会研究方法教程》，北京大学出版社，1997 年。

40. 袁亚愚：《社会调查的理论与方法》，成都科技大学出版社，1993 年。

41. 占善钦：《试论陈云调查研究的历史经验》，中共党史研究，2011 年第 12 期。

42. 张创新：《社会调查理论与方法》，吉林大学出版社，2003 年。

43. 张蓉、庄龙玉、王立全等编：《社会调查研究方法》，知识产权出版社，2014 年。

44. 张性秀、常艳娥：《调查研究理论与方法》，国防科技大学出版社，2001 年。

45. 中共中央书记处研究室编：《关于当前我国工人阶级状况的调查报告》，中共中央党校出版社，1983 年。

46. 中国工运研究所编：《工运研究》（半月刊），1995—2015 年。

47. 中国工运研究所编：《新编中国工人运动史》（上下卷），中国工人出版社，2016 年。

48. 中国工运研究所编：《中国工会读本》（修订版），中国工人出版社，2014 年。

49. 中国工运研究所编：《中国工人运动简史培训教材》，中国工人出版社，2015 年。

50. 中华全国总工会、中共中央文献研究室编：《毛泽东邓小平江泽民论工人阶级和工会工作》，中央文献出版社，2002 年。

51. 中华全国总工会办公厅编：《建国以来中共中央关于工人运动文件选编》（上下册），中国工人出版社，1989 年。

52. 中华全国总工会办公厅编：《中国工会年鉴》，中国工人出版社，1995—2016 年，共 22 卷。

53. 中华全国总工会编：《中国工会运动史料全书》（光盘），中国职工音像出版社，2002 年。

54. 中华全国总工会编：《中国特色社会主义工会发展道路学习读本》，中国工人出版社，2012 年。

55. 中华全国总工会编：《中国职工队伍状况调查（1986）》，工人出版社，1987 年。

56. 中华全国总工会编：《中华全国总工会七十年》，中国工人出版社，1995 年。

57. 中华全国总工会编：《走向社会主义市场经济的中国工人阶级——1992 年全国工人阶级队伍状况调查文献资料集》，中国工人出版社，1993 年。

58. 中华全国总工会研究室编：《第五次中国职工状况调查》，中国工人出版社，2006 年。

59. 中华全国总工会研究室编：《第六次中国职工状况调查》，中国工人出版社，2010 年。

60. 中华全国总工会研究室编：《第七次中国职工状况调查》，中国工人出版社，2014 年。

61. 中华全国总工会研究室编：《中国工会理论研究文集》，中国工人出版社，2000—2012 年。

后 记

调查研究是开展工会各项工作的基本功，也是工会干部的基本素质。为便于工会干部了解和加强调研工作，中华全国总工会研究室组织力量编写了《工会调查研究理论与实务》一书，对调研工作基础知识作了介绍，对改革开放以来工会调研工作进行了梳理，对新形势下工会调研工作的意义、特点、任务和实务操作等作了概述。书中所涉文件、资料等截止时间为2017年10月，为体现时代特点，其中有关提法均保持原貌。

本书编写人员有（按姓氏笔画为序）：马惠珺、王娇萍、冯永光、吕国泉、阳万雄、杜德军、李羿、李跃平、李睿祎、张广、张妍延、逄国君、夏邑、徐田成、陶志勇、赖金金。本书由中华全国总工会研究室主任吕国泉统稿，研究室副主任陶志勇组织协调。

在编写过程中，我们学习借鉴了党政机关、工会组织及科研教学机构专家学者的大量研究成果，对此谨致谢忱。由于篇幅等原因，在参考文献列举中可能有不少遗漏，特此说明并致歉。在此，我们向为本书提供指导帮助的各位领导、专家学者一并表示谢意。对于编写中存在的不妥之处，敬请广大读者批评指正。

中华全国总工会研究室
2017年10月